Die Reform des
Reichsstrafgesetzbuchs.

Kritische Besprechung des Vorentwurfs zu einem Strafgesetzbuch für das Deutsche Reich unter vergleichender Berücksichtigung des österreichischen und schweizerischen Vorentwurfs.

Unter Mitwirkung von

Professor Dr. L. v. Bar, Göttingen Professor Dr. A. Graf zu Dohna, Königsberg Professor Dr. R. Frank, Tübingen Professor Dr. J. Goldschmidt, Berlin Wirklicher Geheimer Rat Dr. O. Hamm, Bonn Senatspräsident Dr. P. Koffka, Berlin Professor Dr. Ed. Kohlrausch, Königsberg Kammergerichtsrat Dr. E. Kronecker, Berlin Professor Dr. K. v. Lilienthal, Heidelberg Rechtsanwalt Dr. S. Löwenstein, Berlin Professor Dr. M. E. Mayer, Straßburg i. E. Professor Dr. W. Mittermaier, Gießen Professor Dr. F. Oetker, Würzburg Erster Staatsanwalt K. Olbricht, Lüneburg Staatsanwaltschaftsrat Dr. Fr. Preiser, Leipzig Oberlandesgerichtsrat W. Rosenberg, Colmar i. E. Wirklicher Geheimer Rat, Professor Dr. A. Wach, Leipzig Staatsanwalt Dr. E. Wulffen, Dresden

herausgegeben von

Dr. P. F. Aschrott, Landgerichtsdirektor a. D.

und

Dr. Franz von Liszt, Professor der Rechte.

Band I: Allgemeiner Teil.
(Erste Hälfte.)

Berlin 1910.
J. Guttentag, Verlagsbuchhandlung,
G. m. b. H.

Nähere Inhaltsangabe befindet sich auf Seite 2 und 3 des Umschlages.

Reform des Reichsstrafgesetzbuches.

Inhalt.

Band I.

Thema 1. Die Technik des Vorentwurfs. Von Wirklichem Geheimen Rat, Professor Dr. A. Wach, Exzellenz, Leipzig.

Thema 2. Geltungsgebiet des Strafgesetzes (§§ 2—11). Von Geheimem Justizrat, Professor Dr. L. v. Bar, Göttingen.

Thema 3. Strafe, sichernde Maßnahmen, Schadensersatz (§§ 13—57). Von Landgerichtsdirektor Dr. P. F. Aschrott, Berlin.

Thema 4. Die Schuld (Vorsatz, Fahrlässigkeit, Rechtsirrtum, Erfolgshaftung) (§§ 58—62). Von Professor Dr. Ed. Kohlrausch, Königsberg i. Pr.

Thema 5. Strafausschließungs- und Milderungsgründe (§§ 63—70). Von Professor Dr. R. Frank, Tübingen.

Thema 6. Strafantrag und Verjährung (§§ 71—74 und 94—99). Von Professor Dr. F. Oetker, Würzburg.

Thema 7. Versuch und Teilnahme (§§ 75—80). Von Professor Dr. Max Ernst Mayer, Straßburg i. E.

Thema 8. Strafbemessung (§§ 81—89). Von Geheimem Justizrat, Professor Dr. Franz v. Liszt, Berlin.

Thema 9. Zusammentreffen mehrerer Strafgesetze und mehrerer strafbarer Handlungen (§§ 90—93). Von Professor Dr. A. Graf zu Dohna, Königsberg i. Pr.

(Fortsetzung auf Umschlagseite 3.)

I.

Die Technik des Vorentwurfs.

Von

Wirklichen Geheimen Rat D. Dr. A. Wach,
Professor an der Universität Leipzig.

In zwei Artikeln der Deutschen Juristenzeitung (1910 Nr. 1 S. 9 f., Nr. 2 S. 108 f.) habe ich mich über Hauptpunkte der Technik des *DVE.* geäußert. Es werden sich bei der folgenden Erörterung des gleichen Gegenstandes Wiederholungen nicht vermeiden lassen. Immerhin ist der Zweck der damaligen und der jetzigen Ausführungen insofern verschieden, als diese ausschließlich den technischen Eigenschaften des Vorentwurfs gewidmet sind. Dabei darf ich meine Arbeit über die „legislative Technik" (*Vergl. Darst. Allg. T.* Bd. 6) als bekannt voraussetzen und zugrunde legen.

I.

Der *DVE.* mit seinen 310 Paragraphen gliedert sich wie bisher in den „*Allg.*" (§§ 1—99) und den „*Bes. T.*" (§§ 100—310); jener zerlegt den Stoff in zehn Abschnitte; dieser ist in fünf Bücher geteilt, deren letztes „Übertretungen" enthält. Man hat also von deren Sonderbehandlung unter eigenen allgemeinen Grundsätzen oder gar von ihrer Überweisung in ein deutsches Polizeistrafgesetzbuch Abstand genommen. Hierauf wird im Zusammenhang mit der festgehaltenen Dreiteilung der Delikte in Verbrechen, Vergehen und Übertretungen (§ 1) einzugehen sein. Im folgenden erörtere ich die Systematik des Gesetzentwurfs im übrigen.

Der Wert des Systems liegt in der verständnisvollen Analyse und Synthese, in der Trennung des Verschiedenen und der Verbindung des Gleichartigen, in der richtigen Unterordnung des Besonderen unter den allgemeinen zusammenfassenden Begriff. Ich habe mich hierbei nicht aufzuhalten; es genügt, festzustellen, daß der *DVE.* systematisch wesentliche Fortschritte aufweist, und zwar nicht nur im Vergleich zum geltenden deutschen Gesetz, sondern auch zum *O.* und *SchVE.* Er hält zwischen diesen eine gesunde Mitte. — Der *SchVE.* gliedert im *Allg. T.* zuwenig, der *O.* mit seinen sechs Hauptstücken und zahlreichen Abschnitten zuviel. — Aber über den Wert der Anlage des Gesetzes entscheidet nicht so sehr der *Allg.*, als der *Bes. T.* — vorausgesetzt, daß Fehler der Rubrizierung und Verstöße gegen die Logik vermieden werden. Einen solchen Fehler begeht der *OVE.*, indem er ein viertes Hauptstück

„Verfolgung" schafft, das „Ermächtigung", gleichbedeutend mit „Antrag" im Sinne unseres Rechts, „Privatanklage" und „Verjährung" zusammenfaßt. Damit verbindet sich die falsche Vorstellung der Gleichartigkeit dieser Dinge, während ein einigendes Moment doch nur in gewissen, die Verfolgbarkeit, Strafbarkeit betreffenden Wirkungen gefunden werden kann. Da „Privatanklage" zweifellos prozessualer Natur und solche der „Verfolgung" überhaupt zukommt, wird man versucht, ja fast gedrängt, auch die „Ermächtigung" und die „Verjährung" für prozeßrechtliche Institutionen zu erklären: ein schwerwiegender Irrtum, zu dem sich in §§ 76, 77 der logische Fehler gesellt, die Verjährung des rechtskräftig feststehenden Strafanspruchs als eine Verjährung der „Verfolgung" zu behandeln[1]). Der *DVE.* hält sich von solchen Irrungen frei und spricht nicht mehr von Verjährung der Strafverfolgung und der Strafvollstreckung, sondern von der Verjährung der Verbrechen usw. (§ 94) und der rechtskräftig erkannten Strafen (§ 97)[2]).

Man könnte diesen ganzen Aufbau des *Allg. T.* beanstanden, weil logisch, wenn nicht das „Strafgesetz", so doch die Bestrafung und demnach die Materie der Strafen der zu bestrafenden Handlung zu folgen habe; allein da der Gesetzeszweck nicht Lehrzweck ist, wird sich nur der Pedant an der Voranstellung der Strafen stoßen. — Immerhin sollte man nicht, wie ich schon an anderer Stelle hervorgehoben habe, Regeln der Strafzumessung unter die Strafarten stellen und umgekehrt Regeln des Strafvollzugs von diesen trennen. Das aber geschieht durch die Aufnahme des Strafschärfungsgrundes der „besonderen Roheit, Bosheit, Verworfenheit" (§ 18) oder der „Gewinnsucht" (§ 36) unter die „Strafen" und andererseits die des Strafvollzugs gegen Jugendliche (§ 70) unter die „Strafausschließungs- und Milderungsgründe". Daß der reine Schadensersatz in § 57 deplaciert ist, liegt auf der Hand. Die Vorschrift ist rein prozessualisch — schafft eine Art Adhäsionsprozeß, hätte also in die im Werden begriffene Strafprozeßordnung Aufnahme zu finden; sie ist überdies verfehlt, soweit sie das wertvolle und ausbaufähige Institut der Buße zu ersetzen bestimmt ist.

Man könnte weiter fragen, ob es nicht richtig wäre, an die Strafen die „strafbare Handlung" oder, wie die Schweiz sagt, das „Verbrechen" anzuschließen mit Unterabschnitten über die Schuld, die subjektiven und objektiven Strafausschließungsgründe, oder besser über die Schuldfähigkeit (Zurechnungsfähigkeit, sog. geminderte Zu-

---

1) Der Abs. 3 § 77 *OVE.* ist völlig verunglückt.

2) Vgl. hierzu meine legislative Technik S. 32.

rechnungsfähigkeit) und die Schuld, sowie über den objektiven Tatbestand (die Tat): den Versuch, die Rechtswidrigkeit (Notwehr, Notstand u. dgl.), über die Teilnahme. Ich habe diese Anordnung bereits in der *Vergl. Darst. Allg. T. VI 18* befürwortet. Der darauf folgende Hauptteil müßte dann von der „Bestrafung" mit den Unterabschnitten über die Strafzumessung und die Strafbefreiung wegen Geringfügigkeit des Delikts, über die Konkurrenz, über die Strafaufhebung (Verjährung) handeln. Ob man den Strafantrag vor die Bestrafung oder an den Schluß bringt, ist unwesentlich. Hiernach empfiehlt sich wohl manche Umstellung im *Allg. T.*, allein große Bedeutung kommt dem nicht zu.

Davon unabhängig ist die Frage der Rubrizierung. Der Ausdruck „Strafausschließungsgrund" ist im Vorentwurf rationeller wie im StGB. verwendet; er deckt jetzt nur den Ausschluß des relevanten schuldhaften Wollens zufolge Schuldunfähigkeit (§§ 63, 68) und den der Rechtswidrigkeit zufolge Notwehr und Notstand (§§ 66, 67); die Strafaufhebungsgründe sind ausgeschieden. Immerhin ist der Ausdruck auch in dieser Beschränkung dann bedenklich, wenn mit ihm falsche Vorstellungen und Folgerungen verhnüpft werden, wie das in der Begründung und im Vorentwurf § 80 im Hinblick auf die akzessorische Natur der Teilnahme und Hehlerei geschieht[1]).

Wichtiger systematischer Verbesserungen des *Bes. T.* im Vergleich mit unserem StGB. habe ich bereits an anderer Stelle gedacht. Man wird sich der Gliederung der Delikte als solcher gegen den Staat, gegen seine Einrichtungen, gegen die Person, gegen das Vermögen mit einiger Reserve beistimmen können. Solch Vorbehalt ist hauptsächlich zu machen betreffs der gemeingefährlichen Delikte und der Fälschungen. Jene wie diese müssen Sondergruppen bilden.

Die gemeingefährlichen Delikte richten sich gegen Menschenleben oder Eigen; die Form des Angriffs ist die Gefährdung im Sinne gemeiner Gefahr; und sie entsteht durch Entfesselung der Naturkraft oder Schädigung von Kommunikationsmitteln usw. Da aber das Angriffsobjekt „Menschenleben" keinesfalls eine „Einrichtung des Staates" genannt werden kann, so ist es widersinnig, solche gegen dasselbe gerichtete Angriffe unter die „Verbrechen und Vergehen gegen Einrichtungen des Staates" zu stellen und sie insbesondere zu bezeichnen als „Verbrechen und Vergehen gegen

---

[1]) Vgl. Mittermaier in Zeitschr. f. d. ges. StRW. Bd. XXX S. 626f.; doch sei ihm gegenüber bemerkt, daß sich auf mich die Verfasser der Motive keinesfalls berufen können.

die Sicherheit des öffentlichen Verkehrs", wie es endlich verfehlt ist, diese schlechthin in Gegensatz zu bringen zu den „gemeingefährlichen" Verbrechen und Vergehen (§§ 181f. und §§ 189f.). Man könnte als reine Kommunikationsdelikte die der §§ 184, 185, 187, 188 gelten lassen. Aber hier, wie in den Fällen der §§ 192 bis 194 ist die nicht in den Tatbestand aufgenommene Gemeingefahr durch die evidentia facti gegeben. Sie bildet das Leitmotiv für die ganze, viel umstrittene Kategorie dieser Gefährdungsdelikte. Sie sollte also auch fernerhin die Rubrizierung bestimmen[1]).

Anfechtbarer noch erscheint die Behandlung der Fälschungsdelikte. Ihre Sonderstellung, d. h. ihre Loslösung von den betrügerischen Handlungen und von einfacher Ordnungswidrigkeit ist eine Errungenschaft der modernen Strafrechtswissenschaft. Sie wollen wir nicht wieder preisgeben. Sie liegt in dem auf Täuschung gerichteten Mißbrauch der Beweismittel, der Urkunde, des Eides, der Wertzeichen, insbesondere des Geldes u. dgl. im Rechtsverkehr. Hier hat der *OVE.* das bessere Teil erwählt; denn kennt er auch keine einheitliche Gruppe der Fälschungen, so reiht er doch aneinander die falschen Aussagen (§§ 176—186), die Delikte gegen die Sicherheit des Urkundenverkehrs (§§ 206—219) und die gegen die Sicherheit des Geldverkehrs (§§ 220—233); nur schiebt er als „gegen Rechtspflege und Verwaltung" gerichtete Handlungen, denen er die Eidesdelikte zuzählt, zwischen diese und die Urkundsdelikte mancherlei Angriffe gegen Justiz und Administration. Der *DVE.* bringt unter die „Angriffe gegen Einrichtungen des Staates" im zehnten Abschnitt des zweiten Buches die Münzdelikte (§§ 159—164), im zehnten unter „Verbrechen und Vergehen in Beziehung auf die Rechtspflege" die Eidesdelikte (§§ 165—170), obschon strafbare falsche Eide und Versicherungen an Eides Statt keineswegs nur in der Rechtspflege vorkommen. Der schwerwiegendste Irrtum jedoch ist das Einreihen der Urkundenfälschungen unter die Vermögensdelikte (§§ 282f.). Schon der unmittelbar vorangehende Abschnitt 25 enthält eine Entgleisung, indem er die sog. Sachbegünstigung (§ 280) unter die Vermögensdelikte aufnimmt, während die Begründung *Bes. T.* S. 777 anerkennt, daß sie ein solches an und für sich nicht sei; immerhin entschuldigt dies einigermaßen die Tradition und der Zusammenhang mit der Hehlerei. Nichts derartiges läßt sich für die Placierung der Urkundenfälschung an-

[1]) Der *DVE.* ist hier durch den *SchVE.* ungünstig beeinflußt worden (vgl. diesen *Bes. T.* 7. Abschn. Art. 143f., 8. Abschn. Art. 152f, 9. Abschn. Art. 160f., 10. Abschn. 163f.).

führen. Ich enthalte mich des Eingehens auf den Tatbestand des § 282, der durch das Abstellen auf die „Urkunde" schlechthin, wie auf das Fälschen (fälschliches Anfertigen oder Verfälschen) als vollendeter Tat im Gegensatz zu dem auf Täuschung berechneten Gebrauch (StGB. § 267) die ernstesten Bedenken erregt; — das Delikt wird innerhalb dieser Publikation anderweit erörtert werden[1]; ich stelle nur fest, daß ihm schlechterdings nichts von einem Vermögensdelikt anhaftet. Die sachwidrige Klassifikation birgt die Gefahr irriger Auslegung in sich; denn sie legt nahe, in §§ 282 Abs. 3, 285 Abs. 2, 287, 288 den „Nachteil" auf Vermögensnachteil, das „Fortkommen" in § 283 ausschließlich auf das wirtschaftliche Gedeihen zu beschränken.

Systematisch fehlerhaft erscheint ferner das Einreihen der Bedrohung (§ 241) und des Hausfriedensbruchs (§ 242) in die Freiheitsdelikte, jenes gemäß oft genug getadelter Überlieferung, beides seltsamerweise im Einklang mit dem *O.* und dem *SchVE.* — und doch beides so grundfalsch. Beide Delikte sind Friedensstörungen, und zwar Störungen des Privatfriedens, denen sich zugesellen die Störungen des öffentlichen Friedens: der Hausfriedensbruch, der Landzwang, die Delikte des Vorentwurfs §§ 135, 137 u. a. m.; nach meiner Auffassung auch der Zweikampf als das ein eigenmächtiges Kampfesrecht, blutige Eigenmacht etablierende Handeln. Ich sehe nicht ein, weshalb ein so schönes, ohne lehrhafte Abstraktion den Kern der Sache treffendes Rechtswort wie der Friedbruch nicht als Sammelwort für all die eine Störung des Rechtsfriedens bedeutenden Handlungen sollte verwertet werden können.

Aber dieses und anderes legt die Frage nahe, ob es nicht ratsam ist, die nach Lehrbuch schmeckenden, einengenden und überflüssigen Bucheinteilungen des *Bes. T.* mit ihren zum Teil doch recht anfechtbaren Rubriken gänzlich aufzugeben. Man würde dadurch, dem Beispiele des *O.* und *SchVE.* folgend, sich ohne irgendwelche Einbuße an Übersichtlichkeit und Logik des Gesetzesaufbaus von einer wertlosen, ja irreführenden doktrinären Klassifikation befreien.

II.

Ein anderes belastendes derartiges Einteilungsmoment bleibt die Trichotomie der Delikte, die alte Schablone ihrer Gruppierung in Verbrechen, Vergehen und Übertretungen. Es ist

[1]) Vgl. unten S. 35.

darüber so viel geschrieben und gestritten, daß Neues nicht hinzugefügt werden kann. Ich habe meine Stellung in der „Legisl. Technik“ S. 4 f. genommen und sie in der DJZ. 1900 Sp. 13 f. in Nutzanwendung auf den *DVE.* verteidigt.

Zwei Fragen sind zu scheiden: soll man die sog. Übertretungen als eigenartig von den übrigen strafbaren Handlungen trennen und soll man die französische Dreiteilung beibehalten, also wiederum die Masse dieser „übrigen strafbaren Handlungen“ in Verbrechen und Vergehen scheiden? Dabei darf als feststehend angenommen werden, daß der Einteilungsgrund lediglich das Maximum der gedrohten Strafe des Normalstrafrahmens bildet ohne Rücksicht auf die Strafzumessung (Bestrafung), die generellen Strafmilderungsgründe (Jugend), den Versuch, die Art der Teilnahme.

Die erste Frage hat ein lebensfremder und formalistischer Dogmatismus verneint. Man fand kein wesentliches Unterscheidungsmerkmal zwischen „Übertretungen“ und den anderen Delikten und glaubte so die Geringfügigkeit als das Leitmotiv für die Distinktion behandeln zu dürfen, — oder auch: man akzeptierte die französische Schablone des Quantitätsunterschieds der Strafdrohungen und fand nun, daß es eine sachliche Differenz zwischen „Übertretungen“ und anderen Delikten nicht gebe. Der letztere Gedankengang ist logisch fehlerhaft, ein Hysteron-proteron; erst wirft man das Verschiedenartige um der Äußerlichkeit geringer Strafdrohung willen in einen Topf, nennt seinen Inhalt Übertretungen und findet dann, daß dieser Mischmasch sich nicht grundsätzlich von den sonstigen Delikten unterscheide. Gewiß: zwischen einem Mundraub und Diebstahl, dem Bewerfen eines Menschen mit Steinen oder Unrat oder das Zücken das Messers im Raufhandel und einer Körperverletzung oder doch ihrem Versuch, dem unberechtigten Fischen oder Krebsen und solcher Handlung zur Nachtzeit besteht kein Artunterschied. Aber wohl besteht er — und damit wende ich mich gegen die Behauptung der Wesensgleichheit aller strafbaren Handlungen — zwischen dem, was man wissenschaftlich Verbrechen (kriminelles Unrecht) und Polizeidelikt (Polizeiunrecht) nennt. Denn es kann nicht geleugnet werden, daß im wesentlichen verschieden ist schädigendes, verletzendes oder gefährdendes Handeln einerseits und die einfache Ordnungswidrigkeit oder solch Handeln andererseits, das möglicherweise gefährlich werden, zufolge unglücklichen Zusammentreffens verletzen kann. Handlungen dieser Art bilden die Kategorie der Polizeidelikte. Abgesehen von einfachen Ordnungswidrigkeiten, wie dem Übertreten der Polizeistunde, nicht rechtzeitigen polizeilichen Anmeldungen, polizeiwidrigem Unterlassen des Straßenkehrens und tausenderlei ähnlichen Vorgängen, ist das generelle gesetzgeberische Motiv der Fürsorge für die Wahrung der allgemeinen Interessen durch Strafdrohung kein Grund, um den Unterschied zu verkennen zwischen einem konkret ganz unschädlichen, ungefährlichen und dem verletzenden, gefährdenden Handeln. Dort Strafe, weil möglicherweise Gefahr und Schaden entsteht, hier, weil dieses oder jenes schuldhaft vorliegt; hier Strafe wegen schuldhaften Angriffs, dort, obschon es an solchem fehlt, nur wegen formalen Unrechts. Daher können ehrsamste Staatsbürger Polizeidelinquenten sein, — und wie viele werden es in unserem mit Polizeistrafvorschriften gesegneten Dasein nicht sein? Daher aber auch unerläßlich, solche im Grunde genommen für Loyalität und Ansehen der Person bedeutungslosen Dinge in Gesetz und Praxis, strafrechtlich und strafprozessualisch scharf von kriminellem Unrecht zu scheiden. Und das in voller Würdigung der Tatsache, daß zur Gruppe der Polizeidelinquenten auch die sozialen Schädlinge gehören, für die unser Gesetz die korrektionelle Nachhaft (das Arbeitshaus, Vorentwurf § 42) bestimmt. Denn diese ist als Präventivmaßregel von allgemeiner Bedeutung und keineswegs auf die Fälle vorgängiger Übertretung zu beschränken (vgl. StGB. § 181 a). Das ist der Standpunkt der Begründung (*Allg. T.* S. 149 f.), die nur aus freilich nicht ganz unberechtigter Besorgnis die kasuistische Methode (Vorentwurf § 42: „in den im Gesetz besonders bestimmten Fällen“: §§ 250—254, 269, 270, 275, 281, 299, 305 Nr. 1—4, 306 Nr. 1, 2) bevorzugt.

Läßt man diesen Punkt beiseite, so wäre es am zweckentsprechendsten, die Polizeidelikte (Übertretungen, Frevel, Rügesachen, Ordnungswidrigkeiten oder wie man sie sonst nennen mag) in Reichs- und Landespolizeiordnungen zu verweisen[1]) oder doch ihre überlieferte grundsätzliche Gleichstellung mit den Verbrechen im Gesetzbuch aufzugeben und ihm die Zweiteilung zugrunde zu legen. Letzteres bedingt den Ersatz des „fünften Buchs“ (§§ 305—310) durch einen allem vorangehenden koordinierten Teil. Wird, wie vorgeschlagen, die Bucheinteilung des „zweiten Teils“ (*Bes. T.*) getilgt und damit das Einteilungswort „Buch“ frei, so wäre das Gesetz in zwei Bücher zu zerlegen, von denen das erste je nachdem „von den Verbrechen“ oder von „den Verbrechen und Vergehen“, das zweite „von den Übertretungen“ zu handeln hätte. Das ist die Anlage des *SchVE.*

Der *DVE.* lehnt solche Sonderbehandlung der Übertretungen

[1]) Meine legislative Technik S. 9.

ab. Die Begründung wirft zwar die Frage ihrer Berechtigung auf, verquickt sie aber mit der Frage der Dreiteilung, während doch zunächst die Wesensungleichheit von Übertretungen (Polizeidelikten) und kriminellen Handlungen festzustellen war und man sich erst dann zu fragen hatte, ob bei diesen die Unterarten der „Verbrechen" und „Vergehen" zu unterscheiden seien. Die Begründung erkennt S. 2 an, daß die Zweiteilung den Vorzug der größeren Einfachheit, Klarheit, Gemeinverständlichkeit vor der Dreiteilung habe, aber sofort tritt sie ein für die Differenzierung von Verbrechen und Vergehen und macht gegen die Eigenart der Übertretungen die doch von ihr selbst gerügte und im Vorentwurf mehr als bisher gemiedene[1]) Vermischung der Polizeidelikte mit strafbaren Angriffen (Verletzungs- und Gefährdungsdelikten) geltend. Damit begeht die Begründung das oben gerügte Hysteron-proteron.

Der Vorentwurf unterstellt die Übertretungen Sondervorschriften, aber nicht in einem eigenen allgemeinen Teil, — wie im Preußischen Strafgesetzbuch (III. Teil: „von den Übertretungen, erster Titel: von der Bestrafung der Übertretungen im allgemeinen") —, vielmehr nach dem Vorbild des Deutschen StGB. in versprengten Einzelnbestimmungen, die teils ausdrücklich von Übertretungen handeln, teils durch argumentum e contrario folgen, wo nur von Verbrechen und Vergehen die Rede ist. Letzteres in den §§ 36, 40 Abs. 1, 45, 49, 54, 75 f., 79, 85 ff., ersteres in den §§ 6, 30, 34, 38 Abs. 2, 39 Abs. 2, 58, 92 Abs. 2, 94, 96. Das ist viel, aber nicht genug — und unbefriedigend angesichts des ungenügenden Verständnisses für die Eigenart der Übertretungen.

Jene zitierten Sondervorschriften wiederholen im wesentlichen im StGB. Enthaltenes, so die Straflosigkeit ausländischer Übertretungen, des Versuchs, der Beihilfe, die kürzeren Verjährungsfristen, die Eigentümlichkeiten der Übertretungsgeldstrafe, der Strafverwandlung, regelmäßigen Ausschluß der Einziehung. Neu treten hinzu: § 38 Abs. 2 über die Strafaussetzungsfrist bei Übertretungen, § 58 Abs. 2 über die Gleichstellung von Vorsatz und Fahrlässigkeit, § 87 über die Irrelevanz des nach dem Vorentwurf strafschärfenden Rückfalls — und endlich § 310 Abs. 1 über das richterliche Abolitionsrecht. Denn wenn auch die letztgenannte Vorschrift sich ihrem Wortlaut nach nur auf die in das StGB. auf-

[1]) Der Vorentwurf scheidet von den Übertretungen aus die bisherigen §§ 360 Nr. 13, 14, 363, 364, 370 Nr. 4, 370 Nr. 5 — und macht die Tatbestände zu Vergehen in den korrespondierenden §§ 146, 300, 283, 284, 296, 272.

genommenen Übertretungen bezieht, so muß doch für sie sowohl nach der Begründung S. 324 wie nach der Natur der Sache die generelle Bedeutung angesprochen werden. Alles das nun ließe sich unter sonstiger Anwendbarkeit der allgemeinen Bestimmungen über die strafbaren Handlungen (Verbrechen und Vergehen) (vgl. *SchVE.* Art. 233) sehr wohl zu einem „allgemeinen Teil" des Buchs „von den Übertretungen" zusammenarbeiten und manches Brauchbare hinzufügen. Dazu müßte in erster Linie gehören eine verständigere Regulierung der Übertretungsstrafen. Was der Vorentwurf hierüber bringt, erregt ernste Bedenken.

Die Steigerung der Freiheitsstrafe bis zu drei Monaten und die Aufnahme des Gefängnisses in die Übertretungsstrafen, wie endlich die mechanische Verwertung der Haft als Verbrechens-, Vergehens- und Übertretungsstrafe erscheint mir verfehlt. Daß für einfache Polizeidelikte die Gefängnisstrafe überhaupt nicht am Platz und eine Haft bis zu drei Monaten übertrieben ist, bedarf kaum der Begründung. In der Tat verwendet auch der Vorentwurf sie nur in § 305, d. h. vorwiegend da, wo Arbeitshaus zulässig ist. In solchen Fällen (§ 305 Nr. 1—4, 306 Nr. 1, 2) sollte die einfache Haft ausgeschlossen und nur die qualifizierte gedroht werden.

Nimmt man aber gemäß Vorentwurf § 1 Abs. 3 diese Strafarten und Strafmaße für die Übertretungen an, so ist doch nicht einzusehen, weshalb alle Handlungen, die im Höchstbetrag mit Gefängnis bis zu drei Monaten bedroht werden, den Übertretungsgrundsätzen unterstellt werden sollen, wie umgekehrt es widersinnig erscheint, leichte Delikte nur um deswillen, um sie der Kategorie der Übertretungen zu entrücken, mit höherer als der für diese maßgebenden Strafe zu bedrohen, wie beispielsweise bei der „Entwendung" des § 272 (StGB. § 370 Nr. 5) geschieht. Auch sollte man der Einwirkung auf die Sonderstrafgesetze des Reichs und die Landesstrafgesetze nicht vergessen. Es wird in Zukunft darauf zu dringen sein, daß die allgemeinen Vorschriften des Strafgesetzbuchs, soweit nicht das Einführungsgesetz Ausnahmen zuläßt, die Landesgesetzgebung schlechthin binden. Daß das Reich sich mit seinen eigenen allgemeinen Normen nicht in Sondergesetzen in Widerspruch setzen darf, ist selbstverständlich.

III.

Führt die vorstehende Erörterung zu der notwendigen Gegenüberstellung der kriminellen Handlungen und der Polizeidelikte und demnach, wenn man diese nicht besonderen Polizeiordnungen überweisen will, zur Zweiteilung des Gesetzbuchs, so bedarf es in

Fortführung des Gedankenganges noch der Erörterung, ob die Unterscheidung von Verbrechen und Vergehen als Unterarten des kriminellen Unrechts beizubehalten sei.

Welchen Wert hat sie nach dem *DVE.*? Angeblich — so sagt die Begründung S. 2 — den deutscher Rechtsgewohnheit und der Sonderung und Abstufung des kriminellen Unrechts. Es heißt: „Fiele die Scheidung zwischen Verbrechen und Vergehen, so würde nicht nur die mildere strafrechtliche Behandlung schwinden, die jetzt in vieler Hinsicht die Vergehen genießen (z. B. bei dem Versuch, der Verjährung, der Beihilfe), sondern es würden sich unausbleiblich auch für den Strafvollzug Unzuträglichkeiten ergeben. Denn die Sonderung der wegen ‚Verbrechen' Verurteilten untereinander nach der Schwere der Tat würde größere Schwierigkeiten bereiten, und es würde überhaupt der Vollzug der einheitlichen Strafart, die folgerichtig dann für alle Verbrechen, also mit Einschluß der jetzigen Vergehen, einzuführen wäre, für die wegen schwerer Verbrechen im heutigen Sinne Verurteilten zu leicht und für die wegen einfacher Vergehen Bestraften zu schwer werden." Welch seltsamer Gedankengang! Weshalb soll der Fortfall der schablonenhaften Einteilung in Verbrechen und Vergehen Einfluß auf den Strafvollzug üben und eine „einheitliche Strafart" erheischen, da doch nach geltendem Recht und dem Vorentwurf bei jeder dieser Kategorien verschiedene Strafarten Anwendung finden? Und weshalb soll die Beseitigung des Teilungsschemas die strafrechtliche Behandlung, die Milde oder Härte der Strafdrohung beeinflussen? Das alles ist völlig unverständlich. Es genügt ein Blick in die Gesetze und Entwürfe, welche die Trichotomie nicht kennen, um die Grundlosigkeit solcher Bedenken zu begreifen. Und wie steht's mit der „deutschen Rechtsgewohnheit"? Wir wissen doch, daß die Trichotomie dem code pénal eignet und gemeinen deutschen Rechtens erst seit dem Deutschen StGB. ist. Wir wissen, daß das Wort „Vergehen" früher vielfach für Polizeidelikt gebraucht ward, und daß die Trichotomie in Deutschland nie unangefochten war. Wir wissen, daß das Wort „Verbrechen" in der wissenschaftlichen Rechtssprache der allgemeine Terminus zur Bezeichnung des kriminellen Unrechts im Gegensatz zum Polizeiunrecht ist. Wir wissen endlich, daß die Dreiteilung der Delikte in der Kompetenzordnung wurzelte und nunmehr angesichts ihrer heutigen Bildung wurzellos ist. Wie kann man da noch von „deutscher Rechtsgewohnheit" sprechen.

Für die Unterscheidung der Verbrechen und Vergehen lassen sich mit einigem Schein nur zwei Gründe anführen, die redaktionelle

Erleichterung und das moderne Sprach- und Rechtsgefühl, welches dem unterschiedslosen Anwenden des harten Wortes „Verbrechen" auf alle noch so geringfügigen Straftaten widerstrebe. Aber ich durfte dagegen bereits an anderer Stelle[1]) betonen, daß das Wort „Vergehen" ganz und gar nicht volkstümlich ist, daß anderes als die abstrakte generelle Bezeichnung hier wertend wirkt: die urteilende Instanz, ob der Täter vor die Geschworenen oder die Strafkammer usw. kommt, und der Name des Delikts: als Mord, Diebstahl, Raub, Notzucht, widernatürliche Unzucht, Hochverrat, Brandstiftung, endlich die erkannte Strafe. Alles das aber hat gar nichts zu tun mit der Qualität als Verbrechen oder Vergehen. Vor die Strafkammer gehören Verbrechen und Vergehen. Der Dieb ist Verbrecher, wenn die Tat qualifiziert ist, „Vergeher" (sit venia verbo), wenn sie einfach ist; fürs Volk ist er immer Verbrecher. Wer Bestialität oder Blutschande trieb, hat sich nach dem Gesetz „vergangen", nach Volksurteil ist er Verbrecher. Wer unterscheidet den Zweikampf als Verbrechen oder Vergehen je nachdem er ohne oder mit Sekundanten stattfand? In den Augen der Genossen ist der Duellant nie ein „Verbrecher". Wie will das Gesetz solchem Volksgefühl gerecht werden? — Und wie steht's mit der erkannten Strafe? Da wird ein „Verbrecher" zu einigen Tagen, der Täter oder Teilnehmer eines „Vergehens" zu jahrelanger Gefängnisstrafe verurteilt! Nach dem Vorentwurf steigerte sich solche Verwirrung. Der „Verbrecher" kann nach § 83 „in besonders leichten Fällen" mit Geldstrafe, ja mit Verweis abkommen und das Vergehen in den Fällen des § 18 mit „geschärfter" Gefängnisstrafe oder „in besonders schweren Fällen" (§ 84) mit Zuchthausstrafe belegt werden. Ist es dann Verbrechen? Die Tatsache, daß § 84 nur eine Strafzumessungsnorm ist, bringt die ganze Einteilung des § 1 ins Schwanken.

So räume man mit ihr, dieser leeren und unwahren Schablone, auf. Das kann ohne jeden Nachteil geschehen. Ich verkenne nicht, daß es uns an einem völlig befriedigenden, charakteristischen, prägnanten Wort für die Straftaten mit Ausschluß der Übertretungen (Frevel, Rügesachen u. dgl.) fehlt. — Wir können veraltete Termini nicht wieder beleben. Aber mir scheint, wir können es in Uebereinstimmung mit dem *SchVE.* sehr wohl bei dem in der Wissenschaft allgemein rezipierten Worte „Verbrechen" belassen. Die Einheit der Bezeichnung schließt die differente Bewertung in keiner

---

[1]) In der DJZ. Bd. XV Sp. 13.

Weise aus. Redaktionelle Schwierigkeiten ergeben sich nicht. Darüber habe ich mich DJZ. a. a. O. Sp. 13 ausführlich geäußert[1]).

Wir müssen die wahrheitswidrige Kategorisierung aufgeben auch um ihrer suggestiven, die Ungerechtigkeit nährenden Wirkung willen. — Die falsche Vorstellung, „Verbrechen" und „Vergehen" seien verschieden schwere Straftaten, trägt die grundsätzliche Strafbarkeit des Verbrechensversuchs und die grundsätzliche Straflosigkeit des Vergehensversuchs. Und doch wiegt, wie gesagt, in Wirklichkeit das Verbrechen oft viel weniger schwer, als das Vergehen. Indem man ferner den Grundsatz der Straflosigkeit des Vergehensversuchs kasuistisch durchbricht, gerät man in Fallstricke, in grobe Inkonsequenzen. Hat man auch manchen derartigen Fehler im Vorentwurf beseitigt, so bleibt noch genug der Irrungen übrig[2]). Endlich ist diese Behandlung des Versuchs angesichts der Strafzumessungsgrundsätze des Vorentwurfs irrationell; denn § 76 Abs. 3 macht die Sonderbestimmungen über „Vergehensversuch" völlig überflüssig. Er läßt in allen Versuchsfällen, wenn nicht die Vollendung mit Tod oder lebenslänglicher Freiheitsstrafe bedroht ist, zu, die Strafe nicht nur unter die Minimalstrafdrohung herabzusetzen, sondern auch auf mildere Freiheitsstrafart zu erkennen, ja in besonders leichten Fällen (§ 83) von Strafe überhaupt abzusehen. Was will man mehr? Zumal dann, wenn in offensichtlichem Abolitionsfall die Klage unterbleiben darf.

Zum Schluß mag darauf hingewiesen werden, daß zahlreiche neuere Gesetzeswerke die Trichotomie abgelehnt haben und daß selbst der *OVE.*, der sie festhält (§ 2), von ihr beim Versuch keinen Gebrauch macht (§ 14).

IV.

Die geplante Reform erfaßt bei starker Anlehnung an Gegebenes doch die Fundamente des Strafrechts. Daher ist es unmöglich, ganze Gebiete unberührt zu lassen. Es ist unmöglich, die Reform zu beschränken auf das Deutsche StGB., während die Sondergesetze des Reichs und der Territorien ein Noli me tangere bleiben. Gewiß wäre solche Selbstbeschränkung bequem; aber die Bequemlichkeit oder der Wunsch der Beschleunigung könnte nicht die Unzulänglichkeit der Reform, sondern nur das Einhalten maßvoller Schranken rechtfertigen.

---

[1]) Dem dortigen Zitat der §§ 75, 87, 89 sind hinzuzufügen die §§ 40, 45 Abs. 1, 54.

[2]) Vgl. DJZ. a. a. O. Sp. 14.

Es ist selbstverständlich, daß das Landesstrafrecht erst infolge der Änderung des Reichsrechts von den Einzelstaaten diesem anzupassen ist. Aber das müßte geschehen schon in Beachtung der allgemeinen Vorschriften des Reichsrechts, gleichviel ob sie sich auf Verbrechen (im allgemeinen Sinn) oder auf Übertretungen beziehen. Ebenso selbstverständlich ist, daß die Anpassung der Sonderstrafgesetze des Reichs an die Normen des reformierten Strafgesetzbuchs sofort zu erfolgen hätte durch Aufnahme in dieses oder durch selbständige Umarbeitung (vielleicht mit entsprechender Publikation im Einführungsgesetz zum StGB.) oder auf beiden Wegen zugleich.

Die Redaktoren des *DVE.* haben nichts von allem dem getan, vielmehr sich mit der Einarbeitung einiger weniger Sonderbestimmungen begnügt: des Gesetzes über den Verrat militärischer Geheimnisse vom 3. Juli 1893 und des Gesetzes betr. die Bestrafung der Entziehung elektrischer Arbeit vom 9. April 1900. Im übrigen vertröstet uns die Begründung auf die Zukunft (S. VII). Mit der Schöpfung eines neuen StGB. habe die „Sichtung und Kodifikation der Nebengesetze“ nicht notwendig zu tun. Aber müssen nicht ihre Strafbestimmungen mit dem Strafensystem des neuen StGB. und mit seiner Bewertung der Delikte in Einklang gesetzt werden? Muß nicht der neue Geist — und von solchem darf man reden —, der die Reform durchdringt, auch die Nebengesetze, deren Sonderbestand vielfach nur auf Zufälligkeiten und fortschreitende Entwicklung zurückzuführen ist, beherrschen? Und kann man Nebengesetze bei so umfassender Reform fortbestehen lassen, die innerlichst mit den Tatbeständen des StGB. zusammenhängen?

Die mit den Vorarbeiten für die Reform des deutschen Strafrechts — nicht nur des StGB. — beschäftigten Herausgeber der *Vergl. Darst.* haben von ihrem Programm grundsätzlich die Übertretungen ausgeschlossen, — soweit sie nicht mit den übrigen Delikten in engem Zusammenhang stehen, — und von den Nebengesetzen diejenigen einbezogen, welche Vorschriften des StGB. ergänzen oder mit ihm konnex sind oder doch an und für sich zur Aufnahme in das Gesetzbuch geeignet erscheinen. Hiernach ist man bei der *Vergl. Darst.* verfahren, und das sollte auch für die jetzige Gesetzesarbeit maßgebend sein. Denn wir wollen keine Abschlagszahlung, nicht ein halbes Werk um irgendwelcher persönlichen Beschleunigungsmotive oder um des Treibens der öffentlichen Meinung willen. Im Jahre 1870 durfte Leonhardt den Entwurf des Norddeutschen StGB. dem Reichstag mit den Worten vorlegen: „Gesetze, welche in heutiger Zeit erlassen werden, sind nicht bestimmt, auf Jahrhunderte zu gelten. — Man mag deshalb, wenn die Zeit gekommen ist, die Resultate der Gesetzgebung und der Jurisprudenz zusammenfassen und dann nach einiger Zeit, vielleicht nach Ablauf von fünf Jahren, eine Revision des Gesetzbuchs eintreten lassen. Damit kommt man weiter." Damals war das treibende Motiv die schleunige Unifikation des Rechts! Dergleichen gibt es heute nicht. Wir sind der steten gesetzgeberischen Flickarbeit allgemach gründlich müde, dieses unausgesetzten Ausbesserns an einem auf die Dauer unhaltbaren Bau, dieser Novellenfabrikate und halbschierigen Nebengesetze. Wir wollen endlich ganze Arbeit.

In der *Vergl. Darst.* ist der oben aufgestellte Grundsatz befolgt. Man hatte von vornherein in Aussicht genommen, zu § 292 StGB. einzuarbeiten die §§ 1—5, 7 des Gesetzes gegen den Verrat militärischer Geheimnisse, zu § 144 StGB. den § 45 Abs. 2 des Auswanderungsgesetzes vom 9. Juni 1897, zu § 180 StGB. den § 48 desselben Gesetzes, zu § 234 StGB. die §§ 1—3 des Gesetzes betreffend Sklavenraub vom 28. Juli 1895, zu § 266 StGB. die zahlreichen Untreuebestimmungen der Nebengesetze, u. a. § 9 des Depotgesetzes vom 5. Juli 1896, § 79 des Börsengesetzes vom 22. Juni 1896, § 36 des Hypothekenbankgesetzes vom 15. Juli 1899, zu den §§ 275, 276 StGB. die Sondervorschriften über Markenfälschungen und Ähnliches, u. a. § 187 des Invalidenversicherungsgesetzes, § 26 Nr. 3 des Gesetzes vom 3. Juni 1900 (Fälschung des Kennzeichens des Fleischbeschauers), §§ 22, 23 des Gesetzes vom 9. Mai 1902 (Fälschung von Schaumweinsteuerzeichen), zur Ergänzung des ausgefallenen Abschnitts 24 StGB. die §§ 239 bis 244 KO., §§ 10, 11 des Depotgesetzes vom 5. Juli 1896, zu §§ 290, 242, 303 StGB. die §§ 1, 2 des Gesetzes betreffend die Entziehung elektrischer Arbeit, zu den §§ 301—302 d alle Strafvorschriften der Versicherungsgesetze und anderer die Ausbeutung der wirtschaftlichen Schwäche oder Notlage betreffenden Gesetze, zu § 324 StGB. die §§ 12—14 des Nahrungsmittelgesetzes vom 14. Mai 1879 und zum Abschnitt 27 die §§ 5—8, 10 des Sprengstoffgesetzes vom 9. Juni 1884. Überdies sollten die den Schutz des Urheber- oder Patentrechts u. dgl., den Schutz gegen Nahrungs- und Genußmittelfälschung, gegen unlauteren Wettbewerb betreffenden Gesetze und noch einiges andere verarbeitet werden. Diese Vorarbeiten sind geliefert; ein Blick in den Registerband S. 64 f. dient zu schneller Orientierung. Die Mitarbeiter jenes Werks haben das ihrige getan. Nun tue der Gesetzgeber das seinige.

Daran kann uns auch nicht beirren der Einwand der Begründung, daß eine solche „übermäßige Erweiterung des Arbeitsfeldes“, „die an sich nicht leichte Arbeit“ „nicht nur auf das äußerste erschweren, sondern wahrscheinlich sogar vereiteln“ würde. Das Unerläßliche muß geschehen ohne Rücksicht darauf, ob es leicht oder schwer fällt. Aber wer den Vorentwurf herstellen konnte, vermag auch die Folgerungen aus ihm auf die Nebengesetze zu ziehen. Wir müssen erwarten und fordern, daß es geschieht.

V.

Das Gesetz soll nicht enthalten, was sich zum Gesetzesinhalt nicht eignet, dagegen alles, was seinem Inhalt — unter der Voraussetzung einer verständnisvollen regelrechten Auslegung — die Herrschaft sichert. Überflüssiges meiden, Notwendiges sagen: ist eine der elementaren Regeln der Gesetzestechnik. Genügt ihr der *DVE.*?

Das Gesetz ist Wort gewordener Wille. Was nicht gewollt werden kann, entzieht sich ihm. Das Gesetz kann nicht wider die Wirklichkeit, nicht wider vergangene oder gegenwärtige Tatsachen; es vermag nur mit dem Mittel der Fiktion Wirkungen bestimmten Tatbestandes auf einen anderen zu übertragen in dem Sinne, als wären beide Tatbestände gleich. Das wahrheitswidrige Gesetz ist unerträglich. Der *DVE.* hält sich von solchen Verstößen nicht frei. Schon an anderer Stelle[1]) habe ich auf die fehlerhaften und höchst wichtigen Schuldbestimmungen (§§ 59 f.) hingewiesen. Sie wollen der Wirklichkeit Ausdruck geben, mit anderen Worten nicht für vorsätzlich oder fahrlässig erklären, was nicht das eine oder andere ist. Es liegt also der Fall vor, von dem ich in der Legisl. Technik S. 30 sage: „Die Legaldefinition als bindende Realdefinition ist unverwertbar, wo die Wirklichkeit und Wahrheit ihr volles Recht behaupten soll.“ So definiert § 59 den Vorsatz und die Absicht, § 60 die Fahrlässigkeit überflüssig, wohl auch ungeschickt, zum Teil unrichtig. Die Definition des Vorsatzes, entnommen dem *SchVE.* § 19 Abs. 2, kann man sich als Ablehnung der Vorstellungstheorie gefallen lassen, aber tadellos ist sie nicht. Was muß Inhalt des Wissens und Wollens sein, damit die Tat eine vorsätzliche sei? Alles und jedes, was zu ihr gehört? Schließt jedes Falsch- oder Nichtwissen eines Tatumstandes den Vorsatz aus? Die Frage stellt sich um so dringender ein, als man den § 59 StGB. über den tatsächlichen Irrtum gestrichen hat. — Die

---

[1]) Deutsche Jur.-Zeit. a. a. O. Sp. 108.

Definition der Absicht § 59 Abs. 3 ist noch weniger befriedigend; denn nicht jede zweckbewußte, auf irgend einen Erfolg gerichtete Handlung ist eine „absichtliche“ im Sinne des Gesetzes, sondern nur die, welche auf den gesetzlich wesentlichen Erfolg abzielt. Eine falsche in der Doktrin einseitig verteidigte Gleichstellung von Vorsatz und Absicht kann keinen ausreichenden Grund für die Aufnahme der Definition abgeben. Und dann wiederholt sie ja nur, was definiert worden soll. Das Kriterium der Absichtlichkeit des vorsätzlichen Handelns ist sein Geschehen: „um einen bestimmten Erfolg herbeizuführen“. Diese oder eine gleichartige Wendung begegnet uns aber fast überall, wo das Gesetz mit dem Begriff der Absicht operiert[1]). — Die Begriffsbestimmung der Fahrlässigkeit ist eine, wie man meint, verbesserte Auflage des Art. 18 Abs. 3 des *SchVE.* von 1903, verbessert durch das wertlose Einschiebsel: „zwar nicht mit Vorsatz, jedoch“, durch die Veränderung des „mangels“ in „aus Mangel an“ und den guten Zusatz „und imstande“. Aber die Schweiz hat die ganze Definition im jetzigen Vorentwurf Art. 19 Abs. 3 geändert. Und ist sie überhaupt Bedürfnis? Ich bestreite das. Und wird sie nicht neue Streitigkeiten hervorrufen? Ich befürchte es. Was heißt: „aus Mangel an Aufmerksamkeit“? Soll diese Unaufmerksamkeit der Grund des Handelns oder nur eine Eigenschaft desselben sein[2])? Was heißt „imstande“? Soll damit das höchste Maß der Anspannung der Geisteskräfte gefordert werden? Die Definition bringt uns nicht einen Schritt weiter.

Nun aber § 59 Abs. 2, dem die Begründung viele Worte auf den Weg gibt und den sie besonders hoch einschätzt. Es ist nicht möglich, sich auf ihren Gedankengang im einzelnen einzulassen. Der Fehler des § 59 Abs. 2 springt in die Augen. Da heißt es: „Wissen und Wille des Täters liegen auch dann vor, wenn er alle

---

[1]) Oder kann doch leicht an Stelle des „absichtlich“ gesetzt werden.

[2]) Diese häßliche Wendung: „aus Fahrlässigkeit“ durchzieht den Vorentwurf: §§ 181, 183 Abs. 3, 189 Abs. 4, 190, 191 Abs. 3, 192 Abs. 3. — Dagegen sagen korrekt §§ 219, 232: „wer fahrlässig — verursacht“. Das StGB. bedient sich des: „durch Fahrlässigkeit“ und nur in § 326 des „aus Fahrlässigkeit“. Das „aus“ bezeichnet den Untergrund, die Quelle des Handelns, wie in den Wendungen: aus Bosheit, aus Rachsucht, aus Liebe, aus Eigennutz. Die Fahrlässigkeit ist solch Grund nicht, vielmehr nur eine Eigenschaft des Handelns. Wie man nicht sagt „aus Vorsatz“, darf man nicht sagen „aus Fahrlässigkeit“. Daher am besten überall an Stelle des „aus Fahrlässigkeit“ das Adjektiv, so § 109: „wer fahrlässig“, § 181: „ist die Handlung fahrlässig begangen“ (ebenso §§ 183 Abs. 3, 189 Abs. 4, 190, 191 Abs. 3, 192 Abs. 2).

zum gesetzlichen Tatbestand der strafbaren Handlung gehörigen tatsächlichen Umstände als nicht unwahrscheinlich vorhanden und soweit zu dem gesetzlichen Tatbestand ein bestimmter Erfolg gehört, diesen als nicht unwahrscheinlich eintretend ansieht.“ Wenn der Satz neben dem Absatz 1 einen selbständigen Sinn haben soll, so kann er nicht sagen, daß Vorsatz nicht das Wollen der als notwendig oder wirklich vorgestellten wesentlichen Eigenschaften und Wirkungen der Tat bedeutet, sondern sich verträgt mit der Vorstellung des Möglichen. Denn daß man das Mögliche wollen kann, trotz Vorstellung denkbaren Nichteintritts, versteht sich von selbst. Der Abs. 2 § 59 kann nur sagen, daß, wer relevante Eigenschaften und Wirkungen seines Tuns als nicht unwahrscheinlich ansieht, sie will. Das bestätigen die Motive mit dem Satz (S. 207): „Wer aber im Augenblick der Handlung selbst angenommen hat, ein bestimmter Umstand oder Erfolg sei nicht unwahrscheinlich, der muß, seine Zurechnungsfähigkeit selbstverständlich vorausgesetzt, diesen gewollt haben, sonst hätte er nicht gehandelt.“ Die gegenteilige Behauptung sei eine protestatio facto contraria; und in Note 1 wird ergänzend bemerkt, daß die Vorstellung der Notwendigkeit gleichbedeutend sei der Vorstellung des Nichtunwahrscheinlichen. Hiernach wollen die Verfasser eines Gesetzentwurfs dessen Ablehnung, wenn sie dieselbe für „nicht unwahrscheinlich“ halten. „Nicht unwahrscheinlich“ ist nicht mehr wie „wahrscheinlich“. Nun gibt es denkbarerweise mehrere gleich wahrscheinliche Folgen desselben Handelns. Das liegt in der häufigen Undurchsichtigkeit des Kausalzusammenhangs und findet Ausdruck im Begriff der Gefahr. Muß aber, wer gefährlich handelt, den üblen Ausgang wollen? — Omnis definitio periculosa est! Daher soll man sie gesetzgeberisch meiden, wo sie vermeidlich ist und überall da, wo man Gefahr läuft, gegen die Wahrheit zu verstoßen.

Eine fast drollige Bestätigung dessen liefert der Vorentwurf sofort in § 62. Er will die objektive Erfolgshaftung ablehnen, also nur Haftung für verschuldeten Erfolg bejahen. Selbstverständlich kann das Verschulden nur Fahrlässigkeit sein. Wie aber bestimmt sie der Vorentwurf § 62? Als erkennbare Möglichkeit des Erfolgs. Wie vereinigt sich das mit § 60? Und wie damit, daß Fahrlässigkeit auch vorliegt, wenn der Täter etwas bewirkte, was er als möglich erkannte, aber fahrlässigerweise glaubte, vermeiden zu können. Oder sollte eine besondere Art der Schuld kraft des Versari in re illicita fingiert werden?

Trotz des *O.* und *SchVE.* empfehle ich hiernach in Übereinstimmung mit anderen guten Vorbildern, z. B. dem Norwegischen

StGB. und gemäß unserer diesmal löblichen Tradition die §§ 59, 60 zu streichen und den Schluß des § 62 zu ändern — etwa dahin: „wenn der Erfolg dem Täter zur Fahrlässigkeit zugerechnet werden kann".

Mußte im vorstehenden gegen unrichtige Verwendung der Definition Einwendung erhoben werden, so ist der Gebrauch dieses für die Klarheit und Sicherheit des Gesetzes so wichtigen technischen Hilfsmittels in § 12 des Vorentwurfs anzuerkennen. Ich darf mich zur Empfehlung dessen auf meine Ausführungen in der Legisl. Technik S. 28f. zurückbeziehen und folgeweise eine Ausdehnung des § 12 befürworten. Es genüge, zur Unterstützung außer den in der genannten Schrift angeführten Beispielen außerdeutscher Gesetze die beiden Entwürfe, den *O.* und den *SchVE.*, zu erwähnen. Dieser bringt in Art. 9, 63 eine Reihe von Worterklärungen, jener solche in den §§ 90 bis 108 und überdies noch verstreut im *Bes. T.*, so in §§ 206, 226. Nur englische und amerikanische Gesetze verwenden die Definition in ähnlich ausgiebiger Weise. — Von dem besonders definitionsbedürftigen Termini hebe ich einige hervor: Gebiet des Deutschen Reichs[1]) (§ 3) bezw. Ausland (§§ 4f.), Deutscher, Ausländer, ausländisch (§§ 4ff., 102, 104, 123 u. öft.), Begehen, Begehung, Ort, Zeit derselben (§§ 2f., 68, 95), Öffentlichkeit der Begehung, des Angriffs, Angriffsobjekts (§§ 102, 125, 128, 131, 133, 138, 143, 144, 155, 156, 256, 260 Abs. 2, 270 Nr. 2, 3 u. öft.), Gewalt — da die Partialdefinition in § 12 Nr. 4 nicht ausreicht — (§§ 101, 118, 119, 126, 127, 240, 243, 244, 274, 275)[2]), Waffe, bewaffnet (§§ 105, 135, 220, 235, 264, 270 Nr. 5, 306 Nr. 8, 9, 308 Nr. 5), Gewinn, auch in der Zusammensetzung Gewinnsucht, gewinnsüchtig (§§ 36, 140, 145, 203, 235, 251, 275, 276, 281, 282 Abs. 3, 285 Abs. 2, 304)[3]), Nachteil (§§ 106, 107, 113 Nr. 2, 203 Abs. 3, 282 Abs. 3, 285 Abs. 2, 287, 288)[4]). Sollte sich herausstellen, daß ein solches Wort mehrdeutig im Gesetz gebraucht ist, so kann das nur ein Antrieb zu eindeutiger Terminologie sein. Es läßt sich nicht verkennen, daß die Anregungen zu

---

[1]) Besser und kürzer würde man sagen „Inland" im Gegensatz zum „Ausland."

[2]) Vgl. dazu „Gewalttätigkeit" in §§ 130, 133, 137.

[3]) Verhältnis zu „aus Eigennutz" in §§ 251, 254, „Vorteil" in §§ 121, 196, 197, 198, 214, „Vermögensteil" in §§ 275, 302, 303, „Entgelt" 121, 217, 279.

[4]) Vgl. dazu § 169 in „Rechtsnachteil", § 175 „benachteiligen". Haben „Gewinn", „Nachteil", „Vorteil" lediglich wirtschaftliche Bedeutung? Bedeutet „Gewinn" auch abgewendeten Verlust? Beweisvorteil, Rechtssicherung?

sorgfältigerem Wortgebrauch im Vorentwurf Beachtung gefunden haben. Ich verweise auf die Verwendung der Ausdrücke „Waffe“, „Vermögensvorteil“. Allein das Bedürfnis der Sinnfeststellung bleibt besonders dort, wo es sich um von der Deutung des Worts abhängige positivrechtliche Dinge handelt. Dafür im folgenden ein illustres Beispiel.

„Begehung“, „Begehen“ wird häufig im vulgären Sinn der Verwirklichung aller Verbrechensmerkmale, des ganzen Tatbestandes gebraucht; allein der Ausdruck ist unbedingt gesetzlich erläuterungsbedürftig, wo von seiner Bedeutung wichtige positivrechtliche Folgen abhängen und die Bedeutung schwankt. Über die räumliche und zeitliche Herrschaft des Gesetzes, über den Zeitpunkt, mit dem die sog. Verjährung der Strafverfolgung beginnt, darf der Gesetzgeber nicht orakeln. Dafür ist nur sein Wille maßgebend, und den muß er, wenn er nicht gröblich seine Pflicht verkennt, möglichst zweifelsfrei aussprechen. Das tut der *DVE.* noch weniger als das geltende Gesetz. Dieses stellt wenigstens bei der Verjährung in Gegensatz die Begehung und den — selbstverständlich gesetzerheblichen — Erfolg (StGB. § 67 Abs 4). Man weiß, daß schon hieran zufolge doktrinärer Bedenken sich Kontroversen geknüpft haben. Vollends umstritten und unsicher aber ist die Rechtslage in der Frage der territorialen und zeitlichen Herrschaft des Gesetzes. Der *O.* und *SchVE.* streben verständnisvoll nach positiver Lösung der Schwierigkeit; freilich beide unzulänglich insofern, als sie, die Einheit der Frage verkennend, die Begangenschaft nur örtlich, nicht grundsätzlich zugleich zeitlich regeln (*OVE.* § 81 Abs. 2 vgl. mit § 79; *SchVE.* Art. 9). Der *DVE.* hat nichts dergleichen, ja er tilgt den bisherigen einzigen positivrechtlichen Anhalt des StGB. § 67 Abs. 4, indem er in § 95 Abs. 1 sich auf die Worte beschränkt: „Die Verjährung beginnt mit dem Tage, an dem die strafbare Handlung begangen ist.“ Und wie wird das motiviert? Sehr charakteristisch mit dem übeln der Begriffsjurisprudenz abgelauschten Grunde, daß die accusatio nondum nata nicht verjähren dürfe; freilich wird bemerkt, daß die Praxis das Verjähren vor der Ermöglichung der Strafklage als unerträglich empfunden habe, und dafür Entsch. des Reichsgerichts Bd. 40 S. 405 zitiert. Allein mit Unrecht; dort findet sich keine Bestätigung. Auch sanktioniert der Vorentwurf § 96 Abs. 2 selbst das „Unerträgliche“; denn das Antragsdelikt kann verjähren, bevor der Antrag gestellt und damit accusatio nata ist. Und wenn nun die Begründung ausspricht: „jedenfalls ist die Regelung dieses wichtigen Punktes nicht klar und nicht folgerichtig“ und unter Anerkennung der Notwendigkeit solcher Regelung hinzufügt: „der Entwurf spreche demgemäß vom Erfolg gar nicht und lasse den Fristenlauf beginnen mit dem Tage, an dem die strafbare Handlung begangen sei," so bewegt sie sich in Illusionen, in Widersprüchen. Sie postuliert einen feststehenden Begriff des „Begehens" der „strafbaren Handlung" als der Verwirklichung aller wesentlichen Merkmale. Davon ist keine Rede. Es genüge, die Bestimmungen des *Sch.* und *OVE.* einzusehen; jener sagt Art. 9: „Der Täter begeht das Verbrechen da, wo er es ausführt oder auszuführen versucht und da, wo der Erfolg des Verbrechens eingetreten ist oder nach seiner Ansicht eintreten sollte." Der *OVE.* § 81 Abs. 2: „Eine strafbare Handlung ist im Inland begangen, wenn der Täter im Inland gehandelt hat oder wenn der Erfolg im Inland eingetreten ist oder nach dem Vorsatz des Täters im Inland eintreten sollte", und § 77: „die Verjährung beginnt, wenn die strafbare Tätigkeit abgeschlossen ist." — Das Widerspruchsvolle der Begründung kann man darin finden, daß sie die gesetzliche Regelung des Begangenschaftsmoments für notwendig erklärt und sich deren entschlägt, in der falschen noch anderweit zu beleuchtenden Illusion einer ihr nicht zukommenden Autorität. — Ließe man den *DVE.* im besprochenen Punkt unverändert, so bliebe es bei der bestehenden Rechtsunsicherheit[1]), die insbesondere für die Herrschaftszeit und das Herrschaftsgebiet des Gesetzes unerträglich ist. Sollte sich aber die von der Begründung gegebene Deutung des „Begehens" als der Vollendung Bahn brechen, so würde solche auf dieses „Gebiet" nachteiligst reflektieren; denn sie würde dahin führen, daß nur dort begangen ist, wo der Erfolg eintrat. Allerdings wird das Gegenteil — die Ubiquitätslehre — in der Begründung Bd. 1 S. 8f. vertreten, wiederum mit falscher Identifizierung des Inhalts der Motive und des Entwurfs[2]). Ich kann diesen Gedankengang nicht abschließen, ohne auf § 68 des Vorentwurfs hingewiesen zu haben, wo „Begehung" zweifellos auf die Tätigkeit des Täters zu beziehen ist; — entsprechend steht es mit § 63[3]).

[1]) Vgl. hierzu meine Legisl. Technik S. 12f.

[2]) Verba: „Auf diesem Standpunkt steht, wenigstens was das Verhältnis des Auslandes zum Inland angeht, in Übereinstimmung mit dem geltenden Gesetz" — soll heißen: verbreiteter Meinung — „auch der vorliegende Entwurf".

[3]) Verba: „zur Zeit der Handlung". — Übrigens spricht Vorentwurf § 2f. promiscue von „Begehung, Begehen der Handlung" und der „strafbaren" oder „als Verbrechen oder Vergehen" u. dgl. anzusehenden Handlung. Schon daraus folgt, daß das Inserieren des „strafbar" in § 95 Abs. 1 bedeutungslos ist.

Sollte man sich zur Definition der „Begehung“ im Gesetz entschließen, so hätte sie — da ein einheitlicher Sinn im Hinblick auf die verschiedene Verwendung nicht annehmbar ist — ähnlich wie in den außerdeutschen Entwürfen an verschiedenen Stellen oder in § 12 unter Anführen der einschlagenden Paragraphen zu erfolgen.

Das Bedürfnis der Vervollständigung des Vorentwurfs tritt noch anderweit hervor. Ich halte eine Vorschrift über den Tatsachenirrtum auch dann nicht für überflüssig, wenn der von mir abgelehnte § 59 des *DVE.* Gesetz werden sollte. Ob der § 57 StGB. beizubehalten oder eine dem *SchVE.* Art. 20 oder dem *OVE.* § 9 entsprechende Fassung vorzuziehen sei, lasse ich dahingestellt. Unentbehrlich ist Klarheit über die Bedeutung des sog. untauglichen Versuchs. Die Begründung glaubt an die Vollständigkeit des Entwurfs. Sie ergeht sich in theoretischen mehrfach anfechtbaren Ausführungen, sucht die „subjektive“ Theorie als die ihre zu rechtfertigen, schlußfolgert daraus die rechtliche Relevanz des untauglichen Versuchs, erkennt aber an, daß es sich um eine Streitfrage handele, die lediglich auf wissenschaftlichen Boden nicht erledigt werden könne und daher aus Gründen der Rechtspolitik zu entscheiden sei. Und wie geschieht das? Die Begründung versichert uns, daß „sich der Entwurf grundsätzlich zu der konsequenteren subjektiven Theorie bekennt“ und dem der Wortlaut des § 75 („die Ausführung — begonnen hat“) nicht entgegenstehe. Von diesem Bekenntnis findet sich im Entwurf keine Spur. Die geringfügige Änderung des Wortlauts des StGB. § 43 ist nichtssagend. Die Motive aber bestimmen, wie ich wiederholt betonen mußte und jeder weiß, der nicht Neuling ist, den Inhalt des Gesetzes nicht. Die „subjektive Theorie“ ist also nicht Inhalt des Gesetzes und der Streit ungeschlichtet. Nebenher mag gegenüber dem Theoretisieren der Motive bemerkt werden, daß allerdings der strafbare Versuch insofern dem vollendeten Delikt generisch gleich sein muß, als auch er eine „strafbare Handlung“ darstellt. Denn Gedanken, auch manifestierte Gedanken, sind zollfrei; nur der Angriff ist strafbar[1]). Ein solcher muß der strafbare Versuch sein. Daher ist Vorbereitung, Rüsten von Mitteln, die nicht angriffsweise zum Objekt in Beziehung gesetzt werden, bedeutungslos; daher ist erst der Anfang der Ausführung Versuch; daher ist untauglicher Versuch, weil nur eingebildeter, nicht wirklicher Angriff, kein straf-

---

[1]) „Angriff“ ist dem *DVE.* zur Bezeichnung des Versuchs geläufig, z. B. § 100.

barer Versuch. — Endlich noch zu § 76 das Monitum: weshalb in Abs. 3 die zu enge Detaillierung der Strafänderungsbefugnis („mildere Art der Freiheitsstrafe“) und nicht einfach Herübernahme des Wortlauts des § 83?

Fraglich ist, ob nicht betreffs der Geldstrafen und der Einziehung ergänzende, das juristische Wesen des Strafanspruchs und des Erwerbsakts klarstellende Vorschriften erforderlich sind. — Das Fehlen der „Buße“ ist keine Lücke im Gesetz, sondern bewußtes — meines Erachtens freilich bedauerliches Ablehnen dieser Rechtsinstitution. — Wenn man aber den Schadensersatz einbezog (§ 57), so durfte man sich der Erledigung des bisher reichsgesetzlich zugelassenen Ersatzgeldes nicht entschlagen.

Einer Vervollständigung des Gesetzes durch Aufnahme allgemeiner Strafausschließungsgründe im Anschluß an Notwehr und Notstand kann ich aus von mir in Legisl. Technik S. 15 entwickelten Gründen nicht das Wort reden. So ist wohl auch eine Vorschrift über die strafausschließende Wirkung des absoluten Zwanges entbehrlich[1]), und ebenso eine solche über die Straflosigkeit des Erlaubten[2]).

VI.

Obschon der Vorentwurf sich sprachlich, im Satzbau, in der Terminologie an das StGB. eng anlehnt, ja vieles wörtlich übernimmt, zeigt er doch ein erfreuliches Streben nach Vereinfachung, Gleichmäßigkeit und Präzision. Die hypothetisch-relative Fassung des Strafgesetzes („wer . . . versucht, auffordert, anreizt, tötet u. dgl.“) ist die Regel. Ausnahmsweise wird das Subjekt — und zwar in der Einzahl — seiner Staatsangehörigkeit, seinem Stande oder Verhältnis nach substantivisch bezeichnet: „ein Deutscher“ (§ 105), „Ausländer“ (§ 297), „ein Rechtsanwalt oder anderer Rechtsbeistand“ (§§ 175, 176), „ein Beamter“ (§ 196 f.), „ein Amtsvorgesetzter“ (§ 208), „eine Mutter“ (§ 216), „eine Schwangere“ (§ 217), „ein Schuldner“ (§ 293), „ein Wirt“ (§ 308 Nr. 2); gelegentlich auch in der Mehrzahl: „Gefangene“ (§ 130), „Rädelsführer“ (§ 127 Abs. 2) u. a. m.; da ist eben diese Eigenschaft wesentlich für die Determination des Täters. Ähnlich, wo die Eigenschaft die Art der Beteiligung am Tatbestand bezeichnet: wie „Rädelsführer“ (§ 127 Abs. 2), „Kartellträger“ (§ 225). Konditionale Wendungen, wie: „wenn der Täter“ (StGB. § 90), „wenn sich eine Menschenmenge öffentlich zusammenrottet“

---

1) Vgl. Begründung S. 246, ebenso *Sch.* und *OVE.*

2) Anders *SchVE.* Art. 25.

(StGB. §§ 125, 126), „wenn aus einem zum Gottesdienst bestimmten Gebäude" usw. (StGB. § 243), „wenn der Räuber" usw. (StGB. § 250), „wenn sie unbefugt" (StGB. § 300), „wenn der Brand" (StGB. § 307), sind, als dem Gesetzesstil wenig angemessen, fast ganz vermieden. Aber nicht überall ist dieser gewahrt und der Ausdruck tadellos. Das gilt besonders von den neuen Bestimmungen des Vorentwurfs. Als Probe mag der schon wiederholt angezogene Abschnitt „Die Schuld" §§ 58f. besprochen werden.

Der § 58 Abs. 1 Satz 2 ist verbos; statt „wenn das Gesetz nichts anderes bestimmt" sagt man kürzer „ist nichts anderes bestimmt, so"; das „entweder" ist überflüssig; der Absatz 2: „Der Vorsatz wird immer bestraft, die Fahrlässigkeit bei Vergehen nur dann, wenn dies das Gesetz ausdrücklich anordnet", ist überdies ungeschickt, denn was gesagt werden soll, kommt nicht zum Ausdruck. Der Vorsatz wird nicht „immer", sondern nur bei vorsätzlichen Delikten bestraft; das „immer" soll sagen: ist nichts anderes bestimmt, so ist nur strafbar, wer vorsätzlich handelt (*SchVE.* Art. 18 Abs. 1). Die Worte „die Fahrlässigkeit bei Vergehen" usw. sind voll verständlich nur dem, der weiß, daß es fahrlässige Verbrechen nicht gibt. Die Schlußworte: „bei Übertretungen stets, soweit nicht das Gesetz die vorsätzliche Begehung ausdrücklich erfordert oder unzweideutig voraussetzt", sind in letzterer Alternative mitsamt dem „ausdrücklich" überflüssig und unklar. Es soll heißen: „soweit nicht das Gesetz nur die vorsätzliche Begehung unter Strafe stellt". In § 59 ist, ganz abgesehen von der Frage seiner Haltbarkeit, die Fassung des Absatz 2 nichts weniger als schön. Man beachte „alle zum gesetzlichen Tatbestand der strafbaren Handlung gehörigen Umstände"! Weshalb nicht kurz „die gesetzlichen Tatbestandsmerkmale" oder „alle wesentlichen Tatumstände"? Und weiter heißt es: „als nicht unwahrscheinlich vorhanden (!) und, soweit zu dem gesetzlichen Tatbestand ein bestimmter Erfolg gehört, diesen als nicht unwahrscheinlich eintretend (!) ansieht[1])". Ist das Deutsch? Ist es ferner richtig? Der Eintritt, also das Werden im Gegensatz zum Sein, kommt doch nicht nur beim sog. „Erfolge", sondern bei jedem Tatbestandsmoment in Frage, das der Täter durch Einwirkung auf die Außenwelt (Werkzeuge, Mittel, Kräfte), nicht unmittelbar in eigener Tätigkeit verwirklicht. Wäre es nicht einfacher und besser zu sagen: „vorsätzlich handelt auch, wer die strafrechtlich wesentlichen Eigenschaften und Wirkungen seiner Tat für nicht unwahrscheinlich hält". Endlich der Schluß: „eine vorsätzliche Handlung ist eine absichtliche, wenn der Täter sie verübt, um einen bestimmten Erfolg herbeizuführen" sagt etwas ganz Müßiges, falls der Erfolg nicht gesetzlich erheblich ist. Im übrigen verweise ich auf frühere Ausführungen.

Der § 60 fällt mit seinem „zwar nicht mit Vorsatz, jedoch" aus dem Gesetzesstil heraus und ist entbehrlich; denn der Zweck dieser Worte, die Ausschließlichkeit der beiden Schuldformen Vorsatz und Fahrlässigkeit auszudrücken, ist erreicht durch § 58 Abs. 1[1]). Das unschöne „zwar nicht — jedoch" kehrt wieder in § 63 Abs. 2 und ist dort ebenso müßig. Anders, wenn man im Abs. 1 die letzten Worte „so daß dadurch seine freie Willensbestimmung ausgeschlossen wurde" streichen wollte. Freilich würde mir eine Fassung, wie folgende, besser gefallen: „nicht strafbar ist, wer im Zustande der Geisteskrankheit, des Blödsinns oder der Bewußtlosigkeit handelt. Wird die freie Willensbestimmung durch solchen Zustand nicht völlig ausgeschlossen, aber in hohem Grade vermindert, so bestimmt sich die Strafe nach § 76[2])". Aber nun folgt in § 63 der Satz: „Zustände selbstverschuldeter Trunkenheit sind hiervon ausgenommen". Was soll das heißen? Sollen solche Zustände nach § 63 Abs. 1 beurteilt werden oder soll solche Minderung der Willensfreiheit bedeutungslos sein? Daß uns die Begründung über das unverständliche Gesetz aufklärt, rechtfertigt es nicht. Der Schlußsatz des Abs. 2 § 63 muß mit § 64 zusammengefaßt, mit andern Worten, die Bedeutung der selbstverschuldeten Trunkenheit positiv und geschlossen in diesem Paragraphen geregelt werden.

So könnte ich noch lange fortfahren. Aber ich will nicht um Worte streiten, obschon sie im Gesetzeswerk gewiß keine quantité negligeable sind[3]).

Ich wende mich zur Terminologie des Entwurfs. Über den

---

[1]) Ähnlich der *OEV.* § 7 Abs. 3 verba: „zwar nicht herbeiführen wollte, aber" . . .

[2]) Statt des breitspurigen Satzes: „so finden hinsichtlich der Bestrafung die Vorschriften über den Versuch (§ 76) Anwendung".

[3]) Unrichtig ist die Fassung des sonst lobenswerten § 279 Nr. 2. Der Relativsatz „die nach der Verkehrssitte sofort zu bezahlen sind" steht an falscher Stelle. Die Meinung ist, Prellerei um die unmittelbar zu erwartende Gegenleistung zu treffen, als da ist Erschleichen freien Eintritts, freier Fahrt, freier Verpflegung, Herberge oder Dienstleistung. Daher muß es in Nr. 2 heißen: „wer Nahrungs- oder Genußmittel oder sonstige Wirtschaftsgegenstände zum alsbaldigen Verbrauch oder wer eine Unterkunft oder Dienstleistungen in der Absicht sich gewähren läßt, die nach der Verkehrssitte zu erwartende sofortige Bezahlung nicht zu leisten, sofern der Schaden unbedeutend ist". Und das Wort „Schaden" wäre zu ersetzen durch „Betrag"; denn von „Schaden" ist zunächst keine Rede.

Wert des guten Kunstausdrucks habe ich mich in der Legislativen Technik S. 23f. verbreitet; dort habe ich auch zeigen müssen, wie weit unsere Strafgesetzgebung von einer gesunden, echten, volkstümlichen Terminologie entfernt ist. Der Vorentwurf tut einen wesentlichen Schritt voran durch die Marginalbezeichnung des Paragrapheninhalts. Das erheischt einen prägnanten Namen des Tatbestandes. Und in der Tat ist solcher hier und da gefunden, oder dem wissenschaftlich hergebrachten Kunstwort die Legitimation verliehen. So heißt jetzt technisch die Tötung der Leibesfrucht im Mutterleibe und durch Ausscheidung („Abtreiben") „Abtreibung" § 217. So spricht das Gesetz jetzt von „Blutschande", „Schändung", „Pfandbruch", „Vollstreckungsvereitelung", „Rechtsvereitelung", „Jagdwilderei", „Fischwilderei", „Entwendung." Aber die Nomenklatur ist oft zu abgeblaßt und abstrakt, vielfach zu breit. Weshalb „Aussetzung Hilfloser" (§ 218) und nicht einfach „Aussetzung"? Weshalb „falsche uneidliche Aussage" (§ 168) und nicht „falsche Aussage" oder „Prozeßlüge"? Auch mag bemerkt werden, daß mitunter die Marginalien vergessen sind; so in §§ 111, 112.

Der subjektive Tatbestand ist nach § 58 Vorsatz, wenn das Gesetz nichts anderes bestimmt. Daher kann es sich bei vorsätzlichen Delikten des „vorsätzlich" entschlagen. Und da alles Überflüssige zu meiden ist, sollte das durchgängig geschehen. Weder der *Sch.* noch der *DVE.* verfahren so, obschon beide grundsätzlich den gleichen Standpunkt einnehmen. Willkürlich brauchen sie das „vorsätzlich" oder lassen sie es fort, — wobei abzusehen ist von Absichtsdelikten und Fassungen, die ohnedies den Dolus fordern, z. B. *DVE.* § 100: „der Angriff", §§ 101, 118, 119, 122, 126, 127, 130, 167, 208: „wer versucht", § 170: „wer verleitet", § 111: „haben mehrere ein Verbrechen — verabredet". Das „vorsätzlich" erscheint in §§ 106—108, 110, 113, 120, 140—142, 150, 151, 160, 161 Abs. 2, 172, 181, 183, 184, 185, 187, 188—192, 200, 203 Abs. 1, 2, 205 Abs. 2 (210, 211), 212, 213, 216—218 (222), 227, 234, 235, 239, 280, 281, 285, 289. Für Absichtsdelikte braucht der Vorentwurf verschiedene Wendungen: „die Absicht der Beleidigung": § 263, „in der Absicht": §§ 110 Abs. 3, 116, 149 Nr. 1, 152, 159, 161, 203, 235, 260, 275, 276, 279 Nr. 2, 287, 293, „in rechtswidriger Absicht": § 240, „beabsichtigt": § 236, „absichtlich": §§ 175, 182, 186, 277, 294, „um zu": §§ 138, 159, 161, 201, 237, 269, 274, 280—284, 288, „zum Zweck": §§ 112, 162, 284 Abs. 3, „zur" § 286 Abs. 2. In §§ 159, 161 wird gleichwertig gebraucht „um" und „in gleicher Absicht". Die §§ 287, 288 wechseln spielend mit „in der Absicht" und „um", die §§ 293, 294 mit „in der Absicht" und „absichtlich". Eigentümlich gefärbt wird der Vorsatz durch Ausdrücke wie „wider besseres Wissen“: §§ 138, 176, 201 Nr. 2, 202, 204, 261, 262, 286 Abs. 1, „wissentlich“: §§ 165, 166, 168, 179, 193, 194, 206, 207, 284 Abs. 2, 308 Nr. 2, „böswillig“: §§ 116, 125, 143, 144, 155—157, 262, 291, „boshaft“: § 146, „arglistig“: §§ 145, 178. 279 Nr. 1, 291. Daneben nun die große Zahl der Bestimmungen, die nichts derartiges enthalten. — Sieht man von dem Bedürfnis besonderer Kolorierung des Dolus ab, wie sie in den zuletzt angeführten Zitaten vorkommt, und ebenso von den Absichtsdelikten, so wird man in vielen Fällen vergeblich nach einem Grunde suchen, weshalb in dem einen das „vorsätzlich“ oder „wissentlich“ gebraucht ist, in dem anderen fehlt. Ich beschränke mich auf einige Beispiele. Man vergleiche § 195 und §§ 193, 194; dort ist die Schuldform nicht genannt, hier das „wissentlich“ aufgenommen; aber auch nach § 195 gehört das Wissen von den „allgemein anerkannten Regeln der Baukunde“ zum Tatbestand. So wäre folgerichtig in §§ 193, 194 „wissentlich“ zu streichen. In § 205 Abs. 1 fehlt das „vorsätzlich“, das der gleichartige Abs. 2 enthält. Der erste der Alternativtatbestände des § 206 enthält das „wissentlich“ nicht, die beiden folgenden haben es. Wenn § 139 bei der Amtsanmaßung nicht der Schuldform gedenkt, weshalb wird das „vorsätzlich“ in den §§ 140—142 hervorgehoben? Dieselbe Frage stellt sich ein beim Vergleich der §§ 295—301 mit §§ 212—218, 227, 234 f. Der *DVE.* bedarf in diesem Punkte sorgfältiger redaktioneller Nachprüfung. Als Vorbild diene der *OVE.*, der mit erfreulicher Folgerichtigkeit den Dolus bei den einzelnen Tatbeständen voraussetzt. Man lese das XXII. Hauptstück von den strafbaren Handlungen gegen Leib und Leben § 285 (Mord): „wer einen anderen tötet, wird“ usw., § 287 (Totschlag): „1. wer in einer durch die Umstände gerechtfertigten heftigen Gemütsbewegung einen anderen tötet“ usw., § 296 (Körperbeschädigung): „1. wer einen anderen am Körper verletzt“ usw., oder das XXIII. Hauptstück § 315: „1. wer einen anderen festnimmt, einschließt oder auf andere Weise an dem Gebrauch seiner persönlichen Freiheit hindert“ usw. Nur die Absicht[1]) und der kolorierte Dolus[2]) werden in verschiedenen

[1]) Z. B. § 109: „wer mit dem Vorsatz, den Kaiser zu töten“ usw., § 110: „wer mit dem Vorsatz 1. gewaltsam die gesetzliche Thronfolge — — — zu ändern“ usw., § 208: „wer eine falsche — Urkunde — — anfertigt — —, um —“.

[2]) Z. B. § 405: „Wer böswillig oder mutwillig eine fremde Sache beschädigt“ usw., § 478: „wer ein Tier böswillig quält oder roh mißhandelt“ usw.

Wendungen zum Ausdruck gebracht, auch Dolus und Kulpa genannt, wenn die Tat in beiden Schuldformen einer Strafdrohung unterstellt wird[1]).

Neben dem Schuldmoment erwähne ich noch die Art, wie das umstrittene generelle objektive Merkmal der Rechtswidrigkeit im Vorentwurf behandelt wird. Der *Allg. T.* des *DVE.* berührt das Merkmal nur in § 61 anläßlich des Rechtsirrtums; der *OVE.* übergeht es völlig; der *SchVE.* trägt ihm Rechnung in Art. 25: „die Tat, die das Gesetz oder eine Amts- oder Berufspflicht unter bestimmten Voraussetzungen gebietet oder erlaubt oder die das Gesetz für straflos erklärt, ist in diesen Fällen kein Verbrechen". Das ist selbstverständlich und daher eines gesetzlichen Ausspruchs nicht bedürftig. Das ist der Ausgangspunkt des *DVE.* Daraus aber ergibt sich folgerichtig, daß das Tatbestandsmerkmal der Unerlaubtheit, Rechtswidrigkeit, Widerrechtlichkeit nicht besonders erwähnt werden sollte, und daß es fehlerhaft ist, es in einem Fall zu verschweigen, im anderen aufzuführen. Das wäre verfehlt auch dann, wenn man zwischen schlechterdings rechtswidrigem oder unerlaubtem und je nachdem möglicherweise erlaubtem, rechtmäßigem oder verbotenem Verhalten unterscheiden und nur bei letzterem das Merkmal betonen wollte. Danach würde dasselbe beispielsweise beim Tatbestand des Meineids, des Ehebruchs, der Notzucht oder der widernatürlichen Unzucht nicht zu nennen sein, dagegen Aufnahme finden bei der Sachbeschädigung oder Freiheitsberaubung oder der Körperverletzung. Verfehlt wäre das, weil auch hier nur Selbstverständliches gesagt würde und die Gefahr des Mißgriffs nahe läge. Wollte man aber nach Laune, Willkür oder zufolge der Überlieferung mit dem fraglichen Merkmal schalten, dann entzöge sich das jeder Kritik. Wie verfährt nun der *DVE.*?

Das Wort „rechtswidrig" verwendet der Vorentwurf in den §§ 108, 110, 154, 269, 271, 274, „widerrechtlich" in den §§ 187, 202, 205, 207, 242; von „unbefugt" spricht er in den §§ 135, 267, 268, 297, 300, 301, 307 Nr. 1, 2, 308 Nr. 10, 11, 309 Nr. 3; in den §§ 275, 276 von „unrechtmäßigem Gewinn". Im übrigen wird die Widerrechtlichkeit oder Unerlaubtheit als selbstverständlich vorausgesetzt. Sind diese Verschiedenheiten begründet? Es bedarf nur des Vergleichs einiger Gesetzesstellen, um zur Verneinung zu gelangen. Tötung, Körperverletzung, Freiheitsberaubung, Sach-

---

[1]) So § 242: „wer sich vorsätzlich oder fahrlässig" usw., § 477: „wer vorsätzlich oder fahrlässig" usw.

beschädigung, Vermögensbeschädigung können rechtmäßig geschehen — und dennoch wird das Merkmal der Widerrechtlichkeit nicht erwähnt (§§ 212, 227, 235, 239, 289, 291). Die Erfüllung von Lieferungsverträgen der in § 107 genannten Art kann berechtigterweise unterbleiben — und dennoch spricht das Gesetz davon nicht, wogegen es in § 108 die Rechtswidrigkeit des Geheimnisverrats betont (vgl. auch § 110). Alle Bestimmungen des Vorentwurfs über strafbaren Geheimnisbruch (§§ 205 f., 267, 268) können des „widerrechtlich", „rechtswidrig", „in anderen als den vom Gesetz vorgesehenen Fällen" (§§ 205—207), „unbefugt" (§§ 267, 268) ohne Gefahr irgend eines Mißverständnisses und ebensogut entbehren, wie Verwahrungs-, Siegel-, Pfandbruch (§§ 140—142), die Delikte der §§ 143, 144 und der Parteiverrat (§ 175). Man suche nur eine angemessene Form, wie sie z. B. der *OVE.* § 400 f. bietet: „wer das Briefgeheimnis dadurch verletzt, daß er" usw.

So revidiere man auch im Stück des Rechtswidrigkeitsmerkmals den Vorentwurf nach dem Vorbild des *OVE.* Er wird dadurch an Einfachheit und Klarheit gewinnen.

VII.

Die Frage nach der Gestaltung der Tatbestände eröffnet unabsehbare Perspektiven. Es ist unmöglich, in dem engen Rahmen dieser orientierenden Abhandlung die Tatbestandsbildung des Vorentwurfs in die Einzelheiten zu verfolgen, ja sie nur auf die wichtigsten Forderungen einer gesunden Gesetzestechnik hin durchzuprüfen. Wenn ich auch hier meine Ausführungen in der Legisl. Technik zugrunde lege, so darf ich beginnen mit „Kasuistik und Exemplifikation" (daselbst S. 37 f.). Das eine Wort bezeichnet einen schweren Fehler der Gesetzgebung, das andere ein treffliches Mittel der Verdeutlichung des Gesetzeswillens.

Die Begründung (Bd. 1 S. XII) hebt hervor, daß im *Bes. T.* des Vorentwurfs gegenüber dem StGB. 80 Paragraphen gespart worden seien, ein Ergebnis, das man durch die Ökonomie des Gesetzes, durch die „Beschränkung der Kasuistik und die knappere Ausdrucksweise" erzielt habe. In der Tat ein erfreulicher Fortschritt, der an der Struktur einzelner Tatbestände nachgewiesen werden soll, wobei freilich Wiederholungen früher, in der DJZ. a. a. O. Sp. 110 f., gegebener Ausführungen unvermeidlich sind. Ich habe dort bereits betont, wie erheblich die Staatsverbrechen vereinfacht und verallgemeinert sind. Ihre Qualifikation als Absichtsdelikte wird später besprochen. Der Hochverrat §§ 100, 101 ist gegenständlich generalisiert; in § 100 (StGB. § 80) ist aus dem „eigenen

Landesherrn" und dem „Landesherrn des Staates des Aufenthaltsortes" im Gegensatz zum Kaiser der „andere Bundesfürst" geworden und ihm der vernachlässigte „Regent" gleichgestellt; in § 101 (StGB. §§ 81, 82) begnügt sich Nr. 2 mit der Erwähnung der „Verfassung" und Nr. 3 faßt die bisherigen Nr. 3 und 4 in den erschöpfenden Worten zusammen: „dem Reiche oder einem Bundesstaat ein zu ihm gehörendes Gebiet zu entreißen". Mord und Totschlag werden in § 100, Drohung und Gewalt in § 101 gleichgestellt und auf alle Fälle Nr. 1—3 angewendet. Ob das richtig, ist keine Frage der Technik. Die §§ 83—86 sind glücklich in dem einen § 102 verschmolzen.

In den den Landesverrat betreffenden §§ 104—114, die das Gesetz vom 3. Juli 1893 als §§ 108—111, § 329 als § 107 und eine neue Vorschrift § 112 einschließen, ist § 90 mit seiner irreführenden Kasuistik (vgl. Legisl. Technik S. 63) gedeckt durch die „besonders schweren Fällen" des § 105. Zur Veranschaulichung derselben könnten besonders geeignete Beispiele des § 90 exemplifizierend aufgenommen werden[1]).

Unter den „Verbrechen und Vergehen in Beziehung auf die Ausübung der staatsbürgerlichen Rechte"[2]) erschöpft § 118, mit dem

---

[1]) Der neue § 112 ist in vorliegender Fassung völlig verfehlt. Die Tat besteht in unrichtiger Angabe über Name, Stand, Gewerbe, Wohnort oder Staatsangehörigkeit gegenüber zuständigen Beamten oder Militärpersonen an der in § 112 näher bezeichneten Örtlichkeit; gleichwertig ist die Verletzung polizeilicher Anmeldepflicht. Insoweit ist der Tatbestand reines Polizeidelikt ähnlich dem des § 306 Nr. 7 des Vorentwurfs. Dafür wäre die Strafe „Gefängnis oder Haft bis zu einem Jahr" zu hart. Das Gesetz fordert aber „landesverräterischen Zweck des Aufenthalts" — und stellt damit eine als delictum sui generis strafbare Vorbereitungshandlung (analog § 102) auf. Dieser Zweck muß erwiesen sein. Unter dieser Voraussetzung erscheint die Strafdrohung zu milde. Jedenfalls ist sie unklar. Denn was ist „landesverräterischer Zweck"? Auch der Zweck, sich die Gegenstände des § 110 Abs. 1 zu verschaffen? Oder eine Verabredung des § 111 zu treffen? Und gerät man nicht in eine Vermischung von Vorbereitung und Versuch hinein? Mir scheint das von Spionagefurcht diktierte französische Gesetz vom 18. April 1886 Art. 5 denn doch klarer und zweckmäßiger gedacht. Übrigens legt § 112 das Bedürfnis der exemplifikatorischen Deutung der „Anlagen" des Heeres oder der Marine, sowie die Frage nahe, wie sie sich zu den „Anstalten" des § 306 Nr. 7 verhalten. Vgl. die *VEBegr.* Bd. 2 S. 447.

[2]) Mir würde besser gefallen „Angriffe gegen staatsbürgerliche Rechte" oder „Verletzung staatsbürgerlicher Rechte". „Angriffe" (vgl. § 100) trifft, weil die Tatbestände sämtlich Versuchshandlungen sind. Sollte man nicht überhaupt sich bemühen, die breite und abgeblaßte Rubrizierung: „Verbrechen

einen Wort des „Hinderns der freien Ausübung" der Befugnisse die Kasuistik der §§ 105, 106 StGB.: auseinander sprengen, nötigen zur Fassung oder Unterlassung von Beschlüssen, gewaltsam aus der Versammlung entfernen, verhindern des Erscheinens oder Stimmens. Dagegen ist die knappe Zusammenfassung der §§ 102, 103 StGB. in § 123 des Vorentwurfs wesentlich redaktionell. Ähnlich vereinigt, von einigen bedeutsamen sachlichen Änderungen abgesehen, Vorentwurf § 126 die §§ 113, 114, 117, 118 StGB. Dadurch ergibt sich die befriedigende Verschmelzung der gleichartigen §§ 115, 119 StGB. in § 127[1]). — Daß die kasuistische und zugleich pleonastische Bestimmung der Gefangenenbefreiung „aus der Gefangenanstalt oder aus der Gewalt der bewaffneten Macht, des Beamten oder desjenigen, unter dessen Beaufsichtigung, Begleitung oder Bewachung er sich befindet" im Vorentwurf § 129 gestrichen wird, ist vorbehaltlos zu billigen ebenso, wie das Vereinigen der Delikte der §§ 120, 121 StGB., so daß die Bewachungspflicht lediglich qualifiziert.

Ähnliches läßt sich in vielen Abschnitten des Vorentwurfs beobachten. So gereicht es ihm zu hohem Lob, daß er fast die ganze Kasuistik der Amtsdelikte als sog. delicta communia qualificata durch § 210 beseitigt, der die amtliche Eigenschaft des Täters zum generellen Strafschärfungsgrund der vorsätzlichen Delikte macht. Nur ist nicht einzusehen, weshalb diese Bestimmung nicht in den *Allg. T.* aufgenommen[2]) und weshalb sie auf vorsätzliche Delikte beschränkt ist, zumal in Vorentwurf §§ 219 Abs. 2, 239

---

und Vergehen" oder „Vergehen" in den Abschnitten 3, 4, 5, 7, 8, 9, 10, 11, 14, 15, 16, 19, 20 des *Bes. T.* möglichst zu ersetzen durch kurze Sachbezeichnungen, wie solche den anderen Abschnitten vorgestellt sind. Dabei kommt es nicht darauf an, ob der Terminus den ganzen Inhalt deckt, wenn er nur nicht unrichtig ist. So ließe sich der 13. Abschnitt überschreiben: „Gefährdung der Verkehrssicherheit"; der 10.: „Münzfälschung" analog dem 26.: „Urkundenfälschung", der 9.: „Religionsstörung", der 15.: „Verletzung von Amtspflichten", der 14.: „Gemeingefährliche Handlungen", der 16.: „Tötung", der 19.: „Verletzung der Freiheit", der 20.: „Verletzung der Sittlichkeit", entsprechend „Körperverletzung" des 18. Abschnitts und der „Ehrverletzung" des 21. Abschnitts. Der *SchVE.* spricht zufolge der Beseitigung der Trichotomie stets von „Verbrechen gegen" usw., *OVE.* von „strafbaren Handlungen".

[1]) Die Marginalnote zu § 126 zitiert fälschlich § 119, während dieser in der Note zu § 127, wohin er gehört, fehlt.

[2]) Es handelt sich um die Qualifikation gewöhnlicher Delikte, nicht der spezifischen Amtsdelikte des 15. Abschnitts.

Abs. 2 die Amtseigenschaft als Qualifikationsgrund in Übereinstimmung mit StGB. §§ 222 Abs. 2, 230 Abs. 2 bereits erscheint.

Ein Blick auf die „gemeingefährlichen“ Delikte (§§ 189 f.) genügt, um die große Verbesserung des bisherigen kasuistisch mißgebildeten Gesetzes (StGB. §§ 306 f.) zu erfassen. Abgesehen von dem — immer wiederkehrenden — ungeschickten Wort „herbeiführt“ (§§ 189, 190, 191, 181, 182, 183, 186, 187)[1]) ist § 189 tadellos. Er vermeidet die Aufzählung der Brandstiftungsobjekte mitsamt der törichten Konsequenzen; er spricht nicht mehr vom „in Brand setzen“; er betont die gemeingefährliche Wirkung; er trägt der verschiedenen Bedeutung Rechnung; er stellt Brand, Explosion, Einsturz und Überschwemmung zusammen und straft Vorsatz und Fahrlässigkeit; damit erledigt er kurz und verbessert den Gesamtinhalt der §§ 306—314 StGB.

Andere Beispiele befriedigender Verallgemeinerung bieten die Aussetzung („einer hilflosen Person“ statt „einer wegen Jugendlichkeit, Gebrechlichkeit oder Krankheit hilflosen Person“, § 218 Vorentwurf), — die gefährliche Körperverletzung (§ 228), bei der nunmehr nicht auf das Mittel, sondern dessen gefährlichen Gebrauch abgestellt und solchem Gebrauch einer „Waffe oder eines Messers“ koordiniert wird sonstiges Begehen, durch das des Verletzten Leben oder in erheblichem Maße seine Gesundheit „gefährdet werden konnte“[2]), — die „schwere Körperverletzung“ (§ 229), die, von der bisherigen starren und abgeschmackten Kasuistik befreit, gefunden wird in „schwerer Schädigung des Körpers oder Geistes“ und zu deren Verdeutlichung der § 229 Abs. 2 Beispiele gibt; — der Menschenraub (§ 234)[3]), der als Verbringen in Unfreiheit („Sklaverei oder einen ähnlichen Zustand“) bestimmt wird; — die Untreue (§ 277), deren Fassung jedes gesetzliche oder rechtsgeschäftliche Vertrauensverhältnis deckt, in dessen schädigendem Mißbrauch das Wesen des Delikts liegt. Mit der Verallgemeinerung des Tatbestandes verbindet sich, wie schon einige der angeführten Beispiele zeigen, vorteilhaft das wichtige Hilfsmittel der Exemplifikation, von dem

---

[1]) Man sagt nicht, „ich führe einen Brand“ oder „eine Explosion“ oder „eine Gefahr“ „herbei“; es muß heißen: wer einen Brand verursacht und dadurch Menschenleben oder — Eigentum gefährdet.

[2]) Weshalb nicht „gefährdet wurde“? Auch wäre wohl sprachlich besser, zu sagen: „oder sonst in einer Weise begangen, durch die das Leben — — gefährdet wurde“?

[3]) Die Marginalbezeichnung „Sklavenraub“ ist zu eng, der hergebrachte Terminus besser. Das Sklavenraubgesetz vom 28. Juli 1895 ist nicht eingearbeitet.

ebenso im *Allg.* wie *Bes. T.* Gebrauch gemacht wird[1]). Was kasuistisch gedacht zu eng, willkürlich und schädlich ist, fördert exemplifizierend in hohem Grade das Verständnis. Am wirksamsten gegen die kasuistische Mißbildung von Unterarten, privilegierten oder qualifizierten Fällen eines Verbrechens erweist sich freilich die Freiheit der richterlichen Strafzumessung. Ich zeigte das bereits anläßlich der Amtsdelikte (Vorentwurf § 210). Aber viel weiter reichen die §§ 82—84, 87—89, 18. Sie bedürfen selbständiger Bearbeitung[2]). Aber wie tief sie in die Bildung der Tatbestände eingreifen, ist ohne weiteres klar. Wenn § 83 dem Richter das Recht der Strafmilderung und Strafverwandlung, ja der Strafbefreiung in besonders leichten Fällen einräumt und § 82 daneben einen Sonderstrafrahmen für mildernde Umstände ermöglicht, so bleibt für privilegierte Delikte nur wenig Raum; und ebenso liegt es betreffs der schwereren Fälle angesichts der §§ 84, 87—89, 18. Dabei mag auch die Frage, ob das System der mildernden Umstände auch jetzt noch neben der freien richterlichen Strafermäßigung in besonders leichten Fällen haltbar ist, nur berührt werden.

Der Vorentwurf hat zum Teil, aber auch nur zum Teil die Konsequenzen dieser seiner grundsätzlichen Strafzumessung gezogen. So ruht auf ihr die Ausschaltung der qualifizierten Raubfälle des StGB. §§ 250, 251, der schweren Erpressungen des StGB. §§ 254, 255 (vgl. mit Vorentwurf §§ 274, 275), der schweren Brandstiftung des StGB. § 307 (vgl. mit Vorentwurf § 189 Abs. 3), der qualifizierten Freiheitsberaubung des StGB. § 239 Abs. 2, 3 (vgl. mit Vorentwurf § 239 Abs. 1), des schweren Jagdvergehens des StGB. § 293 (vgl. mit Vorentwurf § 295 Abs. 1). Aber keineswegs bleibt sich der Vorentwurf getreu. Frappant ist der Widerspruch in der Behandlung von Raub, Erpressung und Diebstahl, die dort gesund und frei, hier (§ 270) ganz in den Banden der alten, so oft als absurd erwiesenen Kasuistik gefangen ist und dadurch wahrlich nicht gerechtfertigt wird, daß man der Strafdrohung die Antithese der mildernden Umstände und der besonders schweren Fälle anhängt. — Bei der Freiheitsberaubung § 239, der Brandstiftung, dem Überschwemmungsdelikt § 189 verschwindet der Erfolg der schweren Körperverletzung und des Todes (StGB. §§ 239 Abs. 2, 3, 307, 321 Abs. 2)

---

[1]) Vgl. dazu „Legisl. Technik" §§ 41—45 und Vorentwurf §§ 81, 134, 140—142, 148, 157, 161, 177, 181, 196, 197, 228, 229 Abs. 2, 234, 239, 263, 264 Abs. 3, 267, 279, 284, 290, 302, 304, 306 Nr. 2, 9, 11.

[2]) Vgl. meine Ausführungen in der D. J. Z. a. a. O. Sp. 111 f.

in den „besonders schweren Fällen“ [1]). Weshalb verfährt man nicht überall so, mit andern Worten: weshalb nennt man nicht solch schweren Erfolg in § 84 Abs. 2 („insbesondere die Tat schwere Körperverletzung oder den Tod eines Menschen bewirkt“) und ersetzt die Qualifikationen der §§ 217 Abs. 3, 218 Abs. 2, 229, 230, 245 durch die „besonders schweren Fälle“ [2]).

Wenn der Vorentwurf § 89 die aus dem Rückfall gefolgerte Gewerbs- oder Gewohnheitsmäßigkeit der Begehung zum Strafschärfungsgrund macht, so ist nicht begreiflich, weshalb sie nicht generell als besonders erschwerendes Moment behandelt wird, soweit sie nicht, wie in §§ 251, 254, 299, konstitutiv ist, die Strafbarkeit überhaupt begründet oder durch den Normalstrafrahmen gedeckt wird. Von diesem Standpunkt aus ist das Merkmal ebenfalls in § 84, und zwar als Fall des ungewöhnlich starken und verwerflichen verbrecherischen Willens, zu erwähnen und in den §§ 276 Abs. 3, 281 Abs. 2, 295, 296, 302 Abs. 3, 303 Abs. 2 als durch die „besonders schweren Fälle“ schon gedeckt, etwa unter angemessener Änderung der Strafdrohung, zu streichen.

Es zeigt sich, daß unerachtet aller Vorzüge des Vorentwurfs eine umfassende Revision der Struktur seiner Tatbestände auf die bisher erörterten Punkte nötig ist. Sie sollte zur Umarbeitung ganzer Abschnitte, z. B. der Delikte wider das Leben, der Körperverletzung, der Vermögensdelikte führen.

Nur auf eine der vielen erörterungsbedürftigen technischen Fragen noch möchte ich die Aufmerksamkeit lenken. Es ist an unserem geltenden Gesetz mit Recht die willkürliche Aufstellung von Versuchstatbeständen als Sonderdelikten, sog. Absichtsdelikten, getadelt worden. Ich habe mich darüber in der Legisl. Technik S. 57 f. verbreitet und die Fehlerhaftigkeit solcher Tatbestandsbildung gefunden 1. in der prinzipwidrigen Gleichstellung von Versuch und Vollendung, 2. in der Zwecklosigkeit derartiger Bildung, 3. in den üblen Konsequenzen des Streits über die Möglichkeit des Versuchs solcher Delikte und des Rücktritts. Nur dann sind Absichtsdelikte gerechtfertigt, wenn andernfalls die Versuchshandlung straflos bliebe und doch ihre Strafbarkeit wünschenswert ist, oder schon der Versuchstatbestand so schwer wiegt, daß die Vollendung die

---

[1]) Das ist durchgängig so bei den gemeingefährlichen Delikten und denen gegen die Sicherheit des öffentlichen Verkehrs: Vorentwurf §§ 181—195.

[2]) Es würde dann § 62 im Hinblick auf § 84 umzugestalten sein. — Mein Vorschlag trifft §§ 221, 222 des Vorentwurfs nicht; denn hier kommt Vorsatz mit in Frage.

Strafhöhe nicht zu beeinflussen vermag, oder endlich der Zweck des Täters den Dolus koloriert ohne den Charakter des Angriffs zu beeinflussen[1]). Ein Vergleich des Vorentwurfs mit dem StGB. fällt wesentlich zu seinen Gunsten aus[2]). Aber ganz befriedigend ist das Ergebnis nicht. Man mag anerkennen, daß der hochverräterische „Angriff" des § 100 todeswürdig ist — obschon man das beim Totschlagsversuch beanstanden könnte, — man mag die Versuchstatbestände des § 101 entsprechend dem StGB. gelten lassen, da die Maximalstrafe des lebenslänglichen Zuchthauses sich empfiehlt, — man mag auch bei dem sog. diplomatischen Landesverrat des§ 104 den Angriff als solchen („um — herbeizuführen") als selbständig strafbar erachten. Dagegen ist ein ausreichender Grund dafür nicht erfindlich, daß die „Verbrechen und Vergehen in Beziehung auf die Ausübung staatsbürgerlicher Rechte" §§ 118, 119, 122 als Versuchstatbestände konstruiert werden, während § 120 Erfolgsdelikt ist. Wenn der Widerstand zum ungesetzlichen Zweck in §§ 126, 130 das Wesentliche des Delikts ausmacht, das absichtliche Verhalten in §§ 149 Nr. 1, 152, wenn die Absicht in den §§ 138, 171, 269, 271, 274 u. a. m. die Natur des Angriffs kennzeichnet, wenn man in §§ 159f. Vorbereitungshandlungen, in §§ 167, 208 erfolglose Anstiftung strafen will, so ist dagegen nichts einzuwenden. Aber wie man die Beschädigungsdelikte in §§ 289f. als Erfolgstatbestände bildet (vgl. auch §§ 175, 275, 276, 277), so sollte das gleiche in den §§ 287, 288 geschehen. Ein bedauerlicher Rückschritt endlich ist die Struktur der Urkundenfälschung § 282 als Vorbereitungshandlung. Damit wird strafbar, was auch vom Standpunkt derer, die in dem Fälschen und Verfälschen zwecks täuschenden Gebrauchs eine Versuchshandlung erblicken, straffrei ist. Denn der Versuch der einfachen Urkundenfälschung des § 267 StGB. ist straflos. Und nun beachte man *DVE.* § 282 Abs. 3, der Zuchthausstrafe bis zu zehn Jahren solcher Vorbereitungshandlung, fälschlich Versuchshandlung droht! Wer die Praxis kennt, muß schon die Härte des heutigen Rechts (StGB. §§ 267 f.) bedauern; um wie viel mehr solche Ausschreitung des Vorentwurfs.

[1]) Vgl. a. a. O. S. 60.

[2]) Vielfach sind bisherige Absichtsdelikte im obigen Sinn umgestaltet.

II.

Geltungsgebiet des Strafgesetzes.

Von

Geheimer Justizrat Dr. L. von Bar,
ord. Professor an der Universität Göttingen.

Gesetzesrecht. Analoge Anwendung des Strafgesetzes[1]).

§ 2 des *DVE.* enthält zunächst in Übereinstimmung mit StGB. § 2 S. 1 sowie mit § 1 *OVE.* und *SchVE.* Art. 1 den Satz, daß nur auf Grund einer gesetzlichen Bestimmung, also nicht auf Grund eines Gewohnheitsrechtes oder einer Analogie eine Handlung als strafbar charakterisiert werden darf. Daß bei gegenwärtigen Kulturverhältnissen ein Gewohnheitsrecht nicht Grund der Strafbarkeit einer Handlung sein kann, wird einer Erörterung nicht bedürfen. Dagegen ist vereinzelt die Verwendung der Analogie wie im römischen und im früheren gemeinen Recht befürwortet worden, da sonst Handlungen oft straflos gelassen werden müssen, an deren Strafwürdigkeit und Strafbedürftigkeit nicht zu zweifeln sei. Aber bei solcher Verwendung der Analogie kann aus dem Wortlaut des Gesetzes nicht mit genügender Sicherheit erkannt werden, ob eine Handlung bei Strafe verboten ist. Es geht mithin die wichtige negative Funktion des Strafgesetzes verloren, dem einzelnen Menschen zu sagen, wieweit die Freiheit seines Handelns sich erstreckt. Dieser Nachteil wiegt schwerer als der Nachteil, einige strafwürdige Handlungen eine Zeitlang[2]) unbestraft zu lassen[3]), und gerade in einer Zeit der Klassenkämpfe könnte bei Zulassung einer Bestrafung auf Grund einer immerhin leicht zu bestreitenden Analogie die

---

1) Eine mehr eingehende allgemeine Darstellung der gesamten — hier mit Rücksicht auf die drei Vorentwürfe für das Deutsche Reich, für Österreich und für die Schweiz behandelten — Lehre vom Strafgesetze findet sich in meinem Buche „Gesetz und Schuld im Strafrecht" Bd. I, 1906 (zitiert „Gesetz und Schuld"). — Das gegenwärtig geltende deutsche Strafgesetzbuch ist im Folgenden mit StGB. zitiert.

2) Bei umfangreicherer Tätigkeit der Gesetzgebung werden Handlungen, deren Bestrafung als dringendes Bedürfnis erscheint, nicht lange straflos bleiben.

3) Im Zivilrecht ist ein umfassender Gebrauch der Analogie nicht zu entbehren: in jedem Falle muß über Mein und Dein entschieden werden können. Dagegen kann die Rechtsordnung aus vielfachen Gründen auf die Bestrafung mancher Handlungen verzichten, die der strengen Konsequenz nach bestraft werden müßten.

Justiz oft dem Vorwurfe wenigstens unbewußter Parteilichkeit ausgesetzt sein. Es verschlägt dagegen nichts, daß in einzelnen Fällen die Grenze zwischen Analogie und Auslegung zweifelhaft sein kann, so daß trotz des Verbotes der Bestrafung auf Grund der Analogie Bestrafungen tatsächlich vorkommen, welche nicht einmal durch Berufung auf eine recht vage Rechtsanalogie zu rechtfertigen wären. Wir begegnen denn auch dem Verbot der Bestrafung auf Grund der Analogie fast in allen neueren Gesetzgebungen. Es ist damit nicht ausgeschlossen, Gründe der Schuld- oder Strafausschließung oder der Straftilgung nach Analogie für andere Fälle für anwendbar zu erklären oder eine ungenau bestimmte Strafe auf Grund verwandter Gesetzesbestimmungen festzustellen.

§ 2 Satz 1 des *DVE.* enthält ebenso wie § 2 S. 1 des StGB. in Übereinstimmung mit vielen anderen Gesetzgebungen zugleich das Verbot einer Bestrafung vermöge Rückanwendung eines Strafgesetzes, während Art. 1 des *SchVE.* und § 1 des *OVE.* das Verbot der Analogie von der Frage der zeitlichen Herrschaft des Strafgesetzes trennen. Die letztere Fassung des Gesetzes ist vorzuziehen, da nach der im *DVE.* vorgenommenen Fassung bei einer Änderung des Strafgesetzes als das eigentlich maßgebende Prinzip die Anwendung des zur Zeit der Handlung geltenden Gesetzes erscheint, und dies dürfte unrichtig sein. Ich möchte vorschlagen zu setzen:

„Eine Handlung darf nur bestraft werden, wenn ein Gesetz sie für strafbar erklärt.“

Zeitliches Herrschaftsgebiet des Strafgesetzes.

Die Änderung des Strafgesetzes betreffend, so gewinnt die Ansicht, daß prinzipiell das neue, zur Zeit der Aburteilung geltende Gesetz für maßgebend zu erachten sei, immer mehr Anhänger[1]). Es folgt daraus, daß im Zweifelsfalle, ob das frühere oder das spätere Gesetz das mildere ist, letzteres Anwendung findet, und ebenfalls, daß der Strafvollzug innerhalb der von beiden Gesetzen mit demselben Namen bezeichneten Strafart nach dem neuen Gesetz sich richtet. Die Anwendung eines früheren Gesetzes ist also nur deshalb geboten, weil die Rechtsordnung das Vertrauen des Individuums auf die zur Zeit der Handlung bestehende Freiheit des Handelns nicht täuschen darf. Es kann aber nur darauf ankommen, wie sich die bei Änderung in Betracht zu-

---

[1]) Dieser Ansicht entspricht die Redaktion des *SchVE.* Art. 2 wie des *OVE.* § 79 Satz 2.

ziehenden Gesetzgebungen im Ergebnisse zu der einzelnen konkreten Handlung stellen; ob für andere Fälle die neue oder die frühere Gesetzgebung strenger ist, hat für das Individuum (den Angeklagten oder Anzuklagenden) keine Bedeutung. Dem entspricht die auch von anderen neueren Gesetzen in wesentlich gleicher Gestalt angenommene Fassung des *DVE.* „Wird das Gesetz bis zur Aburteilung geändert, so kommt das dem Täter günstigste [1]) Gesetz zur Anwendung".

Nach fast allen neueren Gesetzen und auch nach den drei Vorentwürfen kommt aber nicht nur die vollständige Straflosigkeit, vielmehr auch die geringere (geringste) Strafe zur Anwendung, und das ist durchaus zu billigen. Wenngleich der Gesetzübertreter häufig von der Größe der ihm drohenden Strafe eine bestimmte Vorstellung nicht hat, so ist das Gegenteil doch immerhin möglich, namentlich wenn eine moralisch nicht verwerfliche Handlung begangen wird, und der Handelnde eventuell gerade die angedrohte Strafe auf sich nehmen will, nicht aber eine erheblich schwerere (man denke z. B. an den Fall, daß jemand, um einen Freund einer schimpflichen Strafe zu entziehen, ihm zur Flucht behilflich ist, also einer Begünstigung sich schuldig macht, oder daß jemand eine Übertretung begeht, die später als Vergehen mit Gefängnis geahndet wird). Die Anwendung der strengeren Strafe nach dem späteren Gesetze wäre hier eine teilweise Verleugnung des Prinzips selbst, in Wahrheit eine nicht zu rechtfertigende Härte, und der Grund, den Traeger (*Vergl. Darst. VI. 336*) für die singuläre Ansicht[2]) der Anwendung der nach dem späteren Gesetze strenger ausfallenden Strafe anführt, es könne rationellerweise eine später für ungenügend (z. B. zur Besserung des Schuldigen) erachtete Strafe nicht wohl ausgesprochen werden, würde in seiner Konsequenz, überhaupt die Berücksichtigung des früheren Gesetzes ausschließen: man dürfte dann nach Maßgabe des früheren Gesetzes auch den-

---

[1]) Der *DVE.* nimmt ebenso wie das StGB., indem er sich des Superlativs „günstigste" bedient, auch Rücksicht auf ein noch milderes zur Zeit der Aburteilung wieder aufgehobenes Zwischengesetz, während andere Gesetze durch den Gebrauch des Komparativs „günstigere" dies nicht tun. Diese Differenz ist nicht mehr von großer praktischer Bedeutung. Anders, als es sich um die kurz vor der Ausarbeitung des StGB. in einigen Bundesstaaten beseitigte Todesstrafe handelte.

[2]) Traeger hat unter den Gesetzgebungen nur die neue russische für seine Ansicht angeführt. Aber auch in dem russischen Gesetze gilt sie nur mit Einschränkung.

jenigen nicht straflos lassen, den man jetzt für besserungsbedürftig, weil für gefährlich erachtet[1]).

Dagegen halte ich die in § 80 Satz 2 des *OVE.* gegebene Bestimmung

„Sicherungsmittel sind auch dann anzuwenden, wenn sie nur im neuen Gesetze vorgesehen sind"

für durchaus richtig und angemessen. Wenn das neue Gesetz dem Richter die Befugnis gibt, gefährliche Angeklagte, die wegen Zurechnungsunfähigkeit freigesprochen werden, in eine Irrenanstalt verbringen zu lassen, so wäre es widersinnig, diese Maßregel deshalb auszuschließen, weil die Handlung vor dem Inkrafttreten des neuen Gesetzes begangen wurde.

Nicht nötig und vielleicht irreführend scheint mir der vom *OVE.* hinzugefügte Schluß des § 79: „Ist der Täter nach beiden Gesetzen strafbar, so ist als das günstigere Gesetz dasjenige anzuwenden, das die mildere Strafart androht. Sind die angedrohten Strafen der Art nach gleich, so wird das neue Gesetz angewendet, sofern nicht die Obergrenze der angedrohten Strafe höher ist." Dagegen halte ich eine besondere Bestimmung für erforderlich für den Fall, daß die Handlung nach dem älteren Gesetze mit einer Strafart geahndet werden müßte, welche nach dem späteren Gesetze überhaupt unzulässig ist (z. B. wenn, wie der *DVE.* will, die Festungshaft beseitigt wird). Fehlt solche Bestimmung, so muß die Handlung straffrei bleiben.

Als durch das StGB. (in seiner ursprünglichen Gestalt) für eine Reihe von Delikten zur Strafverfolgung das nach früheren deutschen Gesetzen (insbesondere nach dem preußischen Gesetze) dafür nicht existierende Erfordernis eines Strafantrags des Verletzten aufgestellt wurde, entstand der wohl nicht völlig unbegründete Zweifel, ob erst von dem Inkrafttreten des StGB. ab die darin zur Stellung des Strafantrags gesetzte Frist dem Verletzten laufe. Eine dem Verletzten diese Frist gewährende besondere Vorschrift, welche in dem Entwurf eines Einführungsgesetzes zu dem *OVE.* Art. 39 Nr. 3 für die binnen bestimmter Frist zu erhebende Privatklage sich findet, dürfte daher auch für den *DVE.* sich empfehlen und zwar am besten in diesem selbst ihre Stelle

---

[1]) **Traeger** macht als Nebengrund geltend, daß aus der Berücksichtigung auch nur einer geringeren, nach dem früheren Gesetze zu verhängenden Strafe manche Schwierigkeiten in einzelnen Fällen entstehen. Die meisten dieser Schwierigkeiten dürften sich aber einfach erledigen, wenn als das im Zweifelsfalle anzuwendende Gesetz das neue Gesetz gilt.

erhalten, da der betreffende Fall nicht nur nach dem künftigen StGB., sondern auch nach Nebenstrafgesetzen vorkommen könnte; es ist doch von vornherein nicht abzusehen, ob nicht für manche Delikte das Antragserfordernis eingeführt oder wieder eingeführt werden wird.

Auch rechtskräftige Verurteilungen würden nach Maßgabe eines neuen milderen Gesetzes nach absoluter Gerechtigkeit zu mildern sein, solange vollständige Strafverbüßung nicht stattgefunden hat. Aber die Verwirklichung begegnet unüberwindlicher Schwierigkeit, wenn die Verurteilungen auf Grund mündlicher Verhandlungen erfolgt sind. Hier bleibt nur die Milderung durch die freie Begnadigungsmacht, und selbst diese kann nur in besonders scharf hervortretenden Fällen helfen.

Anders steht es jedoch mit Straffolgen und Nebenstrafen, welche von einer späteren Gesetzgebung als irrationell gemißbilligt und beseitigt werden. Da die deutsche Praxis aber bisher die entgegengesetzte Ansicht befolgt hat, welche der Res judicata eine übermäßige Bedeutung beilegt, so empfiehlt es sich, den Wegfall solcher Straffolgen und Nebenstrafen, mögen sie ausdrücklich erkannt sein oder ipso jure mit der Verurteilung verbunden sein, ausdrücklich im Gesetze auszusprechen[1]).

> „Straffolgen, die nur eines der beiden Gesetze androht oder vorsieht, sind auch im Falle früherer rechtskräftiger Verurteilung ausgeschlossen."

Örtliches Herrschaftsgebiet des Strafgesetzes.

(StGB. §§ 3—10).

Für die hier in Betracht kommenden Bestimmungen werden folgende Erfordernisse aufzustellen sein. Diese Bestimmungen müssen

1. unserem Staate und dem, was zu ihm gehört, den nötigen Schutz, insbesondere durch sog. Generalprävention gewähren;

2. möglichst wenig Anlaß zu Zweifeln und Kontroversen über die Frage geben, ob die Strafgewalt unseres Staates begründet ist, und diese Frage muß, wenn irgendmöglich, schon bei den ersten ein Strafverfahren einleitenden Maßregeln mit Sicherheit zu beantworten sein, zur Vermeidung von Untersuchungen, die schließlich

---

[1]) Oder soll etwa auf Grund früherer Verurteilung die von den Verfassern des *DVE.* gemißbilligte Polizeiaufsicht noch fortdauern? Der *OVE.* § 80 Abs. 1, der sich auf erst ergehende Urteile bezieht, könnte vielleicht durch Argumentum a contrario in diesem Sinne verstanden werden.

bei uns nicht zu Ende geführt werden, aber unsre Justizverwaltung unnütz mit Kosten, ja mit Schadensersatzforderungen belasten können.

3. Sie dürfen unbillige oder gar das Völkerrecht verletzende Anforderungen an im Auslande sich aufhaltende Personen nicht stellen, zumal Überspannung des Herrschaftsgebietes der deutschen Strafgesetze auch den deutschen Staatsangehörigen zum Nachteil gereichen kann; denn vermöge des in internationalen Verhältnissen geltenden Grundsatzes der Reziprozität würde unsere Regierung dann auch eine vom Auslande vorgenommene Überspannung der dortigen Strafgewalt gegenüber deutschen Staatsangehörigen ohne die Möglichkeit eines schützenden Widerspruchs hinnehmen müssen.

Hiernach sind die verschiedenen über die internationale Anwendung aufgestellten Prinzipien zu würdigen, und zwar

1. das Prinzip des Welt- oder universellen Strafrechts, demzufolge jeder Staat das Recht (und auch die Pflicht?) hat, jedes irgendwo von irgendwem begangene Verbrechen (wenigstens jedes schwere Verbrechen) zu strafen. Begründet wird diese Theorie durch die Behauptung, schwere Verbrechen seien überall im wesentlichen gleichmäßig strafbar, und im Interesse aller Staaten liege es, daß sie nicht straflos bleiben. Aber die erste, grundlegende Behauptung ist irrig. Nicht einmal in benachbarten Kulturstaaten sind schwerere Straftaten durchgehends gleichmäßig strafbar. Tötung im Zweikampf wird z. B. nach englischem und französischem Strafrecht durchaus anders behandelt als nach deutschem Rechte. Sieht man aber gar auf die praktische Handhabung des Gesetzes, so treten klaffende Differenzen hervor, und zwar um so mehr, wenn Laien über die Schuldfrage urteilen. Mit dem sog. Weltstrafrecht gerät man daher in Gefahr, den Angeklagten in einer Weise zu bestrafen, die dem Rechtsbewußtsein des Volkes, zu welchem er gehört oder in dessen Gebiet er gehandelt hat, völlig zuwiderläuft. Dieser Gefahr kann zwar dadurch begegnet werden, daß man das Gesetz des Tatortes anwendet, falls es milder ist. Aber damit wird das Universalprinzip in Wahrheit aufgegeben: es wird zu einem subsidiären Prinzip entweder gegenüber dem Territorial- oder gegenüber dem Personalitätsprinzip. Tatsächlich will man es doch nur anwenden, wenn Auslieferung an den Staat des Tatorts oder den Heimatstaat des Schuldigen ausgeschlossen ist. Es bleibt aber die Gefahr, daß jedermann an jedem Orte der Kulturwelt, wo die Widerlegung zufällig entstandener Verdachtsgründe oder böswilliger Denunziationen sehr schwer fallen kann, schlimmen prozessualen Nachteilen, z. B. einer Verhaftung, auch ohne Verlangen des eigentlich zuständigen Staates ausgesetzt ist.

2. Die allgemeine Gültigkeit und Anerkennung des Territorialprinzips[1]), vermöge dessen die Strafgewalt des Staates für alle innerhalb seines Gebietes begangenen Handlungen begründet ist, kann einem Zweifel nicht unterliegen. Bestritten ist nur

a) seine Anwendung im Falle der sog. Distanzdelikte: ist, wenn die Handlung im engeren Sinne im Gebiete des Staates A begangen, der zum Tatbestande des Delikts gehörige Erfolg aber im Gebiete des Staates B eingetreten ist, der Staat A oder der Staat B oder der eine wie der andere dieser Staaten zuständig? Diese Frage wird unten erörtert werden.

b) die Zulässigkeit einer Kombination des Territorialitätsprinzips mit den unter 3. und 4. zu erwähnenden Zuständigkeits-

---

[1]) Es braucht eigentlich nicht bemerkt zu werden, daß die Zuständigkeit der inländischen Strafgewalt für alle im Inlandsgebiete begangenen strafbaren Handlungen in sämtlichen der Vorentwürfe sanktioniert ist (*DVE.* § 3, *OEV.* § 81, *SchVE.* Art. 6 Satz 1). Fraglich konnte nur sein, ob auch Bestimmungen über den Begriff des Inlandes im StGB. Platz zu finden haben oder diese Begriffsbestimmung dem Völkerrecht zu überlassen sei. Der *DVE.* (vgl. Begr. S. 9) hat sich in letzterer (meines Erachtens richtiger) Weise entschieden und daher die in § 8 des gegenwärtig geltenden StGB. gegebene Definition des Auslandes im Sinne des StGB. weggelassen. Dafür spricht auch, daß im StGB. eine erschöpfende Aufzählung alles dessen, was im Sinne des Strafgesetzes Inland sein muß, schwierig sein würde. Indes könnte nach dem Muster des *OEV.* (§ 81 letzter Absatz und § 82) zweckmäßig gesagt werden:

„Eine strafbare Handlung, die an Bord eines ausländischen Handelsschiffes in einem deutschen Hafen begangen wurde, wird nur dann im Deutschen Reiche verfolgt, wenn sie die Ruhe des Hafens gefährdet oder gegen einen Inländer gerichtet war, oder wenn die Behörde des ausländischen Staates darum nachsucht."

Und:

„Eine strafbare Handlung, die an Bord eines inländischen Handelsschiffes in einem ausländischen Hafen begangen wurde, wird im Inlande verfolgt, wenn sie im Staate des Begehungsortes nicht verfolgt wird."

Um anzuzeigen, daß hier Bestimmungen getroffen werden, welche zwar der strengen Konsequenz nicht entsprechen, aber allgemeine internationale Billigung finden werden, auch bereits praktische Anwendung im Auslande erfahren haben, wird es sich dabei empfehlen, den Satz voranzuschicken:

Das Völkerrecht bestimmt die räumliche Begrenzung des deutschen Reichsgebiets. Jedoch

1. eine strafbare Handlung usw.
2. eine strafbare Handlung usw.

gründen des Personalitäts- bzw. des Real- (oder Schutz-) Prinzips. Die Gesetzgebungen haben diese eigentlich nur theoretisch bestrittene Frage längst im bejahenden Sinne beantwortet; denn praktisch ist mit dem Territorialitätsprinzipe allein nicht auszukommen. Man kann Staatsangehörige im Auslande nicht von aller und jeder Beobachtung heimatlicher Strafgesetze für befreit erachten; sie könnten dann insbesondere Hoch- und Landesverrat gegen den heimatlichen Staat im Auslande leicht straflos begehen, da ein fremder Staat sogar ein Interesse an der Begehung solcher Verbrechen gegen unseren Staat haben kann. Die Unverträglichkeit des Territorialitätsprinzips mit anderen Hilfsprinzipien, welche die Zuständigkeit der staatlichen Strafgewalt erweitern, ist vielmehr eine unerwiesene theoretische Behauptung. Indem wir unsere Staatsangehörigen wegen gewisser im Auslande begangener Handlungen strafen, behaupten wir keineswegs, daß der Staat des Tatortes nicht auch ein Recht der Bestrafung habe. Vielmehr würde der reinen Konsequenz nach eine doppelte Bestrafung zulässig sein; und nur die dabei sich gegenüber dem Schuldigen ergebende Unbilligkeit führt zu dem Satze, daß die im Auslande verbüßte Strafe die inländische ersetze oder mindestens auf diese angerechnet werde. Straft aber der Staat des Tatortes die Tat nicht, so ist es doch keineswegs ein Eingriff in die Rechte dieses Staates, wenn wir von unseren dort sich aufhaltenden Angehörigen noch die Beobachtung anderer Beschränkungen ihrer Handlungsfreiheit fordern. Daraus ergeben sich aller Regel nach irgendwelche Kollisionen nicht. Letztere sind nur möglich, wenn von der einen oder anderen Seite Völkerrechtswidriges verlangt wird, z. B. von dem Staate des Aufenthaltsortes Leistung von Kriegsdienst unserer Staatsangehörigen, oder aber über die Staatsangehörigkeit Zweifel bestehen, und bekanntlich gibt es kein Rechtsprinzip, bei welchem zweifelhafte Fälle absolut ausgeschlossen wären.

Indes ist es durch die Billigkeit geboten, die Staatsangehörigen im Auslande nicht unbedingt zur Beobachtung aller heimatlichen Strafgesetze zu verpflichten[1]). Wer nicht allzu kurze Zeit in einem Lande lebt, eignet sich mehr oder weniger die dort geltenden Sitten und Rechtsanschauungen an, letztere namentlich über das, was dort erlaubt ist. Außerdem muß anerkannt werden, daß der Gesetz-

[1]) So bemerkte ein namhafter englischer Jurist, Sir Cornewall Lewis (On foreign jurisdiction, London 1859 S. 29), das heimatliche Strafgesetz dürfe nicht wie ein um den Hals gelegter Strick den Menschen ins Ausland begleiten.

geber des Gebietes, in welchem Lebensvorgänge sich ereignen, der Regel nach am besten beurteilen wird, welche Handlungen dort mit Rücksicht auf Temperament und Sitten der Bevölkerung erlaubt sein können oder erlaubt sein müssen, während unbedingte und ausnahmslose Verpflichtung der im Auslande sich aufhaltenden Inländer durch deren heimatliches Strafgesetz auf der Prätension beruht, mit unfehlbarer Sicherheit zu wissen, was an jedem Orte der Welt angemessen ist[1]). So muß eine am Orte der Handlung Erlaubtheit (Straflosigkeit) der letzteren mindestens auch Straflosigkeit in der Heimat des Handelnden bewirken, und der Konsequenz und Billigkeit entspricht es sogar, die nach dem Gesetze des Begehungsortes etwas milder ausfallende Strafe dem Inländer zugute kommen zu lassen. Aber allerdings ist von dieser Ausnahme wieder eine Ausnahme zu machen, welche also die Gebundenheit durch das heimatliche Strafgesetz enthält. Letztere muß gelten für Handlungen, welche gegen Sicherheit und Bestand des heimatlichen Staates gerichtet oder die Achtung vor dessen Oberhaupte, oder wenn der Handelnde im Dienste seines heimatlichen Staates steht, die Dienstpflichten verletzen. In dieser Beziehung wird bei einem normal empfindenden Menschen das Heimats- und Pflichtgefühl gegenüber den am Aufenthaltsorte wirkenden Einflüssen prävalieren, während andererseits der auswärtige Staat die gegen unseren Staat begangenen Staats- und Dienstverbrechen gar nicht oder nur ungenügend (anders als wären sie gegen ihn selbst begangen) bestraft. Und von einer Aneignung fremder Rechtsanschauungen kann nicht geredet werden, wenn der Aufenthaltsort staatenloses Gebiet ist, oder ein Gebiet, in welchem europäische Staaten über ihre Angehörigen Konsulargerichtsbarkeit in Strafsachen ausüben, weil unsere Kultur in fundamentalen Beziehungen von der dort herrschenden Kultur abweicht.

Insoweit aber Straflosigkeit der Handlung in Gemäßheit des am Begehungsorte geltenden Gesetzes auch den Inländer von inländischer Strafe befreit, muß diese Befreiung auch für die nach dem Gesetze des Begehungsortes eingetretenen Straftilgungsgründe im Inlande anerkannt werden. Dem Kulturstaat, in dessen Gebiete die Handlung begangen wurde, wird das zutreffende Urteil auch darüber nicht zu bestreiten sein, ob die Handlung Begnadigung

---

[1]) Man könnte geneigt sein, für die sog. Sittlichkeitsdelikte die unbedingte Gebundenheit der Inländer anzunehmen. Aber gerade die Bestrafung dieser Delikte, sofern sie nicht mit Gewalt oder mit Minderjährigen begangen werden, ist legislativ von sehr zweifelhaftem Werte.

(Erlaß) verdiente, und ob längerer Zeitablauf (Verjährung) die Bestrafung nicht mehr angemessen (nicht mehr gerecht) erscheinen läßt. Allerdings gelangt man durch die reine Konsequenz nicht zur Anerkennung eines praktisch besonders wichtigen Straftilgungsgrundes — des freisprechenden Urteils — wenigstens nicht zur Anerkennung eines deshalb freisprechenden Urteils, weil die Handlung nicht als erwiesen angenommen ist. In der strengen Konsequenz liegt vielmehr nur die Anerkennung eines Urteils, welches freispricht, weil die Handlung, wenn oder obgleich erwiesen, doch nicht strafbar sei. Aber die Schwierigkeit, diese beiden Arten freisprechender Urteile zu unterscheiden — namentlich bei Verdikten der Geschwornen — muß in Verbindung mit der Rücksicht, den Angeklagten nicht zweimal den Leiden eines Strafverfahrens zu unterwerfen und zugleich zu differierenden Urteilen Anlaß zu geben, die Anerkennung jedes freisprechenden Urteils rechtfertigen, welches von einem Gerichte des Staates ergangen ist, in dessen Gebiete der Begehungsort der Handlung liegt (es müßte sich denn um ein Delikt exzeptioneller Art handeln, wie um Hoch- oder Landesverrat).

4. Nach dem Schutz- oder, wie man jetzt häufiger sagt, nach dem Realprinzip soll der Staat außer den nach dem Territorialitätsprinzip seiner Strafgewalt unterliegenden Handlungen auch diejenigen Handlungen nach seinem Gesetze strafen, welche gegen Objekte gerichtet sind, die der Staat zu schützen berufen ist, und solche Objekte sind der Staat selbst und die ihm (dauernd) angehörenden Personen und deren Güter (oder Rechtssphäre). Man könnte freilich das Prinzip auch dahin dem Wortlaut nach fassen, daß es bedeuten würde, strafrechtlichen Schutz des Staates selbst und der in seinem Territorium befindlichen Personen und Güter. Aber dann wäre es, genau betrachtet, nur eine (nicht konsequente) Erweiterung des Territorialitätsprinzips von nicht prinzipieller Bedeutung. Man versteht daher das Realprinzip jetzt meist in dem ersteren Sinne. Ist es nun, in diesem Sinne genommen, haltbar:

a) mit Rücksicht auf die zu respektierende Souveränität andrer Staaten?

b) mit Rücksicht auf Gerechtigkeit und Zweckmäßigkeit?

Die erste dieser Fragen betreffend, behaupten die neuesten Vertreter dieses Prinzips, Hegler[2]) und Mendelssohn-Bar-

---

[1]) Darüber unten.

[2]) Prinzipien des internationalen Strafrechts. 1906.

tholdy[1]), jeder Staat habe (ausgenommen etwa das Privileg der Exterritorialität[2]) das Recht, seine Strafgewalt im Verhältnis zu anderen Staaten so weit auszudehnen, als es ihm nützlich erscheine (sog. Kompetenz-Kompetenz). Sie berufen sich darauf, daß in zahlreichen Gesetzbüchern für Handlungen von Ausländern im Ausland, falls Angehörige des gesetzgebenden Staates verletzt werden, das Strafgesetzbuch des gesetzgebenden Staates für anwendbar erklärt sei, ohne daß dagegen internationale Proteste erhoben werden. Die Irrigkeit dieser Schlußfolgerung habe ich bereits anderweit nachzuweisen unternommen (Gesetz und Schuld S. 103ff.). Die Diplomatie hat nicht die Gewohnheit, in umfangreichen Gesetzbüchern anderer Staaten nach Bestimmungen zu suchen, die etwa die Zuständigkeit des gesetzgebenden Staates überschreiten und Rechte anderer Staaten oder ihrer Angehörigen verletzen können. Erst ein praktischer Fall, in dem es der Mühe lohnt, in dem eine Beschwerde eines vom Gesetz unangenehm Getroffenen einläuft[3]), gibt Anlaß zu diplomatischen Reklamationen, und da bis dahin lange Zeit verfließen kann, so ziehen diejenigen, welche die internationale Praxis wenig kennen, aus dem ungestörten Stilleben eines Gesetzes den Schluß, daß gegen das Gesetz nichts einzuwenden sei. Das Auswärtige Amt der Vereinigten Staaten von Nordamerika hat aber z. B. einmal energisch und mit Erfolg protestiert, als ein nordamerikanischer Bürger wegen einer im Gebiete der Vereinigten Staaten veröffentlichten Beleidigung eines Mexikaners in Mexiko abgestraft werden sollte[4]), und wenn die

---

[1]) *Vergl. Darst. Allg. T. VI. 83—316.* Hier ist der zwei Jahre zuvor erschienene Abschnitt Gesetz und Schuld völlig unberücksichtigt geblieben.

[2]) Könnte der Mendelssohn-Bartholdyschen Lehre zufolge ein einzelner Staat dies nicht auch für sich abschaffen, wenn es ihm zweckmäßig erschiene, da M.-B. (vgl. S. 200) das ganze Völkerrecht als nur auf Meinungen einzelner Internationalisten „auf zwei Augen" beruhend erachtet.

[3]) Das internationale Gaunertum hat meist kein Interesse, gegen Bestrafung im Auslande zu protestieren, da diese Bestrafung gewöhnlich die in anderen Staaten ergangenen Vorbestrafungen unberücksichtigt läßt, also milder ausfällt.

[4]) Die Bemühungen Mendelssohn-Bartholdys a. a. O. S. 133ff. diesen Fall (Cutting-Fall) als nicht beweisend und die Ausführungen des nordamerikanischen State-Departments als verfehlt darzustellen, scheinen mir mißlungen. Dies im einzelnen zu begründen, fehlt hier freilich der Raum. Doch sei folgendes bemerkt. S. 139 wird als Fehler angerechnet, daß die nordamerikanische Regierung anfangs das reine Territorialitätsprinzip vertreten habe, weiterhin aber sage, sie könne nicht zulassen, daß ein nordamerikanischer Bürger wegen einer im Gebiete der nordamerika-

Erstreckung der englischen Strafgewalt auf außerhalb des vereinigten Königreichs begangene Handlungen in Frage stand, ist von den englischen Juristen übereinstimmend stets hervorgehoben worden, daß man keineswegs unbeschränkt über Handlungen von Ausländern im Auslande eine Strafgewalt sich anmaßen dürfe: wenn auf englischen Schiffen als Seeleute dienende Ausländer nach englischen Gesetzen für schwere Verbrechen gestraft werden, so beruht dies auf einer freiwilligen Unterwerfung dieser Seeleute, welche auf einem englischen Schiffe Dienste nehmen, und gegen jene Wirkung dieser freiwilligen Unterwerfung zu protestieren, wird keiner Regierung einfallen, da diese Unterwerfung der internationalen Sicherheit der Seefahrt höchst dienlich ist, also auch im allgemeinen Interesse liegt.

In Wahrheit kann doch nicht geleugnet werden, daß jedes Strafgesetz einen Zwang ausüben soll gegen denjenigen, gegen den seine Drohung sich eintretenden Falles richtet. Daher erhebt der Gesetzgeber, der Handlungen von Ausländern im Auslande seiner Strafgewalt unterwerfen will, in der Tat den Anspruch, gegen Ausländer im Auslande Zwang ausüben zu dürfen; er will, daß Ausländer im Ausland sich gegen seine Angehörigen in bestimmter Weise betragen, auch wenn der ausländische Staat gegen solches Betragen nichts oder, indem er nur gelinde bestraft, wenig einzuwenden findet. Dies ist ein theoretischer Eingriff in die Souveränität des anderen Staates, der durch wirkliche Bestrafung zu einem realen Eingriff sich gestaltet. Nebenbei wird damit für Staatsangehörige im Auslande ein im Falle praktischer Anwendung Haß und Erbitterung erregendes Privileg beansprucht, und da ein im Auslande handelnder Ausländer in den weitaus meisten Fällen gar nicht wissen oder nicht beachten wird, daß der Verletzte ein Angehöriger des X ist, so ist der Hauptzweck des Realprinzips, der Schutz durch sog. Generalprävention für den Staat X, der jenes Prinzip annimmt, gar nicht zu erreichen: er könnte

---

nischen Union vorgenommenen Handlung auswärts bestraft werde. Dabei ist übersehen, daß Völkerrechtswidrigkeiten, durch welche Privatpersonen betroffen werden, nur dann einer Regierung international gerechtfertigten Anlaß zum Einschreiten geben, wenn jene Personen Angehörige oder doch Schutzbefohlene des Staates dieser Regierung sind; ohne dies würde der Regierung die Legitimation zur Sache fehlen. Gegen den Protest der nordamerikanischen Regierung ließ sich allerdings einwenden, daß man nach englisch-nordamerikanischem Recht bei Distanzdelikten auch das Gericht des Wirkungslandes (hier Mexiko) als zuständig ansieht. (Gesetz und Schuld I, S. 143).

nur kraft des Notrechtes gerechtfertigt werden, wenn der fremde Staat Ausländer nicht ebenso strafrechtlich schützte wie seine Angehörigen.

Es entsteht aber, wenn viele Staaten eine solche Ausdehnung ihrer Strafgewalt vornehmen, eine allgemeine Rechtsunsicherheit. Es genügt nicht, um vor Bestrafung sicher zu sein, das am Ort der Handlung geltende Strafgesetz zu beachten; man muß vielmehr, um sicher zu sein, nicht bei einem Aufenthalte im Auslande nach dem dortigen Recht prozessiert und bestraft zu werden, die Gesetzbücher der gesamten Kulturwelt einsehen. Und diese Unsicherheit fällt zurück auf die Angehörigen besonders derjenigen Staaten, welche durch Erstreckung ihrer Strafgewalt ihre Angehörigen zu schützen suchen. Die Regierungen dieser Staaten verlieren vermöge der internationalen Regel der Reziprozität jede Möglichkeit, ihre Angehörigen zu schützen, wenn diesen wegen einer in der Heimat vorgenommenen, hier straffreien Handlung im Auslande der Prozeß gemacht wird; z. B. würde bei Annahme des Realprinzips in der künftigen deutschen Gesetzgebung die deutsche Regierung einen Deutschen nicht mehr schützen können, der wegen eines im Deutschen Reich veröffentlichten Preßerzeugnisses in Rußland oder Bulgarien verhaftet und bestraft werden würde.

Ist solche Rechtsunsicherheit herbeizuführen, wirklich nützlich, wenn doch in jedem Kulturstaate, jede eine Privatperson oder deren Güter verletzende strafbare Handlung genau in der gleichen Weise bestraft wird, der Verletzte mag Ausländer oder Inländer sein?

Die unter b bezeichnete Frage ist durch die vorstehenden Ausführungen, welche zunächst die völkerrechtliche Unzulässigkeit einer allgemeinen Anwendung des Realprinzips betreffen, großenteils schon mit beantwortet. Es erübrigt noch die Sicherheit der Anwendung des Realprinzips zu prüfen, insofern Zweifel über die Zuständigkeit der inländischen Strafgewalt möglichst vermieden werden müssen. Diese Prüfung bietet aber ebenfalls ein dem Realprinzip höchst ungünstiges Ergebnis. Bei vielen Delikten ist es keineswegs leicht zu bestimmen, wer der tatsächlich Verletzte ist, und auf diese Tatsächlichkeit, nicht auf die Frage, wer z. B. Verletzter im Sinne des Strafrechts, muß es ankommen, wenn w i r k l i c h ausgiebig Schutz gewährt werden soll? Wer ist z. B. der Verletzte bei einer Brandstiftung, wenn das in Brand gesetzte Gebäude vollständig oder überschießend versichert war? Der Eigentümer, der Nutznießer, der oder die Mieter, oder die Versicherungsgesellschaft? Wer ist der Verletzte beim Diebstahl, wenn die Sache dem Kommodatar, dem Verwahrer gestohlen ist, und letztere Personen unter gewissen Voraussetzungen dem Eigentümer haftbar sind usw.? Von diesen Fragen, deren tatsächliche Unterlagen erst im weiteren Fortgange des Verfahrens klar zu werden pflegen, soll aber die Eröffnung des Verfahrens gegen einen Ausländer abhängen, dessen Handlung, wenn überhaupt begangen, irgendwo im Auslande begangen ist, und dessen Vorleben ebenfalls dem Auslande angehört!

Hegler und besonders Mendelssohn-Bartholdy haben das Realprinzip in feinerer Weise umzugestalten versucht. Sie sind der Meinung, je nach der Natur der einzelnen Deliktsarten ergebe sich von selbst, wie das Interesse des Staates an der (internationalen) Anwendung der einzelnen Strafgesetze beschaffen sei, ob also das einzelne Strafgesetz nur territorial oder auch personell oder nach dem verletzten Interesse (Realprinzip) anzuwenden sei. Daß dabei sehr verschiedene Auffassungen bei vielen Delikten möglich sind[1]), und die Schwierigkeiten der praktischen Anwendung bis ins Unerträgliche wachsen können, dürfte unschwer zu erweisen sein. Die gesamte Grundlage beruht, so scheint es, aber auch auf einer irrtümlich angenommenen Analogie, nach welcher von dem internationalen Privatrechte auf das internationale Strafrecht ein Schluß gezogen worden ist. Die internationale Behandlung der Privatrechtsverhältnisse ergibt sich der Regel nach aus der Natur dieser Verhältnisse, und mehr oder weniger unmittelbar oder mittelbar ist es der freie Wille der Beteiligten, der für sie maßgebend ist. In der Regel folgt sie dem freien Willen unmittelbar, wenn die Beteiligten Verträge schließen, mittelbar, wenn sie selbst oder ihre Aszendenten eine Staatsangehörigkeit, einen Wohnsitz wählen. Das Strafrecht dagegen beruht auf der Zwangsmoral der Gesamtheit. Da fragt es sich, gegen wen darf eine Gesamtheit (ein Staat) Zwang ausüben, und unter welchen Voraussetzungen kann dies geschehen ohne Widerspruch gegen Billigkeit und Zweckmäßigkeit.

Es bleibt also als theoretisch und praktisch gerechtfertigt nur die Kombination von Territorialitäts- und Personalitätsprinzip[2]); wie sie oben dargelegt ist. Sie liegt auch zugrunde den 1883 gefaßten, sehr genau erwogenen Beschlüssen des Instituts für internationales

---

[1]) Je nachdem man z. B. die sog. Partierei als Eigentumsdelikt oder als Delikt gegen die Rechtspflege ansieht, würde sich eine verschiedene Zuständigkeit ergeben usw.

[2]) Diese Kombination liegt auch zugrunde den angenommenen §§ 4—9 des StGB., und diese Bestimmungen beruhen auf dem nach besonders gründlichen Beratungen (vgl. darüber Goltdammer, Materialien zum StGB. für die preuß. Staaten 1 S. 57—72) angenommenen § 4 des preußischen StGB.

Recht[1]), und wie ebenfalls diese Beschlüsse annehmen, bedarf diese Kombination nur einer einzigen, nur in seltenen scharf abgegrenzten Fällen zur Anwendung kommenden, durch den „Communis consensus" der Gesetzgebungen gebilligten Ergänzung durch das Realprinzip, welches insoweit besser als Notrecht charakterisiert werden kann. Schwere Verbrechen gegen den eigenen Staat selbst (Hochverrat, insoweit ihn der Ausländer überhaupt gegen einen ihm fremden Staat begehen kann) strafen die Gesetzgebungen, weil hier die Gesetze fremder Staaten entweder keinen oder nur einen höchst unzulänglichen strafrechtlichen Schutz gewähren und aus zutreffenden Gründen in absehbarer Zeit schwerlich von letzterem Grundsatze abgehen werden.

Der *DVE.* weicht von dieser, wie bemerkt, nach dem gegenwärtigen StGB. geltenden Beschränkung der inländischen Strafgewalt stark ab.

1. Er bestraft § 4, 1 Handlungen (Verbrechen und Vergehen) der Deutschen im Auslande — ohne Rücksicht, ob sie nach den Gesetzen des Tatortes erlaubt sind — nach deutschem Gesetze. Die hierin liegende Unbilligkeit oder, wie man für viele Fälle behaupten darf, Ungerechtigkeit sieht der Entwurf dadurch noch zu steigern sich gezwungen, daß er nun, wie das Argumentum e contrario aus § 5 zeigt[2]), und die Begründung S. 13 als eine wünschenswerte „Vereinfachung" empfiehlt, auch dem im Auslande (im Staate des Tatortes) ergangenen freisprechenden Urteil, sowie der nach dortigem Recht eingetretenen Verjährung und der dort erfolgten Begnadigung die straftilgende Wirkung im Deutschen Reich versagen muß — im Falle eines im Ausland ergangenen Freispruchs eine wahre Grausamkeit gegen den unglücklichen Deutschen, dem jederzeit, wenn der Staatsanwalt so will, in der lieben Heimat

[1]) Annuaire de l'Institut de droit international 1883/84 S. 156ff. — Mendelssohn-Bartholdy a. a. O. S. 106ff. übt freilich an diesen Beschlüssen eine scharfe, aber völlig unzutreffende Kritik. Die S. 143 gegen die „Internationalisten" gebrachte spottende Bemerkung bedarf wohl keiner Gegenkritik.

[2]) Nur in dem seltenen Falle, daß jemand, nachdem er im Auslande ein Verbrechen oder Vergehen begangen, die deutsche Staatsangehörigkeit erwirbt, werden nach ausländischem Recht eingetretene Straftilgungsgründe anerkannt.

[3]) Eine gerechte und zugleich im Falle von Schiffbrüchen und Expeditionen in das Gebiet unkultivierter Völkerschaften ausreichende Bestimmung verlangt freilich eine gewisse, bei unserem Gesetzgeber oft grundlos mißachtete Ausführlichkeit. Vgl. Gesetz u. Schuld S. 168, 169.

nochmals der Prozeß gemacht werden kann. Daß man ausnahmsweise z. B. bei manchen Delikten von Schiffsführern und Seeleuten, die etwa am Orte der Handlung geltende Straflosigkeit nicht zu berücksichtigen sich veranlaßt finden kann, und daß dafür auch in der gegenwärtigen deutschen Spezialgesetzgebung sich Beispiele finden, beweist gegen das Prinzip, dieses als Regel betrachtet, nicht. Allerdings bedarf es solcher besonderen Bestimmungen nicht, wenn das Prinzip des Entwurfs angenommen wird, und die Begr. S. 12 macht auch hier den Vorzug der „Vereinfachung" geltend. Aber man möchte glauben, daß die Prinzipien der Gerechtigkeit und Billigkeit höher stehen als das Prinzip der Vereinfachung.

Freilich ist es ein Vorzug, daß nach dem Vorentwurf nicht im Gegensatz zur Fassung des gegenwärtigen StGB. behauptet werden kann, Verbrechen und Vergehen, begangen von Deutschen in staatenlosen Gebieten, seien straflos. Aber diese Lücke läßt sich leicht ausfüllen, und völlig richtig ist es auch nicht, in staatenlosen Gebieten begangene Handlungen durchweg ebenso zu bestrafen, als wären sie im Deutschen Reiche begangen.

Andererseits ist aber der Entwurf, da die Anwendung des günstigeren Gesetzes des Tatortes für die im Auslande handelnden Inländer der Regel nach ausgeschlossen sein soll, veranlaßt für den Fall diese Anwendung anzuordnen, daß der Schuldige erst nach Begehung der strafbaren Handlung Deutscher geworden ist. Für diesen Fall sollen dann auch die nach den Gesetzen des Auslandes (Ortes der Handlung) eingetretenen Straftilgungsgründe einschließlich des freisprechenden Urteils im Deutschen Reiche anerkannt werden. Denn der im Auslande (insbesondere in seiner Heimat!) handelnde Ausländer, der nicht einmal einen Deutschen oder irgendwie das Deutsche Reich oder einen Bundesstaat verletzt hat, kann schwerlich nach dem etwa strengeren Gesetze verurteilt werden — man müßte denn das sog. Weltstrafrechtsprinzip in abstraktester und rohester Form zur Anwendung bringen. Diese ganze Bestimmung kann aber wegfallen und der Entwurf somit vereinfacht werden, wenn für den im Auslande handelnden Inländer (abgesehen von gewissen Ausnahmefällen) das am Orte der Handlung geltende Gesetz zur Anwendung kommen soll, soweit es dem Handelnden günstiger ist.

2. Der Entwurf unterwirft Handlungen der Ausländer im Auslande, sofern sie nach deutschem Gesetze Verbrechen oder Vergehen sind, unbedingt dem deutschen Strafgesetze, falls sie gegen das Deutsche Reich oder gegen einen Bundesstaat oder einen deutschen Beamten oder einen Deutschen begangen sind,

Die Kritik dieser auf dem Realprinzip beruhenden Ausdehnung der deutschen Strafzuständigkeit ist bereits gegeben. Beiläufig sei aber noch darauf hingewiesen, daß, falls die Bestimmung des Entwurfs Gesetz werden würde, das Deutsche Reich vermöge des Grundsatzes der Reziprozität auch dann diplomatisch zu intervenieren außerstand gesetzt werden würde, wenn ein Mitglied des Deutschen Reichstags wegen einer im Reichstag gehaltenen Rede etwa in Rußland, Rumänien oder sonstwo verfolgt werden würde. Denn die Immunität der Abgeordneten gilt als Privileg im Auslande nicht. Die Zuständigkeit der ausländischen Strafgewalt kann auch in diesem Falle nur deshalb bestritten werden, weil sie nach allgemeinen völkerrechtlichen Grundsätzen überhaupt nicht existiert, und diese Grundsätze soll nach dem Vorentwurf der deutsche Gesetzgeber gerade verleugnen.

Es ist noch auf die Begründung einzugehen. Diese ist äußerst dürftig. Freilich beruft sie sich auf eine Anzahl von Autoren, weist auf einige ausländische Gesetzgebungen, sowie auf die stenographischen Berichte der Reichstagssession von 1875/76 hin, in welcher (in dem Entwurf der sog. Strafgesetznovelle von 1876) eine wesentlich gleiche Ausdehnung der deutschen Strafzuständigkeit von der Regierung vorgeschlagen wurde. Aber vom Reichstage wurde dieser Vorschlag nach einer abweisenden, gerade von den namhaftesten Juristen[1]) geübten Kritik rundweg abgelehnt[2]), und die Gegengründe sind in der Begründung mit keinem Worte gewürdigt[3]). Neu ist das Argument, da die Gesetzgebung die deutschen Staatsangehörigen auch im Auslande strafrechtlich ver-

---

[1]) Lasker, Hänel.

[2]) Die vom Regierungsvertreter und vom Fürsten Bismarck gegebene Begründung der Vorlage war außerordentlich schwach. Ersterer berief sich darauf, daß Verbrechen von Deutschen in Polynesien unbestraft bleiben müßten, sowie auf einen Fall, in welchem Deutsche im Auslande mißhandelt seien, aber die dem Auslande angehörigen Übeltäter im Deutschen Reiche unbehelligt gelassen werden mußten, eine Unterlassung der Bestrafung, die das Publikum nicht verstehe. (Warum beantragte man nicht Bestrafung bei der ausländischen Behörde?) Fürst Bismarck führte an, bei ausländischen Unruhen sei ein Deutscher getötet, und der Mörder konnte ungestraft sich im Deutschen Reiche aufhalten. Aber er konnte doch mindestens ausgewiesen werden, während die Einmischung der deutschen Strafjustiz in meist sehr schwer zu beurteilende revolutionäre Ereignisse in fernen Ländern von recht problematischem Nutzen sein dürfte.

[3]) Insbesondere sind die sehr eingehenden Erwägungen in Gesetz und Schuld S. 103 nicht berücksichtigt.

pflichten wolle, so habe sie dieselben auch durch Strafgesetze (d. h. Erstreckung seiner Strafgewalt auf Ausländer) zu schützen. Eine solche beliebig aufgegriffene Parallele beweist nicht.

Der *SchVE.* Art. 8 Nr. 1 und 2 stimmt im wesentlichen mit dem *DVE.* überein, mildert aber die hier vorgenommene Erstreckung der inländischen Strafzuständigkeit. Denn 1. die Delikte der Schweizer im Auslande betreffend, so werden diese nur bestraft, wenn nach dem schweizerischen Auslieferungsgesetze Auslieferung stattfinden könnte, und wenn die Tat im Auslande nicht strafbar ist, nur auf Begehren des Bundesanwalts. Man will sich also in letzterem Falle eine besondere, freilich von dem freien Ermessen des Bundesanwalts abhängende Beschränkung auferlegen. 2. Bei Verbrechen, die von Ausländern im Auslande begangen sind, erscheint eigentlich die schweizerische Zuständigkeit nur als subsidiäre; sie tritt nur ein, wenn Auslieferung seitens der Schweiz nicht erfolgt, oder der Schuldige der Schweiz ausgeliefert ist. Auch hier gelten die zu 1. bemerkten Beschränkungen. Außerdem erkennt der *SchVE.* § 4 Nr. 4 die nach dem ausländischen Gesetze eingetretenen Straftilgungsgründe einschließlich des freisprechenden Urteils auch für die Schweiz als wirksam an, sowohl bei Verbrechen der Ausländer, wie bei Verbrechen der Inländer. An sich betrachtet ist dies, wie bemerkt, richtig, aber inkonsequent, wenn die am Begehungsorte von Anfang an straflose Handlung nicht auch im Inlande (in der Schweiz) straffrei sein soll. Ganz besonders tritt diese Inkonsequenz bei dem freisprechenden Urteile hervor. Oder sollte vielleicht eine schwierige Untersuchung darüber angemessen sein, ob das auswärtige Urteil freisprach, weil es die Handlung nicht für erwiesen oder nicht für strafbar erachtete?

Der *OVE.* §§ 83—87 folgt dagegen — abweichend von früheren Entwürfen — richtigeren Prinzipien. Abgesehen von gewissen exzeptionell behandelten Delikten, bestraft er im Auslande begangene Verbrechen von Österreichern nur, wenn sie auch am Tatorte strafbar oder gegen einen Inländer begangen sind. Die letztere gegen das richtige Prinzip verstoßende Ausnahme kann, wie aus oben gegebener Darlegung folgt, erhebliche Schwierigkeiten bereiten — ohne nennenswerten Nutzen; denn daß etwa jemand sich deshalb ins Ausland begibt, um dort einen Inländer zu verletzen, wird selten vorkommen. Und wie, wenn der Inländer glaubt einen Ausländer vor sich zu haben, soll dieser Irrtum ihn von Strafe befreien, oder nicht?

Ist die Tat auf staatenlosem Gebiete begangen, so wird sie nach *OVE.* ebenso beurteilt, als wäre sie im Inlande begangen, aber nur auf Anordnung des Justizministers verfolgt; d. h. der Justizminister übt eine präjudizierende Vorprüfung — immerhin ein Auskunftsmittel, ungerechte Bestrafung zu verhüten, da eine Handlung in staatenlosem Gebiete begangen oft gerechterweise nicht so bestraft werden kann, als wäre sie in Wien oder Prag begangen, aber zugleich ein Auskunftsmittel, das nicht frei von Bedenken ist.

Abgesehen von den erwähnten Ausnahmsdelikten, sollen Ausländer wegen im Auslande begangener Handlungen in Österreich nur bestraft werden, wenn Auslieferung an sich zulässig, aber unausführbar ist. Die Bestrafung in Österreich ist also nur eine subsidiäre, besonders wohl für solche Fälle vorgesehen, wenn man aus Rücksicht für den Schuldigen selbst Auslieferung nicht vornehmen will, aber gleichwohl ihn nicht straffrei lassen möchte, z. B. ihn nicht ausliefern möchte, weil ihm eine barbarische Strafe bevorstehen oder unparteiische Justiz voraussichtlich nicht gewährt werden würde. Diese im *OVE.* bemerkbare edlere Auffassung der Bestrafung der Ausländer, welche keine Rücksicht darauf nimmt, ob der Verletzte Inländer oder Ausländer ist, wird bestätigt dadurch, daß das dem Ausländer günstigere ausländische Gesetz bei der Bestrafung gilt. Außerdem soll der Ausländer nur auf Anordnung des Justizministers verfolgt werden. Die Straftilgungsgründe des ausländischen Tatortes wirken auch gegen die Strafverfolgung in Österreich, ein Satz, der auch in sehr guter knapper Weise gegeben ist. Er fehlt leider für die in Österreich verfolgbaren Handlungen von Österreichern im Auslande, und die Konsequenz verlangt, wie schon oben bemerkt wurde, nicht nur die am Orte der Handlung bestehende Straflosigkeit, sondern auch die nach diesem Gefolge auszusprechende mildere Strafe dem Angeklagten zugute kommen zu lassen.

Der *OVE.* (§ 85 und 87 Schlußsatz) erstreckt die für Inländer geltenden Bestimmungen ausdrücklich auf Ausländer, die zur Zeit der Tat Inländer waren, und ebenso die für Ausländer geltenden Bestimmungen auf Inländer, die zur Zeit der Tat Ausländer waren. Ich halte diese Bestimmungen für richtig, aber nicht gerade für nötig; entsprechende Bestimmungen finden sich auch im *DVE.* nicht. Freilich ist auch in der deutschen Literatur früher einmal die Ansicht vertreten worden, daß für die Inländer-, bzw. Ausländer-Eigenschaft der Zeitpunkt der Strafverfolgung maßgebend sei; man ist aber jetzt einig darüber, daß nur der Zeitpunkt der Handlung in Betracht kommen kann, da das StGB. Fragen des materiellen Rechts, nicht aber prozessuale Fragen behandelt, und außerdem die Frage, ob und welche Strafe gerecht ist, nicht abhängen kann von den späteren Ereignissen der Naturalisation oder der Entlassung aus dem Staatsverbande.

Der *SchVE.* Art. 9 gibt eine ausdrückliche Bestimmung über den Ort der Begehung:

> „Der Täter begeht das Verbrechen da, wo er es ausführt oder auszuführen versucht, und da, wo der Erfolg des Verbrechens eingetreten ist oder nach seiner Absicht eintreten sollte."

Ebenso in etwas anderer Fassung *OVE.* § 81 Abs. 1. Danach würde, wenn A dem B Gift beibringt, das den Tod des B im Staate X bewirken soll, aber nicht dort bewirkt, weil B, statt nach X zu reisen, nach Y reist, auch der Staat X zur Bestrafung zuständig sei, obwohl dieser Staat, wenn B einem andern Staat angehört, nach gesunder und einfacher Auffassung doch absolut nicht an dem Straffalle interessiert ist, und lediglich durch die Absicht des Handelnden nicht wohl zuständig werden kann.

Richtiger ist jedenfalls die vom deutschen Reichsgericht angenommene Ansicht, daß Handlung wie Erfolg die internationale Zuständigkeit begründet, die Absicht allein aber nicht genügt[1]).

Der *DVE.* (vgl. Begr. S. 8, 9) überläßt die Frage der Wissenschaft und Praxis. Ich habe in Übereinstimmung mit der in der deutschen Wissenschaft durchaus überwiegenden Ansicht vom allgemein wissenschaftlichen und zugleich praktischen Standpunkte mich stets für die ausschließliche Zuständigkeit des Orts der Handlung (Aufenthaltsort des Handelnden) ausgesprochen, und scharf ist dieser Grundsatz formuliert in Nr. 1 der bereits zitierten Beschlüsse des Instituts für internationales Recht. Aber da die Entscheidung nach dem Erfolgsorte nichts anderes ist als eine spezielle Anwendung des Realprinzips, so muß, wie ich ebenfalls ausgeführt habe, für eine Gesetzgebung, welche dem Realprinzip folgt, der Ort des Erfolgs allerdings als die Strafgewalt begründend gelten, während die Entscheidung nach dem Orte der Handlung (eigentlich nach dem zeitigen Aufenthaltsorte des Handelnden) dem (aktiven) Personalitätsprinzip entspricht, so daß, wenn eine Gesetzgebung, wie der *DVE.* will, beide Prinzipien kombiniert, allerdings die erwähnte Ansicht des deutschen Reichsgerichts (ohne die oben bezeichnete Beschränkung, als die für eine solche Gesetzgebung richtige sich ergibt. Verwirft man aber die Ansicht, daß

---

[1]) Das Reichsgericht hat nur (in wenigen älteren Entscheidungen) verlangt, daß der Absicht des Handelnden gemäß der Erfolg an dem Orte eingetreten sei, für welchen die Zuständigkeit begründet sein soll. Vgl. Olshausen, Kommentar z. StGB. § 3 Nr. 5.

das Strafgesetz unbeschränkt auch auf Handlungen der Ausländer im Auslande sich erstrecken könne und der Regel nach auch wirklich sich erstreckt, so ist die Unterwerfung einer im Auslande vorgenommenen Handlung (während der Handelnde im Ausland sich befindet), ein einer besonderen Bestimmung bedürfender anomaler Rechtssatz[1]). Völkerrechtlich läßt sich dafür freilich eher eine Rechtfertigung aufstellen, da auch viele Staaten, die im übrigen keineswegs ihre Strafgesetze — abgesehen von Verbrechen gegen die Staatssicherheit — auf Handlungen von Ausländern im Auslande erstrecken, doch ihre Strafgewalt als zuständig betrachten, wenn entweder die Handlung in ihrem Gebiete vorgenommen wird oder der Erfolg daselbst eintritt. Es ist aber klar, daß, wenn dieser Satz gilt, die Rechtssicherheit im höchsten Grade beeinträchtigt wird. Da es oft sehr schwer festzustellen oder im voraus völlig unbestimmbar ist, an welchem Orte oder an welchen Orten der Erfolg eintritt, so kann der Handelnde nicht wissen, wo und nach welchen Strafgesetzen er möglicherweise wegen einer Handlung in Untersuchung gezogen werden mag, und der spezielle Rechtssatz, welcher auch das Strafgesetz und dann nicht minder die Strafgerichte des Landes für zuständig erklärt, in welchem die Wirkung (der Erfolg) der Handlung eintritt, genügt schon, das Privileg der parlamentarischen Redefreiheit im Auslande unwirksam zu machen[2]). Ein Staat, der jenen Rechtssatz annimmt, kann nicht intervenieren, wenn ein Mitglied seines Parlaments im Auslande wegen einer im Parlament gehaltenen Rede in Anklagestand versetzt, verhaftet und verurteilt würde, weil dem ausländischen Staate angehörende Personen beleidigt oder ausländische Staatseinrichtungen verläumdet sein sollen usw. Da der *OVE.* dem Realprinzip jedenfalls nicht durchgängig folgt, so ist meines Erachtens die Zuständigkeit der österreichischen Strafgewalt für den im österreichischen Territorium eintretenden Erfolg nur durch jenen, dies besonders aussprechenden, Rechtssatz zu begründen.

Es ist bereits bemerkt, daß die meisten Gesetzgebungen Handlungen, welche die Existenz des Staates (oder seiner Verfassung) angreifen, auch dann bestrafen, wenn diese Handlungen von Ausländern im Auslande begangen sind, und zwar ohne Rück-

---

[1]) Er ist daher, wenn die bereits besprochenen Sätze des *SchVE.* Gesetz werden, meines Erachtens überflüssig.

[2]) Die österreichischen und schweizer Parlamentarier werden also, wenn die Entwürfe Gesetz werden, vor Strafverfolgungen im Auslande ebensowenig gesichert sein wie ihre deutschen Kollegen.

sicht auf Straflosigkeit oder nach dem Rechte des Auslandes eingetretene Straftilgungsgründe, so daß nur die im Auslande erstandene Strafe auf die nach dem inländischen Rechte zu verhängende Strafe angerechnet wird. Es ist nicht zu tadeln, wenn die drei Entwürfe, wie auch das jetzt geltende deutsche StGB. es getan hat, dieser gesetzgeberischen Praxis folgen[1]). Sie behandeln aber in der bezeichneten Weise noch gewisse andere Verbrechen, so daß diese als Weltverbrechen erscheinen, als Verbrechen, gerichtet gewissermaßen gegen die gesamte Kulturwelt. Der Staat, dessen Strafzuständigkeit sich hierauf erstreckt, wird, selbst wenn das Verbrechen im Auslande von Ausländern gegen ausländische Objekte oder an ausländischen Objekten begangen wird, als mitgeschädigt oder mitbedroht angesehen: er straft ohne Rücksicht auf ausländisches Gesetz und ausländische Jurisdiktionsakte, und nur die erstandene Strafe wird der Billigkeit wegen angerechnet.

Ist diese letztere Erstreckung der staatlichen Strafgewalt prinzipiell richtig?

Meiner Ansicht nach dem traditionellen unbezweifelten Völkerrechte gemäß nur für das Verbrechen der Seeräuberei im eigentlichen Sinne, das einzige Verbrechen, das jeder Staat beliebig ahnden kann, der sich der Seeräuber bemächtigt. Merkwürdigerweise ist aber gerade dies einzige wirkliche Weltverbrechen im deutschen StGB. und auch im *DVE.* hier nicht aufgeführt, ungeachtet das Deutsche Reich, nachdem es eine so Achtung gebietende Kriegsmarine sich geschaffen und einen bedeutenden Kolonialbesitz erlangt hat, doch in die Lage kommen könnte, gegen Seeräuber

[1]) Es können aber nicht dahin gerechnet werden Delikte gegen im Auslande handelnde Beamte als solche. Ein Beamter im Auslande hat Amtsqualität nur kraft des Gesetzes des Auslandes; er genießt dafür strafrechtlichen Schutz nur kraft eben dieses Gesetzes. Daher ist es inkorrekt, wenn der *DVE.* § 4 Nr. 2 das deutsche Strafgesetz erstreckt auf den Ausländer, der einen Meineid vor einer deutschen, im Auslande tätigen Behörde geschworen hat (z. B. vor einem deutschen Konsul). Die Abnahme von Eiden ist eine obrigkeitliche Funktion, welche nur auf Grund des ausländischen Gesetzes von deutschen Beamten ausgeübt werden kann. Straft das ausländische Gesetz den Meineid nicht, welcher vor dem deutschen Beamten mit Erlaubnis des ausländischen Gesetzes geschworen ist, so liegt eine Lücke dieses Gesetzes vor, welche auf Verlangen des Deutschen Reichs von dem fremden Staate auszufüllen wäre, welche aber nach völkerrechtlichen Grundsätzen vom Deutschen Reiche nicht selbst ausgefüllt werden kann. Das Beispiel eines amerikanischen Gesetzes, auf welches die Begründung sich beruft, ist nicht vollgültiger Beweis. Amerikanische Gesetze können auch Fehler enthalten.

nicht nur einen Kampf zu führen, sondern auch einzelne der Seeräuberei schuldige Personen in seine Gewalt zu bekommen. Dagegen ist im *OVE.* § 86 Abs. 4 a. E. vgl. mit Hauptstück 35 (§ 442) richtig der Seeraub in dieser Weise behandelt. (Daß im *SchVE.* von Seeräuberei keine Rede ist, wird selbstverständlich erscheinen.)

Beliebige andere Delikte aber in der bezeichneten Weise der inländischen Strafgewalt zu unterwerfen, ist Willkür und unter Umständen schwere Ungerechtigkeit[1], da die konkrete Handlung z. B. am Ort der Begehung, wenn dieser Ort zugleich dem Heimatstaate des Schuldigen angehört, dort mit bedeutend milderer Strafe bedroht oder gar wegen abweichender gesetzlicher Definition straflos sein kann. Der *DVE.* ist hier zurückhaltend; er behandelt als Weltverbrechen nur die Münzverbrechen[2]), ebenso wie das gegenwärtig geltende StGB. Dagegen behandeln die Vorentwürfe für Österreich und die Schweiz, und besonders der erstere, eine größere Anzahl von Delikten als Weltverbrechen[3]), der *OVE.* in der Art, daß die Bestrafung in Österreich § 86, 87 die Auslieferung des Schuldigen anschließt, während nach dem *SchVE.* § 8 Nr. 3

---

[1]) Die Repression könnte übrigens auch eine ungenügende sein. z. B. wenn der Schuldige deshalb nicht eine Rückfallstrafe (oder strengere Bestrafung wegen Vorstrafen) erleidet oder nicht als Gewohnheitsverbrecher behandelt wird, weil die Vorstrafen von einem ausländischen Gerichte erkannt waren.

[2]) Zweifelhaft erscheint, da die Begründung hierüber schweigt, ob die Bestimmungen des sog. Sprengstoffgesetzes v. 9. 6. 1884 § 12, des Gesetzes v. 3. 7. 1893 § 10 und des Gesetzes v. 28. 7. 1895 betr. die Bestrafung des Sklavenraubes, welche für die daselbst genannten Handlungen eine Weltjurisdiktion des Deutschen Reichs geschaffen haben, neben der im Vorentwurf enthaltenen Bestimmung fortgelten sollen. Der *OVE.* sagt (§ 86 vorletzter Abs.) ausdrücklich, daß solche in besonderen Gesetzen oder Verträgen enthaltenen Bestimmungen in Geltung bleiben.

[3]) Auch der jetzt so viel besprochene, freilich abscheuliche sog. Mädchenhandel (vgl. die betr. Bestimmung in dem Vorentwurfe für die Schweiz und Österreich) sollte hier trotz des Beschlusses eines Kongresses eine Ausnahme nicht machen. Man darf Grundsätze der Gerechtigkeit und des Völkerrechts nicht wegen der Schwere des betreffenden Delikts außer acht lassen. Andere Kongresse und Versammlungen könnten das gleiche auch für andere Verbrechen verlangen, und so wäre die schiefe Ebene gegeben, auf welcher man zu allgemeiner Verirrung kommen würde. Ebenso sind anarchistische Verbrechen und Vergehen, die der *OVE.* § 86 Abs. 3 hier ohne weitere Voraussetzung der österreichischen Strafgewalt unterwirft, nicht Weltverbrechen, um so weniger, als bekanntlich eine allgemein als zutreffend anerkannte Definition des anarchistischen Verbrechens noch nicht gefunden ist.

die Bestrafung in der Schweiz nur dann eintritt, wenn Auslieferung nicht erfolgt, die Bestrafung in der Schweiz also nur eine subsidiäre Maßregel ist. Diese letztere Behandlung sog. Weltdelikte, ist vorzuziehen. Sie sichert dem Angeklagten der Regel nach die eigentlich gerechte Behandlung und schützt den Staat davor, sich mit der oft recht kostspieligen Repression von Delikten zu befassen, die in erster Linie einen anderen Staat angehen. Aber durch jene exzeptionelle Hervorhebung und Behandlung einzelner (nicht zu den Verbrechen gegen den Staat selbst gehörender) Delikte deckt man gleichwohl eine immerhin mögliche Lücke in der Repression nicht völlig. Sie würde ausgefüllt werden, und zwar ohne Verletzung der Gerechtigkeit, wenn man nach Maßgabe der Beschlüsse des Instituts für internationales Recht (Nr. 10) zur Annahme einer Bestimmung des folgenden Inhalts sich entschließen würde:

> „Befindet sich eine Person, welche eines mit . . . Strafe[1]) bedrohten Verbrechens . . . dringend verdächtig ist, in der Gewalt des Staates (des Deutschen Reiches[2]) oder eines deutschen Bundesstaates), so kann, wenn Auslieferung nicht stattfindet, Bestrafung durch ein inländisches Gericht[3]) erfolgen nach dem Gesetze des Tatortes oder nach dem heimatlichen Gesetze des Angeklagten oder nach dem inländischen Gesetze, je nachdem eines dieser Gesetze dem Angeklagten günstiger ist."

Man würde mit dieser Bestimmung auch Abhilfe erhalten für den Fall, daß der Heimatstaat des Schuldigen diesen wegen einer im Auslande begangenen Handlung nicht straft, gleichwohl aber die Auslieferung verweigert, weil unser Staat — der seine Angehörigen wegen im Auslande begangener Delikte straft — die Auslieferung seiner Angehörigen für unzulässig erklärt. Man braucht also keineswegs, um skandalöse Fälle dieser Art auszuschließen, das

---

[1]) Die Strafandrohung wäre nach anderweiten Bestimmungen des Gesetzbuchs festzusetzen. Ein Bedürfnis solcher Vorschrift besteht nur für schwere Deliktsfälle.

[2]) Ohne dringenden Verdacht sollte man in diesem Falle überhaupt ein Strafverfahren nicht einleiten. Man kann einem Ausländer, dem man an einem beliebigen, ihm durchaus fremden Orte den Prozeß macht, schweres Unrecht auch durch Verhängung der Untersuchungshaft zufügen. Die vorgeschlagene Bestimmung greift freilich auf prozessuales Gebiet über. Strenger Systematik entspricht sie daher nicht, wohl aber praktischer Gerechtigkeit.

[3]) Z. B. an Bord eines deutschen Seeschiffs.

[4]) Im Deutschen Reiche würde es sich empfehlen, das einzelne Gericht jedesmal durch Verfügung des Reichsgerichts bestimmen zu lassen.

Realprinzip anzunehmen oder die in gegenwärtiger Zeit noch recht bedenkliche Auslieferung von Angehörigen unseres Staates an einen fremden Staat für zulässig zu erklären. Andererseits würde man, da nur in Ermangelung einer Auslieferung die Strafzuständigkeit gelten soll, auch vor Reklamationen anderer Staaten gesichert sein, die namentlich bei Bestrafung in den Kolonialgebieten, wo die Mächte mit einer gewissen besonderen Sorge ihre Hoheitsrechte zu wahren pflegen, zu erwarten wären.

In Gesetz und Schuld im Strafr. I S. 184 habe ich es als empfehlenswert bezeichnet, daß unter den Delikten, für welche eine absolute Strafzuständigkeit des Deutschen Reichs in Anspruch zu nehmen wäre, auch das Nachmachen und die Verfälschung von Siegeln des Deutschen Reichs und der deutschen Bundesstaaten aufgeführt würde. *DVEBegr.* S. 14 lehnt dies ab, weil dafür ein Bedürfnis nicht hervorgetreten sei. Man sollte aber einen praktischen Fall, der jeden Tag vorkommen könnte, doch nicht abwarten, wenn es sich um wirkliche Lücken handelt, und mir scheint nicht, daß jene Verfälschung, sofern sie nicht zugleich eine Urkundenfälschung enthält, überall gestraft wird, wenn es sich um Siegel fremder Staaten handelt. Ein Einspruch fremder Staaten ist hier nicht zu befürchten, und andererseits dürfte es im Auslande an einer strafrechtlichen Repression fehlen.

Dagegen kann die österreichische Regierung diplomatische Reklamationen zu gewärtigen haben bei der nach dem *OVE.* stattfindenden Erstreckung der österreichischen Strafzuständigkeit auf sämtliche im 35. Hauptstück des Entwurfs unter Strafe gestellten Handlungen, auch wenn Ausländer im Auslande sich derselben schuldig gemacht haben sollen. Zwar sind dies Delikte, die sich auf die Seeschiffahrt beziehen. Aber es sind auch Delikte darunter, die an Land — also auch an fremder Küste (vgl. z. B. § 447) oder in fremder Hoheit unterworfenen Gewässern — begangen werden können (vgl. § 449 „Pflichtverletzung bei Seenot"). Es ist nicht sehr wahrscheinlich, daß ein mächtiger Seestaat die Verurteilung eines seiner Handelsmarine angehörigen Kapitäns durch ein österreichisches Gericht sich gefallen lassen würde, wenn die Handlung an der Küste oder gar in einem Hafen jenes Staates geschehen sein sollte, und der Verurteilte reklamieren würde.

Der *DVE.* § 8 und der *OVE.* 89 verbieten übereinstimmend mit dem jetzt geltenden deutschen StGB. § 9 die Auslieferung von Inländern, und für die Schweiz gilt das gleiche Verbot nach dem schweizerischen Auslieferungsgesetze § 2. Streng systematisch betrachtet würde freilich die Aufnahme solcher Bestimmungen in das StGB. nicht korrekt erscheinen. Aber Nichtauslieferung von Inländern verlangt praktisch als Ersatz Bestrafung von Inländern wegen im Auslande begangener Delikte, und so enthält umgekehrt das schweizerische, eigentlich dem Strafprozeßrechte angehörende Auslieferungsgesetz in dem zitierten § 2 auch eine Bestimmung über Bestrafung des schweizer Bürgers, der im Auslande eine strafbare Handlung begeht. Die Aufhebung des Verbots der Auslieferung von Inländern, ist zwar mehrfach befürwortet worden; sie ist aber gerade in unserer Zeit wegen des leider häufig emporlodernden Nationalitäten-Antagonismus bedenklich und im Deutschen Reiche, da es noch an einem Auslieferungsgesetze fehlt, und die Auslieferungen als reine Administrationssachen nur unter den in Betracht kommenden Ministerien erledigt werden, absolut nicht zu entbehren.

Gemeinsam ist dem *DVE.* § 6 und *SchVE.* § 236 der Grundsatz, daß im Auslande begangene Übertretungen (als für internationale Beachtung zu unbedeutend) nicht verfolgt werden, im *DVE.* § 6 mit dem Vorbehalt, daß Gesetze oder Verträge ein Anderes verordnen. Im *OVE.* findet er sich nicht; es wird aber nach § 84 (vgl. mit § 86) nur ein Inländer wegen einer im Auslande begangenen Übertretung verfolgt werden können (§ 84 spricht von strafbaren Handlungen, § 86 von Verbrechen und Vergehen), ein Ausländer nur, sofern (§ 86 Abs. 5) die Verfolgung durch Gesetz oder Vertrag besonders angeordnet ist.

Gemeinsam ist ferner den drei Vorentwürfen der natürlicher Gerechtigkeit entsprechende Satz (vgl. auch deutsches StGB. § 1), daß eine im Auslande verbüßte Strafe für eine im Inlande etwa wegen derselben Handlung zu erkennenden Strafe in Anrechnung zu bringen ist (*DVE.* § 7, *OVE.* § 88, *SchVE.* Art. 6, 7 Schlußsatz, Art. 8 Nr. 4 Schlußsatz). Nach dem *SchVE.* kommt — was konsequent ist — auch eine nur teilweis verbüßte Strafe in Betracht, und nach dem Ausdruck des *OVE.* — „eine Strafe" — möchte ich das gleiche für diesen Entwurf annehmen, während nach dem Wortlaut des *DVE.* (wie des StGB.) die entgegengesetzte Annahme richtig sein dürfte. Der Billigkeit und zugleich den internationalen Verhältnissen entspricht aber auch Art. 6 Schlußsatz des *SchVE.* „Ist ein Ausländer wegen eines Verbrechens, das er in der Schweiz begangen hat, auf Ersuchen des schweizerischen Bundesrates im Ausland verfolgt und verurteilt worden, und ist die Strafe vollzogen, so wird er wegen dieses Verbrechens in der Schweiz nicht mehr bestraft."

Der *DVE.* § 4 (Anfang) sanktioniert übereinstimmend mit dem

StGB. § 4 durch die Worte „kann verfolgt werden" für die Strafverfolgung aller im Auslande begangenen Delikte das sog. Opportunitätsprinzip, und dies ist gerechtfertigt in Anbetracht der oft bei Verfolgung im Auslande begangener nicht besonders schwerer Straftaten vorhandenen Schwierigkeiten und erwachsenden Kosten. Der *SchVE.* Art. 8 Nr. 1 Satz 2 und Nr. 2 Schluß nimmt das Opportunitätsprinzip nur für Fälle an, in denen die Handlung im Auslande nicht strafbar ist; der *OVE.* §§ 87, 88 Abs. 1 nur für den Fall der oben besprochenen subsidiären Strafverfolgung von Ausländern auf Anordnung des Justizministers und sodann für den Fall, daß das Gericht voraussichtlich keine strengere Strafe verhängen würde als die im Auslande vollzogene, wenn zugleich die Verhängung von Straffolgen und Sicherungsmitteln nicht in Betracht kommt. Da in vielen konkreten Fällen Strafverfolgung nach Opportunität und Legalität sich doch nicht scharf trennen läßt — wenn die Beweismittel nicht sofort eine Verurteilung höchstwahrscheinlich machen —, und bei Abwägung der Wahrscheinlichkeit die mit der Eröffnung der Untersuchung etwa verbundenen Schwierigkeiten (und Nachteile für den Angeklagten) von selbst sich geltend machen, so ist der praktische Unterschied bei den im Auslande begangenen Delikten nicht sehr groß. Gleichwohl wird hier dem *DVE.* praktisch der Vorzug gebühren, damit nicht zu große Gewissenhaftigkeit von Staatsanwälten durch Verfolgung verhältnismäßig unbedeutender Auslandsdelikte Schaden anrichte. Besonders unpraktisch dürfte es sein, die Staatsanwaltschaft zur Verfolgung dann zu verpflichten, wenn es sich nur darum handeln kann, jemandem Ehrenrechte abzuerkennen, die, weil es inländische sind, ihm im Auslande nicht aberkannt werden können, auf deren Ausübung er aber vielleicht nicht einmal Anspruch erhebt[1]).

Die Personen betreffend, welche den allgemeinen Strafgesetzen unterworfen sein sollen, so redet der *DVE.* § 9 nur von der Exemtion der Militärpersonen[2]), während S. 72 des *OVE.* bei geringfügeren Delikten von Strafgefangenen in praktischer Weise Disziplinarstrafen an die Stelle der öffentlichen, vom Richter zu

---

[1]) Vgl. StGB. § 37. Ein Strafverfahren ist hier nur für „zulässig" erklärt. — Auch für diesen Fall ist die Staatsanwaltschaft nach *OVE.* Abs. 1 gebunden. Nur wenn voraussichtlich auf keine strengere Strafe zu erkennen wäre, als die im Auslande vollzogene, und Straffolgen und Ehrenstrafen nicht in Betracht kommen, soll die Staatsanwaltschaft die Verfolgung unterlassen dürfen. M. E. müßte die Verfolgung in letzterem Falle unterbleiben.

[2]) Vergl. *SchVE.* Art. 3, der in anderer Fassung dasselbe bestimmt wie § 9 des *DVE.*

erkennenden Strafen treten läßt und am Schlusse bestimmt: „Begeht ein zu lebenslänglichem Kerker Verurteilter ein Verbrechen oder von Amts wegen zu verfolgendes Vergehen, so ist statt auf die angedrohte Strafe auf Verschärfung des Strafgesetzes zu erkennen[1]).“

Der *DVE.* §§ 10, 11 hat die Bestimmungen der §§ 11, 12 des StGB. unverändert[2]) aufgenommen. Da diese Paragraphen, welche die Immunität der Mitglieder der deutschen Landtage und die Straffreiheit wahrheitsgetreuer Berichte über die Verhandlungen der Landtage der deutschen Bundesstaaten aussprechen, den Bestimmungen der Reichsverfassung Art. 30 und 22 nachgebildet sind und zugleich in die Verfassungen der Einzelstaaten eingreifen, so erschien ihre Aufnahme geboten und zugleich eine Änderung (vgl. Begr. S. 18, 19) von vornherein ausgeschlossen[2]). Ein Bedürfnis zu einer Änderung wäre auch nicht anzuerkennen[3]); einzelne Kontroversen können der Wissenschaft und Praxis überlassen bleiben[4]). Die Frage der Befreiung der Mitglieder des Reichstages und der Landtage von der Zeugnispflicht, wenn in Anlaß einer im Berufe getanen Äußerung eines Mitgliedes des Reichstags oder eines Landtags ein Prozeßverfahren stattfindet, steht zwar im Zusammenhang mit der sog. Redefreiheit, ist aber nicht im Strafgesetzbuche, vielmehr in der Verfassung oder in der Strafprozeßordnung zu entscheiden.

---

[1]) Lebenslange Freiheitsstrafe sollte übrigens in einem Reformstrafgesetzbuche unserer Zeit nicht vorkommen, wohl aber langdauernde Freiheitsstrafe, die in vielen Fällen die Lebensdauer erreichen, aber nicht die Hoffnung auf Freiheit gänzlich ausschließen würde. So könnten Zusatzstrafen stattfinden, während Strafschärfungen zur Barbarei oder unausführbar werden können.

[2]) In § 10 ist gegen § 11 des StGB. nur das den Sinn nicht berührende Wort „einer“ (Äußerung) statt „der“ gesetzt. (Begr. S. 18.)

[3]) Gesetz und Schuld I S. 265ff.

[4]) Der *SchVE.* Art. 4 erklärt die betr. Äußerungen der Mitglieder der schweizer Bundesversammlung und der Mitglieder eines Kantonsrats für nicht strafbar. In einem Staate wie Österreich gehören dergleichen Bestimmungen in die Verfassungsurkunde.

III.

Strafen. Sichernde Maßnahmen. Schadensersatz.

Von

Dr. P. F. Aschrott,

Landgerichtsdirektor a. D. in Berlin.

Einleitung.

Abgrenzung und Disposition des Arbeitsgebietes.

Ein Strafgesetzbuch erhält sein eigentliches Gepräge durch sein Strafmittelsystem. Dabei kommt allerdings neben der Art und der Ausgestaltung der aufgenommenen Strafmittel auch die Frage in Betracht, in welcher Weise die einzelnen Strafarten bei der Aufstellung der Strafandrohungen verwertet sind, und weiter die Frage, nach welchen Grundsätzen die Anwendung der angedrohten Strafen durch den Richter bei dem einzelnen Straffalle zu erfolgen hat. Nur wenn man alle diese Fragen in ihrem inneren Zusammenhange berücksichtigt, wird man ein richtiges Urteil über ein Strafgesetzbuch gewinnen können.

Eine solche zusammenfassende Behandlung erscheint aber bei dem Entwurfe eines Strafgesetzbuches nicht ausführbar. Hier ist ja noch alles in der Schwebe: ob die in den einzelnen Paragraphen des *Bes. T.* aufgestellten Strafandrohungen wirklich Gesetz werden, weiß man ebensowenig wie, ob es bei den im *Allg. T.* enthaltenen Strafzumessungsgrundsätzen bleiben wird. Und so dürfte es gerechtfertigt sein, bei der kritischen Besprechung eines Entwurfes die darin vorgeschlagenen Strafmittel lediglich in ihrem Wesen und in der ihnen gegebenen Ausgestaltung zu behandeln, während die Besprechung der Strafandrohungen bei den einzelnen Delikten erfolgt und die Frage der Strafzumessung einer abgesonderten Behandlung vorbehalten bleibt. Das schließt natürlich nicht aus, daß bei gegebener Gelegenheit auch Fragen der Strafandrohung oder der Strafzumessung hier gestreift werden.

Aber noch eine weitere Begrenzung meiner Arbeit habe ich hier zu rechtfertigen. Es steht für mich außer allem Zweifel, daß man vom Standpunkte der verschiedenen Strafrechtstheorien aus zu ganz verschiedenen Ergebnissen über das Strafensystem gelangen kann, ja in prinzipieller Folgerichtigkeit gelangen muß. Wenn man aber danach erwarten sollte, daß ich hier Stellung zu dem Streite der Strafrechtsschulen nehmen und dann vom Standpunkte irgendeiner Strafrechtstheorie erörtern würde, inwiefern das einzelne Strafmittel im Einklange mit den Anforderungen dieser Theorie steht, so muß ich dies grundsätzlich ablehnen. Noch niemals ist ein Strafgesetzbuch auf Grund theoretischer Erwägungen geschaffen worden. Und wer da glaubt, daß es möglich wäre, irgendeine Strafrechtstheorie zur alleinigen Grundlage unseres zukünftigen Strafgesetzbuches zu machen, der setzt sich dem Vorwurf der Weltfremdheit aus. Der Gesetzgeber hat praktische Bedürfnisse zu befriedigen, und das erfordert, daß er den Zwecken der Vergeltung ebenso wie der Besserung und des Schutzes der Gesellschaft, der General- wie der Spezialprävention Beachtung schenkt. Und wie sich der Gesetzgeber in dieser Richtung auf einen Kompromißstandpunkt stellen muß (vgl. *VEBegr.* IX), so halte ich auch eine kritische Besprechung der gesetzgeberischen Vorschläge nur dann für fruchtbringend, wenn sie sich auf einen gleichen Standpunkt stellt. Aus diesem Grunde also lehne ich ein Eingehen auf den Schulenstreit ab. Die Vorschläge sollen, unbeeinflußt von hergebrachten Theorien, allein danach beurteilt werden, ob sie den realen Verhältnissen und Bedürfnissen gerecht werden. Dabei wird natürlich zu prüfen sein, ob von den verschiedenen Strafzwecken ein jeder an der geeigneten Stelle die erforderliche Berücksichtigung gefunden hat. Dieser Prüfung soll keineswegs ausgewichen werden, nur soll sie allein von praktischen Erwägungen aus erfolgen.

Strafen und sichernde Maßnahmen werden im 2. Abschnitte des *Allg. T.* des *DVE.* behandelt. Aber auf der einen Seite behandelt der Abschnitt diese Materie nicht erschöpfend, auf der anderen Seite enthält er auch Bestimmungen, die systematisch eigentlich nicht in den Abschnitt hineingehören. Das letztere ist zunächst der Fall bezüglich der im § 57 erfolgten Regelung der Geltendmachung eines Schadensersatzes; man wird hier sogar bezweifeln, ob die Sache überhaupt in dem StGB. und nicht vielmehr in der StPO. zu ordnen wäre. Es ist weiter der Fall bezüglich der in den §§ 50—52 behandelten Frage der Rehabilitation, die wohl richtiger, in gleicher Weise wie die Verjährung, in einem besonderen Abschnitte zu regeln gewesen wäre. Es ist endlich der Fall hinsichtlich des im § 25 für die Berechnung der verschiedenen Freiheitsstrafen bei Bildung einer Gesamtstrafe aufgestellten Maßstabes, einer Bestimmung, die in den Abschnitt 9 gehörte. Wichtiger als diese Einwände gegen die Systematik des *DVE.* erscheint es, daß die Materie „Strafen und sichernde Maßnahmen“ in dem Abschnitte 2 nicht erschöpfend geregelt ist, sondern auch in anderen Abschnitten behandelt wird: die besonderen Maßnahmen gegen

Jugendliche und die besonderen Vorschriften über die Vollstreckung von Freiheitsstrafen gegen Jugendliche finden sich im Abschnitte 4, die Bestimmungen über die Zuchthausverwahrung gewerbs- und gewohnheitsmäßiger Verbrecher im Abschnitte 8, die Bestimmungen über die Anstaltsverwahrung von Unzurechnungsfähigen und vermindert Zurechnungsfähigen wiederum im Abschnitte 4. Da unser Sammelwerk das System des *DVE.* zugrunde legt, so habe ich diesem auch hier zu folgen. Ich muß deshalb die Besprechung dieser in anderen Abschnitten behandelten Fragen ausscheiden, obwohl nicht zu verkennen ist, daß eine zusammenhängende Besprechung des innerlich Zusammengehörigen besondere Vorteile geboten hätte.

Was die Reihenfolge betrifft, in der hier die Bestimmungen des Abschnittes 2 besprochen werden, so erscheint es mir zweckmäßig, der Legalordnung des *DVE.* zu folgen. Ich werde dabei aber, wo es mir geboten erscheint, besondere Unterabschnitte bilden, mehrere Paragraphen zusammenfassen und den Einzelbestimmungen allgemeine Erörterungen vorausschicken. Vor der Besprechung des § 57 über Schadensersatz werde ich einen Unterabschnitt einschalten, in dem diejenigen Strafmittel behandelt werden sollen, welche in den zwei zur vergleichenden Erörterung in unserem Sammelwerk herangezogenen Vorentwürfen, dem österreichischen und dem schweizerischen, Aufnahme gefunden haben, von dem *DVE.* aber abgelehnt worden sind. Über diejenigen Strafarten, die der *DVE.* aus dem bisher geltenden Rechte nicht übernommen hat, die Festungshaft, die qualifizierte Haft und teilweise die Polizeiaufsicht, wird das Erforderliche an geeigneter Stelle (bei den allgemeinen Bemerkungen über die Freiheitsstrafen resp. bei der Erörterung der Aufenthaltsbeschränkung) gesagt werden.

Es ergibt sich hiernach die folgende Disposition (die Paragraphen des *DVE.* sind in Klammern vermerkt):

I. Todesstrafe (§ 13).

II. Die Freiheitsstrafen
- a) Allgemeine Bemerkungen
- b) Zuchthaus (§§ 14, 15)
- c) Gefängnis (§§ 16, 17)
- d) Schärfungen der Zuchthaus- und Gefängnisstrafe (§ 18)
- e) Haftstrafe (§§ 19, 20)
- f) Bestimmungen über den Vollzug der Freiheitsstrafen (§§ 21—23)
- g) Berechnung der Freiheitsstrafen und Maßstab für ihre Umrechnung (§§ 24, 25)
- h) Vorläufige Entlassung (§§ 26—29).

III. Die Geldstrafe
a) Allgemeine Bemerkungen
b) Die Einzelbestimmungen (§§ 30—35)
c) Geldstrafe als Nebenstrafe (§ 36)
IV. Verweis (§ 37)
V. Bedingte Strafaussetzung
a) Allgemeine Bemerkungen
b) Die Einzelbestimmungen (§§ 38—41).
VI. Sichernde Maßnahmen
a) Allgemeine Bemerkungen
b) Das Arbeitshaus (§ 42)
c) Das Wirtshausverbot und die Unterbringung in eine Trinkerheilanstalt (§ 43).
VII. Ehrenstrafen
a) Allgemeine Bemerkungen
b) Die Einzelbestimmungen (§§ 44—49).
VIII. Rehabilitation (§§ 50—52).
IX. Aufenthaltsbeschränkung (§ 53)
X. Einziehung und Unbrauchbarmachung (§§ 54—56).
XI. Strafmittel des *OVE.* und des *SchVE.*, die vom *DVE.* abgelehnt sind.
XII. Schadensersatz (§ 57).

I. Todesstrafe.

Der *DVE.* hat als schwerste Strafe die Todesstrafe beibehalten; das gleiche tut der *OVE.* (§ 18), während der *SchVE.* die Todesstrafe nicht kennt.

Die Gründe für und gegen die Todesstrafe sind so vielfach erörtert, daß es müßig erscheint, sie hier nochmals aufzuführen, um so mehr als den altbekannten Gründen Neues nicht hinzugefügt werden kann. Persönlich möchte ich bemerken, daß für mich das Hauptargument gegen die Todesstrafe ihre Unwiderruflichkeit ist. „Ein Wort nimmt sich, ein Leben nie zurück“ heißt es in Schillers Wallenstein. Und auch bei dem besten Prozeßverfahren und bei den vorsichtigsten Richtern ist die Möglichkeit eines Irrtums nicht ausgeschlossen. Dann aber liegt im Falle der Todesstrafe ein Justizmord vor. Doch werden nach meiner Überzeugung alle theoretischen Gründe gegen die Todesstrafe so lange wirkungslos bleiben, als nicht der Kulturzustand eines Volkes ein solcher ist, daß die Todesstrafe von dem allgemeinen Volksbewußtsein auch bei den schwersten Verbrechen für entbehrlich gehalten wird. Und ich glaube, daß das in Deutschland zurzeit noch nicht der Fall ist.

Wenn ich hiernach gegen die Beibehaltung der Todesstrafe im *DVE.* an sich Einwendungen nicht erhebe, so muß doch hier auf die im *DVE.* vorgeschlagene Art der Verwendung dieses Strafmittels näher eingegangen werden.

Der *DVE.* droht Todesstrafe an: bei Mord (§ 212) und bei dem schwersten Falle des Hochverrats (§ 100). Bei Mord wird neben der Todesstrafe, falls mildernde Umstände vorliegen, lebenslängliches Zuchthaus oder Zuchthaus nicht unter zehn Jahren angedroht, während in dem Falle des § 100 die Todesstrafe die allein zulässige Strafe sein soll. Ich glaube, daß das letztere im Widerspruch steht mit der allgemeinen Tendenz des *DVE.*: bei der Strafe nicht bloß die abstrakte Tat zu berücksichtigen, sondern der Individualität des Einzelfalles nach der objektiven wie der subjektiven Richtung gerecht zu werden. Auch bei den an sich todeswürdigen Verbrechen kommen Unterschiede in dem Grade der Schuld vor, die Berücksichtigung erheischen; es gibt auch hier Fälle, die eine mildere Auffassung gerechtfertigt erscheinen lassen. Das ist aber bei der Todesstrafe wegen ihrer Unteilbarkeit nicht möglich, und deshalb ist es geboten, die absolute Androhung der Todesstrafe aufzugeben und dem Richter die Möglichkeit zu gewähren, statt der Todesstrafe auch auf Freiheitsstrafe zu erkennen. Es erscheint nicht richtig, es auf die Umwandlung der Todesstrafe in Freiheitsstrafe im Gnadenwege ankommen zu lassen, sondern schon der Richter soll bei der Bestimmung der Strafe die verschiedenartig gelagerten Fälle individuell behandeln können. Das ist ja auch der Grund, aus dem der *DVE.* beim Morde von der absoluten Androhung der Todesstrafe in Zukunft Abstand nehmen will. Und wenn dazu in der *VEBegr.* 641 ausgeführt wird, es sei nach den bisher mit dem Schwurgericht gemachten Erfahrungen nicht zu besorgen, daß durch die getroffene Regelung die gerechte und strenge Ahndung schwerer Taten gefährdet werde, so liegt diese Besorgnis wohl noch weniger bei dem in § 100 behandelten Falle des Hochverrats vor, wo die Zuständigkeit zwischen Schwurgericht und Reichsgericht geteilt ist. Dabei muß auch noch darauf hingewiesen werden, daß der Tatbestand des § 100 *DVE.* gegenüber dem bisherigen § 80 StGB. nicht unwesentlich erweitert werden soll: während bisher außer dem Kaiser nur dem Landesherrn des eigenen Staates und desjenigen Bundesstaates, in dem der Täter zur Zeit der Tat sich aufhielt, der besondere Schutz zuteil wurde, soll der Kreis der geschützten Personen auf alle Landesfürsten und Regenten eines Bundesstaates ausgedehnt werden. Und während bisher nur Mord und Mordversuch als schwerster, todeswürdiger Fall des Hochverrats angesehen wurde, soll in Zukunft kein Unterschied gemacht werden, ob der Täter mit oder ohne Überlegung gehandelt hat: jeder Angriff auf das Leben der geschützten Person soll mit dem Tode bestraft werden. Bei dieser Erweiterung des Tatbestandes scheint es um so mehr geboten, von der absoluten Androhung der Todesstrafe abzusehen und auch hier dem Gerichte die Möglichkeit zu geben, in besonders gelagerten Fällen statt der Todesstrafe auf Freiheitsstrafe zu erkennen.

Neben den im *DVE.* behandelten Fällen der §§ 100 und 212 bleibt die Todesstrafe bestehen in den durch das Sprengstoffgesetz vom 9. Juni 1884 und das Sklavenraubgesetz vom 28. Juli 1895 geregelten Fällen und ebenso die erweiterte Anwendung der Todesstrafe in Zeiten des Krieges und des Kriegszustandes (§ 4 EG. z. StGB.). Es wäre um so mehr erwünscht, eine Neuordnung dieser von dem *DVE.* nicht berührten Fälle im Zusammenhang mit dem zukünftigen Strafgesetzbuch vorzunehmen, als hier manche Zweifelsfragen aufgetaucht sind[1].

Gänzlich ausgeschlossen soll die Todesstrafe sein bei Jugendlichen (wie schon bisher) und — das ist eine praktisch erhebliche Neuerung — bei vermindert Zurechnungsfähigen (§§ 63 Abs. 2, 76 Abs. 2 *DVE.*). Der *OVE.* schließt sie weitergehend auch bei Personen aus, welche die Tat zwischen dem 18. und 20. Lebensjahr begangen haben (§ 59). Wenn man die Todesstrafe überhaupt beibehält, so sehe ich für diesen weitergehenden Ausschluß keinen genügenden Grund, insbesondere dann nicht, wenn, wie hier vorgeschlagen, die Todesstrafe nicht absolut angedroht wird, so daß die Möglichkeit gegeben ist, bei diesen Personen im jugendlichen Alter eine nach Lage des Einzelfalles etwa anzunehmende geringere Schuld zu berücksichtigen.

Über den Vollzug der Todesstrafe enthält § 13 *DVE.* die dem § 13 StGB. entsprechende Bestimmung, daß die Todesstrafe durch Enthauptung zu vollstrecken ist. Über die Art der Enthauptung ist im *DVE.* keine Bestimmung getroffen. Es würde also bei den landesgesetzlichen Vorschriften bleiben. Danach aber ist die Art der Hinrichtung nicht nur in den einzelnen Bundesstaaten,

---

[1]) Vgl. den Aufsatz des Reichsgerichtsrats Galli im „Recht" vom 25. Januar 1910.

sondern auch innerhalb Preußens in den einzelnen Provinzen eine verschiedene. Sie erfolgt in Hannover durch das Fallschwert, in der Rheinprovinz durch das Fallbeil, in den übrigen preußischen Provinzen durch das Beil; in den meisten anderen Bundesstaaten wird das Fallbeil zur Vollstreckung benutzt, in einigen findet sich Fallschwert oder Beil in Gebrauch. Eine Beibehaltung dieser Verschiedenheiten erscheint durch nichts gerechtfertigt und eine einheitliche reichsgesetzliche Regelung durchaus geboten. Bei dieser Regelung wäre diejenige Hinrichtungsart vorzuschreiben, welche für eine rasche und sichere Vollstreckung die größte Gewähr bietet, und das dürfte wohl das Fallbeil sein. Jedenfalls entspricht das im größten Teile Preußens zur Enthauptung gebrauchte Beil modernen Anschauungen am wenigsten. Der *OVE.* (§ 18) behält die dort bisher gebräuchliche Vollzugsart der Todesstrafe mit dem Strange bei.

II. Die Freiheitsstrafen.

a) Allgemeine Bemerkungen.

Die Freiheitsstrafe bildet den Mittelpunkt und eigentlichen Kern des gesamten Strafensystems. Das soll auch nach dem *DVE.* so bleiben. Zwar sucht er durch die anderweitige Regelung der Geldstrafe (§§ 30 ff.), durch die Verwendung des Verweises als allgemeinen Strafmittels (§ 37) und durch die Einführung der bedingten Strafaussetzung (§§ 38 ff.) auf eine Verminderung der Freiheitsstrafen hinzuwirken, aber auch im günstigsten Falle kann davon nur erwartet werden, daß bei leichteren Straffällen die Anwendung von Freiheitsstrafen erheblich zurückgehen wird. Für schwerere Straffälle wird die Freiheitsstrafe, abgesehen von der ja nur sehr beschränkt in Frage kommenden Todesstrafe, die alleinige, und für mittlere Straffälle die weitaus vorwiegende Strafe bleiben. Und auch bei den leichteren Straffällen wird sie bei der Vermögenslosigkeit vieler Übeltäter jedenfalls nicht ganz entbehrt werden können.

So entsteht denn bei diesem großen Anwendungsgebiete der Freiheitsstrafen die wichtige Frage, ob verschiedene Arten von Freiheitsstrafen unterschieden werden sollen und wie viele.

Das geltende RStGB. unterscheidet bekanntlich fünf Freiheitsstrafen: 1. Zuchthaus, 2. Gefängnis, 3. Festungshaft, 4. Haft und 5. qualifizierte Haft. Der *DVE.* will nicht übernehmen: die Festungshaft, die mit der einfachen Haft verschmolzen werden soll, und die qualifizierte Haft, deren Anwendungsfälle zwischen einfacher Haft und Gefängnis aufgeteilt werden. Aber es würde eine unrichtige Vorstellung hervorrufen, wenn man danach sagen wollte, daß der *DVE.* nur drei Arten von Freiheitsstrafen kenne. Zunächst steht selbständig neben der gewöhnlichen Zuchthausstrafe die im § 89 für gewerbs- und gewohnheitsmäßige Verbrecher bestimmte Zuchthausstrafe: sie soll in besonderen, für diese Verbrecherklasse ausschließlich bestimmten Strafanstalten verbüßt werden, auf sie findet die im § 22 getroffene Bestimmung des Haftsystems keine Anwendung. Sodann führt § 42 für strafbare Handlungen, die auf Liederlichkeit oder Arbeitsscheu zurückzuführen sind, das Arbeitshaus ein, und zwar nicht nur als sichernde Maßnahme neben der Strafe, sondern auch an Stelle einer drei Monate nicht übersteigenden Strafe; damit wird das Arbeitshaus zu einer selbständigen Freiheitsstrafe. Und endlich ist zu beachten, daß im § 18 unter bestimmten Voraussetzungen Schärfungen der Zuchthaus- und Gefängnisstrafe zugelassen werden, wodurch zwei Grade dieser Strafen entstehen. Also es kann sicherlich nicht davon die Rede sein, daß der *DVE.* die Zahl der Arten von Freiheitsstrafen verringert.

Ich glaube, man wird — wie immer man sich auch zu den Vorschlägen des *DVE.* stellen mag — es billigen müssen, daß der Vorentwurf dem von manchen Seiten erhobenen Verlangen nach einer Vereinfachung der Freiheitsstrafen keine Folge gegeben hat. Wer auf dem Standpunkte steht, daß mit der Strafe verschiedene Zwecke verfolgt werden, und daß bei der Auswahl des Strafmittels auf die so sehr verschiedenartigen Verhältnisse des Einzelfalles Rücksicht zu nehmen ist, der müßte es als einen Rückschritt betrachten, wenn die Zahl der zur Auswahl stehenden Freiheitsstrafen verringert werden würde. Es muß die Möglichkeit bestehen, bei der Wahl der Strafe Rücksicht zu nehmen nicht nur auf die Schwere der Straftat, den äußeren Erfolg der strafbaren Handlung, sondern auch auf die Persönlichkeit des Täters und auf seine bei der Straftat hervorgetretene Gesinnung. Es geht schlechterdings nicht an, all diesen Momenten lediglich durch die mehr oder weniger lange Dauer der Freiheitsentziehung Rechnung zu tragen. Das Rechtsbewußtsein des Volkes würde verletzt werden, wenn man den schweren gemeinen Verbrecher mit derselben Strafart belegen und in derselben Anstalt seine Strafe verbüßen lassen wollte, wie denjenigen, der trotz seiner Straftat in der allgemeinen Achtung nichts eingebüßt hat. Und zwischen diesen beiden Extremen gibt es mannigfache Mittelstufen, die man gerechterweise weder in die eine noch in die andere Kategorie einordnen kann.

Natürlich besteht aber für die Bildung besonderer Arten von Freiheitsstrafen eine Grenze: nicht nur finanzielle Gründe verbieten es, die Zahl der verschiedenartigen Freiheitsstrafen zu hoch zu bemessen, weil jede Art einen besonderen Strafvollzug und damit erhöhte Kosten erfordern würde, sondern es ist auch die Schwierigkeit zu beachten, die einzelnen Strafarten so zu differenzieren, daß sie nicht nur einen verschiedenen Namen tragen, sondern auch in ihrem Wesen verschieden sind. Es kommt darauf an, die große Masse der Übeltäter in scharf voneinander abgegrenzte Kategorien zu verteilen, von denen eine jede wirklich ein besonders geartetes Strafübel verdient oder bei denen ein besonderer Strafzweck verfolgt wird. Und zwischen den so zu bildenden verschiedenen Arten von Freiheitsstrafen müssen klar erkennbare Unterscheidungsmerkmale bestehen.

Von diesem Gesichtspunkte aus ist es zunächst zu billigen, daß der *DVE.* die gewerbs- und gewohnheitsmäßigen Verbrecher heraushebt, für welche bei der Bestrafung der Sicherungszweck der Strafe der ausschlaggebende sein muß. Ob man das für diese Kategorie bestimmte Strafmittel Verwahrungsanstalt nennt, wie es der *SchVE.* in Art. 31 tut, oder ob man dafür, wie im *DVE.* (§ 89), den Namen Zuchthaus beibehält, halte ich für eine untergeordnete Frage. Wesentlich erscheint mir, daß auch der *DVE.* eine „Verwahrung“ in besonderen, ausschließlich für diese Kategorie bestimmten Strafanstalten anordnet, und zwar eine Verwahrung für längere Zeit, wobei die sonst für die Zuchthausstrafe getroffenen Strafvollzugsbestimmungen keine Anwendung finden. Es handelt sich also auch bei dem *DVE.* um ein besonderes Strafmittel, dessen Ausgestaltung nicht hier, sondern bei der Besprechung des Abschnittes 8 zu erörtern sein wird.

Der *DVE.* hebt sodann weiter die Kategorie derjenigen Übeltäter heraus, bei denen die strafbare Handlung auf Liederlichkeit oder Arbeitsscheu zurückzuführen ist, und bei denen es erforderlich erscheint, den Übeltäter wieder an ein gesetzmäßiges und arbeitsames Leben zu gewöhnen (§ 42). Das Gleiche tut der *SchVE.* im Art. 32, der für das hier anzuwendende Strafmittel den Ausdruck „Arbeitserziehungsanstalt“ gebraucht.

Sehen wir von diesen zwei Kategorien ab, bei denen die Kriterien für eine besondere Strafbehandlung in markanter Weise gegeben sind, so fragt es sich, wie die übrigbleibenden Übeltäter in Kategorien zu verteilen sind. Und hier muß nach meiner

Meinung in erster Linie die bei der Tat hervorgetretene Gesinnung das Unterscheidungsmerkmal abgeben, während erst in zweiter Linie der Erfolg der Tat, die objektive Schwere der Rechtsverletzung zu berücksichtigen ist. Für diejenigen, die aus ehrloser, gemeiner Gesinnung eine Straftat begangen haben, muß eine andere Art von Freiheitsstrafe bestehen, wie für diejenigen, welche die staatliche, durch die Normen des Strafgesetzes geschützte Rechtsordnung verletzt haben, ohne daß dabei ein Fehler, ein Mangel in der Gesinnung hervorgetreten ist. Hat die Strafe bei den ersteren das Ziel zu verfolgen, eine Umbildung des ganzen Charakters des Täters herbeizuführen, so gilt es bei den letzteren lediglich, dem Täter durch die Strafe die Autorität der Rechtsordnung in fühlbarer Weise zum Bewußtsein zu bringen. Und ist es für den Zweck der Umbildung des Charakters unbedingt erforderlich, den Täter für lange Zeit einer methodischen Zucht zu unterwerfen, so genügt für den letzteren Zweck eine einfache Freiheitsentziehung, deren Grenze nach unten an sich nicht beschränkt zu sein braucht. So heben sich diese beiden Kategorien nach dem Wesen und dem Zwecke der Strafe voneinander ab, und es muß auch möglich sein, in der Strafbehandlung hier scharfe Unterschiede zu bilden. Für die erste Kategorie wird man die Strafe zutreffend mit Zuchthaus bezeichnen, mit welcher Bezeichnung die Volksanschauung bei uns glücklicherweise noch immer den Begriff der Ehrlosigkeit verbindet. Die Strafe für die zweite Kategorie mag man Haft nennen, wenn man sich nicht des für mein Sprachgefühl bezeichnenderen Ausdrucks „Arrest“ bedienen will.

Nun gibt es aber eine große Zahl von Straftaten, die man in keine dieser beiden eben gekennzeichneten Kategorien hineinbringen kann, sei es, daß die Straftat zwar keine gemeine, ehrlose Gesinnung, aber doch immerhin eine in gewissem Grade verwerfliche oder tadelnswerte Gesinnung erkennen läßt, sei es, daß die Straftat eine so schwere Verletzung der Rechtsordnung enthält, daß man eine empfindlichere Strafe als die bloße Freiheitsentziehung für gerechtfertigt erachten muß. Für die sich so ergebende dritte Kategorie muß es eine besondere Freiheitsstrafe geben, für die sich die Bezeichnung Gefängnis durchaus eignet.

Dabei soll nicht verkannt werden, daß eine geeignete Differenzierung der Gefängnisstrafe von den beiden anderen Strafarten, insbesondere aber von der Zuchthausstrafe, Schwierigkeiten bietet. Gerade diese Schwierigkeiten und die durchaus unbefriedigende Art, wie die Differenzierung der drei in Frage kommenden Freiheitsstrafen heutigen Tags bei uns durchgeführt ist, hat die Forderung nach einer Vereinfachung des Freiheitsstrafensystems veranlaßt. Es erscheint deshalb angezeigt, hier vorweg die wünschenswerten Differenzierungspunkte wenigstens kurz aufzuführen. Nur die Frage, ob und eventuell wie eine Differenzierung in dem für die drei Freiheitsstrafen zu wählenden Haftsysteme wünschenswert ist, scheide ich hier aus. Sie bedarf einer eingehenden Erörterung, die ich dem späteren Unterabschnitte über den Strafvollzug vorbehalte.

Folgende Momente kommen für die Differenzierung von Zuchthaus, Gefängnis und Haft in Betracht:

1. Ehrenfolgen. Das RStR. verbindet zwar mit der Zuchthausstrafe eo ipso eintretende Ehrenfolgen (§ 31), läßt aber im übrigen den Verlust der bürgerlichen Ehrenrechte durch Urteilsspruch sowohl bei der Zuchthaus- wie bei der Gefängnisstrafe zu. Es gibt also einerseits Zuchthausstrafen ohne Verlust der bürgerlichen Ehrenrechte (nur in den Fällen der §§ 161, 181, 302d ist der Verlust obligatorisch) und andererseits bei zahlreichen Delikten Gefängnisstrafen mit Verlust der bürgerlichen Ehrenrechte. Diese Regelung widerspricht dem Volksbewußtsein, das, wie schon erwähnt, mit dem Zuchthaus den Begriff der Ehrlosigkeit verbindet, und sie ist geeignet, das Volksbewußtsein zu verwirren. Schon aus diesem Grunde müßte in dem künftigen Strafgesetzbuche eine Änderung vorgenommen werden. Leider aber läßt es der *DVE.* im wesentlichen bei dem bisherigen System. Ich halte das für unannehmbar. Indem ich hier bezüglich meiner eigenen Vorschläge auf die näheren Erörterungen in dem Unterabschnitte über die Ehrenstrafen verweise, fasse ich das Resultat kurz dahin zusammen: mit der Zuchthausstrafe ist stets Verlust der bürgerlichen Ehrenrechte zu verbinden, bei der Gefängnisstrafe kann nur auf Verlust einzelner bestimmter Rechte als Nebenstrafe erkannt werden. Auf diese Weise würde die jetzt fehlende reinliche Scheidung zwischen Zuchthaus und Gefängnis herbeigeführt werden. In denjenigen Fällen, in denen heute auf Gefängnis unter Verlust der bürgerlichen Ehrenrechte erkannt wird, wird wohl regelmäßig Zuchthaus die geeignete Strafe sein. Der Richter muß in der Lage sein, bei den wirklich schimpflichen Fällen stets auf Zuchthaus zu erkennen, andererseits aber da, wo nach der Besonderheit des einzelnen Falles die Aberkennung der bürgerlichen Ehrenrechte nicht angebracht erscheint, statt der Zuchthaus- die Gefängnisstrafe zu wählen. Inwieweit es notwendig ist, zu diesem Zwecke im *Bes. T.* die Zahl der Delikte zu vermehren, in denen Zuchthaus alternativ mit Gefängnis angedroht wird oder bei denen unter Annahme

mildernder Umstände statt Zuchthaus auf Gefängnis erkannt werden kann, muß bei den einzelnen Deliktstatbeständen erörtert werden. Ich möchte hier nur auf die Bestimmung des § 85 *DVE.* hinweisen: „Wo das Gesetz die Wahl zwischen Zuchthaus und einer anderen Freiheitsstrafe gestattet, darf auf Zuchthaus nur dann erkannt werden, wenn festgestellt wird, daß die Tat aus ehrloser Gesinnung hervorgegangen ist." Der gleiche Gesichtspunkt wird im Art. 54 des *SchVE.* folgendermaßen zum Ausdruck gebracht: „Hat der Richter die Wahl zwischen Zuchthaus und Gefängnis, so erkennt er auf Zuchthaus, wenn das Verbrechen eine gemeine Gesinnung oder einen schlechten Charakter des Täters bekundet."

2. Jede der drei Freiheitsstrafen ist in besonderen nur für diese Strafart bestimmten Anstalten zu vollziehen. Zunächst wird es auf das äußerste erschwert, den verschiedenartigen Inhalt der einzelnen Strafart im Strafvollzuge zur Durchführung zu bringen, wenn in derselben Anstalt, wie es heute vielfach der Fall ist, Zuchthaus und Gefängnis oder Gefängnis und Haft gleichzeitig verbüßt werden. In einer Strafanstalt kann in rationeller Weise nur ein einheitlicher Strafvollzug zur Ausführung gelangen. Es ist aber auch weiter durchaus zutreffend, wenn in der *VEBegr.* 64 gesagt wird: „Die Vollstreckung verschiedenartiger Freiheitsstrafen in einer Anstalt, wenn auch in verschiedenen Abteilungen derselben, ist geeignet, den Unterschied der Strafe für die Volksanschauung zu verwischen." Um jeder Strafart ihren besonderen Charakter in der Auffassung des Volkes zu wahren, ist eine scharfe, im Strafgesetze vorzuschreibende Trennung der drei Anstalten notwendig, denn — so heißt es ebenfalls in der *VEBegr.* 64 — „das Volk fragt erfahrungsgemäß nicht, welche Strafe jemand verbüßt, sondern wo er gesessen hat". Leider hat der *DVE.* die Konsequenz dieser Ausführungen in der Begründung nur bei der Zuchthausstrafe gezogen, die nach § 15 Abs. 1 in ausschließlich dazu bestimmten Strafanstalten vollstreckt wird, während eine gleiche Bestimmung bezüglich der Gefängnis- und Haftstrafe fehlt. Ja, im § 20 Abs. 1 wird die Vollstreckung von Gefängnis- und Haftstrafen in derselben Anstalt ausdrücklich zugelassen, nur mit der Einschränkung, daß die Vollstreckung in besonderen Abteilungen erfolgt, „so daß die Haftgefangenen mit Gefängnisgefangenen nicht in Berührung kommen". Wie es aber tatsächlich mit dieser Berührung trotz der Bildung besonderer Abteilungen steht, weiß jeder Praktiker. Er wird zugeben, daß diese Berührung besonders in kleinen Anstalten kaum zu vermeiden ist. Also, es muß im Strafgesetz ausdrücklich vorgeschrieben werden, daß jede der drei

Freiheitsstrafen in besonderen nur für diese Strafart bestimmten Anstalten vollzogen werden darf.

3. Die drei Freiheitsstrafen sind zu differenzieren nach Art und Maß der Arbeit: im Zuchthaus strenger Arbeitszwang und unbeschränkte Zulassung von Außenarbeit; im Gefängnis geringere Arbeitsleistung unter Berücksichtigung der Wünsche der Gefangenen, und Außenarbeit nur mit ihrer Zustimmung; bei der Haft Recht auf Selbstbeschäftigung. Den diesbezüglichen Vorschriften des *DVE.*, die unten noch näher besprochen werden, wird man im allgemeinen zustimmen können.

4. Der *DVE.* enthält ferner Abstufungen für die drei Arten der Freiheitsstrafe hinsichtlich der Selbstbekleidung und der Selbstbeköstigung sowie des Verkehrs mit der Außenwelt. Auf die Einzelheiten wird unten noch näher eingegangen werden; an dieser Stelle genügt der Hinweis, daß bei allen diesen Vergünstigungen Differenzierungen zwischen den Freiheitsstrafen sich aufstellen lassen, die dem Gefangenen recht wohl fühlbar sein werden. Das gleiche gilt bezüglich der Lektüre und des Maßes der Bewegung im Freien.

5. Eine weitere Differenzierung sollte bezüglich der Höhe der dem Gefangenen gewährten Arbeitsbelohnung vorgenommen werden.

6. Der Erwägung wert erscheint es mir auch, ob man nicht die drei Freiheitsstrafen bezüglich der bei ihnen zulässigen Disziplinarstrafen differenzieren könnte. Durch die Zulassung von Disziplinarstrafen erhält der Strafzwang ein recht wesentliches Gepräge, und es dürfte deshalb durchaus angebracht sein, die Disziplinarstrafen je nach der Art der Freiheitsstrafe verschieden zu gestalten. Es wird niemand im Zweifel sein, daß körperliche Züchtigung — wenn überhaupt — nur bei den zu Zuchthaus Verurteilten zulässig sein darf, daß Dunkelzelle und Fesselung bei Haftgefangenen unbedingt ausgeschlossen werden müssen. Aber auch bei den milderen Disziplinarstrafen, so bei der Entziehung von Vergünstigungen, erscheint eine Abstufung je nach der Art der Freiheitsstrafe gerechtfertigt. Die Materie darf nach meiner Meinung nicht wie bisher den Anstaltsreglements überlassen bleiben, sondern muß gesetzlich geregelt werden.

Das Vorstehende dürfte genügend klarstellen, daß es möglich ist, die drei Freiheitsstrafen zu wirklich verschiedenartigen Strafübeln auszugestalten. Diese Differenzierung ist unzweifelhaft im geltenden Rechte nicht befriedigend. Aufgabe des zukünftigen Strafrechts muß es sein, die Unterschiede zu vertiefen.

Vorbedingung ist dabei, wie hier nochmals betont werden soll, daß der Vollzug jeder der drei Strafarten von der anderen räumlich getrennt in besonderen ausschließlich für sie bestimmten Anstalten erfolgt.

Nun ist zum Zwecke der Differenzierung der drei Freiheitsstrafen noch ein anderer, hier zu besprechender Vorschlag gemacht worden. Man will die drei Arten je nach der zulässigen Dauer der Freiheitsentziehung differenzieren, so daß jeweilig das Minimum der schwereren Strafe da beginnt, wo das Maximum der jeweilig niedrigeren Strafe überschritten wird. Also z. B. Maximum der Haftstrafe bis zu sechs Wochen, Minimum der Gefängnisstrafe sechs Wochen, Maximum der Gefängnisstrafe bis zu zwei Jahren, Minimum der Zuchthausstrafe zwei Jahre. Der Vorschlag hat zweifellos etwas Bestechendes. Der Unterschied zwischen den drei Strafarten würde so ganz besonders anschaulich gemacht werden; schon aus der Dauer der Freiheitsentziehung könnte auf die Strafart geschlossen werden.

Die *VEBegr.* 57 hat den Vorschlag abgelehnt, weil dadurch das richterliche Ermessen in einem schwer erträglichen Maße eingeengt werden würde. Nach reiflicher Überlegung muß ich mich dieser Ablehnung anschließen. Eine derartige Festsetzung der Strafminima würde die Durchführung des oben aufgestellten Prinzips, daß jede der Freiheitsstrafen für eine scharf abgegrenzte Kategorie von Übeltätern bestimmt sein sollte, auf das äußerste erschweren, wenn nicht gar unmöglich machen. Man bedenke, daß nach der Kriminalstatistik für 1907 bei 51,2% aller in diesem Jahre erkannten Zuchthausstrafen die Dauer der Strafe weniger als zwei Jahre betrug; bei mehr als der Hälfte der zu Zuchthaus Verurteilten müßte also die Strafe wesentlich erhöht werden oder es müßte statt Zuchthaus auf Gefängnis erkannt werden. Nach den oben gemachten Ausführungen sollte aber in Zukunft die Wahl zwischen Zuchthaus und Gefängnis lediglich davon abhängen, ob in der Straftat eine gemeine ehrlose Gesinnung hervorgetreten ist. Wie soll dieser Grundsatz durchführbar sein, wenn der Richter gezwungen wird, in allen Fällen einer zuchthauswürdigen Tat die Strafe auf mindestens zwei Jahre zu bemessen? Bei der Gefängnisstrafe würde die Festsetzung des Strafmaximums nach obigem Vorschlage keine so großen Schwierigkeiten ergeben; denn im Jahre 1907 betrugen von allen gegen Erwachsene erkannten Gefängnisstrafen diejenigen von zwei Jahren und mehr nur 1,2%. Größere Schwierigkeiten dagegen würden mit einem Strafminimum von sechs Wochen Gefängnis verbunden sein. Die Begrenzung der Dauer der Haftstrafe bis zu sechs Wochen endlich würde es unmöglich machen, die bisherige

Festungshaft in der Haftstrafe aufgehen zu lassen. Und doch ist die Beseitigung der Festungshaft nicht nur wegen der Mängel, die bei ihrem Vollzuge — der in anormaler Weise den Militärbehörden überlassen ist — hervorgetreten sind, als Fortschritt zu begrüßen, sondern auch weil die Festungshaft nach den durchaus zutreffenden Ausführungen in der *VEBegr.* 54 als eine veraltete, in die heutigen Anschauungen nicht mehr hineinpassende Einrichtung angesehen werden muß. Es würde ferner bei einer derartigen Begrenzung der Haftdauer nicht möglich sein, diese Freiheitsstrafe zu einem allgemeinen, neben den anderen Freiheitsstrafen bestehenden Strafmittel zu machen, auf das in allen denjenigen Fällen erkannt werden soll, wo in der Begehung der Straftat ein Mangel in der Gesinnung nicht hervorgetreten ist und einfache Freiheitsentziehung als ausreichendes Strafübel erscheint. Man sieht, dem Vorschlage stehen die schwersten Bedenken entgegen, und man wird auch für die Zukunft das zeitliche Übergreifen der verschiedenen Arten der Freiheitsstrafen als unvermeidlich hinnehmen müssen.

Ebenso undurchführbar erscheint mir ein anderer Vorschlag, nämlich der, die Strafminima bei den Freiheitsstrafen ganz zu beseitigen. Dieser Vorschlag geht von dem Gedanken aus, daß durch die Strafminima der Richter behindert werde, der Individualität des Einzelfalles immer gerecht zu werden; es könnten immer Fälle vorkommen, wo nach den besonderen Umständen die Minimalstrafe zu hart erscheinen würde. Aber diesem Übelstande wird schon durch die Bestimmung des § 83 des *DVE.* in ausreichendem Maße abgeholfen; er gibt dem Richter für besonders leichte Fälle ein allgemeines Strafmilderungsrecht, so daß der Richter in der Lage ist, statt der auf das Delikt angedrohten Strafart auf eine mildere Strafe zu erkennen. Das ist völlig ausreichend.

Im übrigen aber muß daran festgehalten werden, daß, wo das Gesetz für eine Freiheitsstrafe ein Strafminimum festsetzt, der eigentliche Grund dafür darin liegt, daß ein erfolgversprechender rationeller Strafvollzug gerade dieses Strafübels unterhalb der Zeitgrenze für nicht möglich erachtet wird. Ich habe oben schon ausgeführt, daß bei der Zuchthausstrafe die Strafzeit von einer längeren Dauer sein muß, weil es sich darum handelt, durch eine methodische Zucht eine Umbildung des Charakters des Täters herbeizuführen. Wenn der *DVE.* die untere Grenze hier auf 1 Jahr bemißt, so ist dies sicherlich nicht zu lang, wenn überhaupt ein Erfolg erwartet werden soll[1]). Bei der Gefängnis-

[1]) Auch im *SchVE.* ist die Mindestdauer der Zuchthausstrafe auf ein Jahr und im *OVE.* die Mindestdauer der Kerkerstrafe ebenfalls auf ein Jahr bestimmt.

und Haftstrafe setzt der *DVE.* die Mindestdauer gleichmäßig auf einen Tag fest. Ich halte dies nicht für richtig. Bei der Haftstrafe, bei der es sich um einfache Freiheitsentziehung handelt, mag dies noch gehen. Bei der Gefängnisstrafe dagegen, die eine ernstere Strafe sein soll, ist eine Erhöhung der Mindestdauer unbedingt geboten. Wie soll sich ein Tag Gefängnis im Vollzuge von einer gleich langen Haftstrafe unterscheiden? Es ist ausgeschlossen, bei einer so kurzen Strafdauer den Gefangenen in angemessener Weise zu beschäftigen oder irgendwelche Einwirkung auf ihn auszuüben. Man bedenke auch noch folgendes: nach den oben gemachten Ausführungen ist zu fordern, daß die Gefängnisstrafe in besonderen, für diese Strafart bestimmten Anstalten verbüßt werden soll. Solche Anstalten können natürlich nicht bei jedem Amtsgericht errichtet werden. Wie soll nun bei einer Gefängnisstrafe von einem Tag der Transport in diese Anstalten bewirkt werden? Die Notwendigkeit einer Erhöhung der Mindestdauer der Gefängnisstrafe ist somit schon vom vollzugstechnischen Standpunkte aus gar nicht von der Hand zu weisen.

Weiter ist hier noch der Vorschlag zu erwähnen, nach amerikanischen Vorbildern die Dauer der Freiheitsstrafe überhaupt nicht durch den Richter, sondern auf Grund des Ergebnisses des Strafvollzuges durch eine besondere Behörde bestimmen zu lassen. Diese sogenannte unbestimmte Verurteilung wird von der *VEBegr.* 90ff. mit aller Entschiedenheit abgelehnt. Dem kann man nur beipflichten. Mit Recht wird in der Begründung ausgeführt, daß eine solche Einrichtung „das Vertrauen in die Strafrechtspflege erschüttern, das Ansehen der Gerichte mindern und die mit dem Strafvollzug betrauten Verwaltungsbehörden mit einer Aufgabe belasten würde, zu deren einwandfreier Lösung sie nicht imstande sind.“ Die von den Befürwortern der unbestimmten Verurteilung aufgestellte Behauptung, daß die Schuld des Angeklagten bei einer nachträglichen Entscheidung über die Zeitdauer der Freiheitsstrafe richtiger festgestellt werden könne, als es bei Erlaß des Strafurteils der Fall sei, halte ich nicht für richtig. Ich befürchte vielmehr, daß dann das Maß der Strafe überwiegend durch das Verhalten des Verurteilten in der Strafanstalt bestimmt werden würde. Dem Gedanken aber, durch die nachträgliche Bemessung der Strafdauer es dem Gefangenen zum Bewußtsein zu bringen, daß die Strafzeit sich je nach seinem Verhalten verkürzen oder verlängern kann, daß somit sein Schicksal in seine eigene Hand gelegt ist, dürfte richtiger durch geeignete Ausgestaltung des Instituts der vorläufigen Entlassung Rechnung zu tragen sein.

Zum Schlusse sei hier noch darauf hingewiesen, daß der *DVE.*, von dem richtigen Gedanken ausgehend, daß die verschiedenen Freiheitsstrafen ihren Inhalt erst durch die Art des Vollzuges erhalten, in viel weitergehendem Maße als das RStGB. Bestimmungen über die Art und Weise der Vollstreckung der Freiheitsstrafen enthält. Diese Bestimmungen, welche das Wesen des dem Gefangenen auferlegten Strafübels umgrenzen sollen, werden bei den einzelnen Freiheitsstrafen besprochen werden. Nur möchte ich schon hier hervorheben, daß die in der Einleitung zur Begr. XI ausgesprochene Ansicht, durch diese Bestimmungen könne allenfalls ein besonderes Strafvollzugsgesetz entbehrt werden, nach meiner Meinung eine irrige ist.

Nach diesen allgemeinen Bemerkungen sollen die einzelnen Bestimmungen über die Freiheitsstrafen, soweit sie in dem Abschnitte 2 des *Allg. T.* des *DVE.* enthalten sind, nach der Legalordnung besprochen werden.

b) Zuchthaus.

§ 14 des *DVE.* gibt wörtlich die Bestimmungen des § 14 RStGB. wieder.

Zuchthaus auf Lebenszeit — dieser Ausdruck sollte statt der sprachlich unschönen Bezeichnung „lebenslängliches Zuchthaus" gebraucht werden — wird beibehalten. Dies erscheint auch als Übergangsstufe von der Todesstrafe zu der zeitigen Freiheitsstrafe notwendig. Das Anwendungsgebiet hat dadurch eine Erweiterung erfahren, daß auf Zuchthaus auf Lebenszeit nach § 212 bei Mord unter Annahme mildernder Umstände und ferner bei todeswürdigen Verbrechen vermindert Zurechnungsfähiger, bei denen die Todesstrafe ausgeschlossen ist, als Ersatz für die Todesstrafe erkannt werden kann (§ 63 Abs. 2). Endlich ändert der *DVE.* die bisherige Bestimmung, daß bei Versuch eines todeswürdigen Verbrechens — dabei kann nur Mord in Betracht kommen — auf zeitige Zuchthausstrafe zu erkennen ist, dahin, daß hier auch zu Zuchthaus auf Lebenszeit verurteilt werden kann (§ 76 Abs. 2). Ob diese Verschärfung gerechtfertigt ist, wird bei der Besprechung der Bestimmungen über den Versuch zu behandeln sein.

Für die zeitige Zuchthausstrafe wird die bisherige Mindestdauer von 1 Jahr und die bisherige Höchstdauer von 15 Jahren beibehalten. Ich halte beides für gerechtfertigt. Was die Mindestdauer betrifft, so verweise ich auf das schon oben Ausgeführte. Für die Bemessung der Höchstdauer müssen die gutachtlichen Äußerungen der bei Aufstellung des Entwurfs eines Strafgesetzes für den Norddeutschen Bund gehörten Fachmänner (Anlage 4 zu den Motiven) noch heute für maßgebend erachtet werden. Von einer längeren Dauer der Zuchthausstrafe sind ernstliche Schädigungen für Geist und Körper der Sträflinge zu befürchten. Auch der *SchVE.* Art. 28 hat die Mindestdauer auf 1 Jahr und die Höchstdauer auf 15 Jahre bemessen, während der *OVE.* für die dort an die Stelle von Zuchthaus tretende Kerkerstrafe zwar das Mindestmaß ebenfalls auf 1 Jahr bemißt, als Höchstmaß aber 20 Jahre bestimmt.

Das Anwendungsgebiet der zeitigen Zuchthausstrafe soll dadurch eine erhebliche Erweiterung erfahren, daß bei gewerbs- und gewohnheitsmäßigen Verbrechern unter den im § 89 gemachten Voraussetzungen stets auf Zuchthaus zu erkennen ist, also auch da, wo für die betreffende Straftat sonst eine geringere Strafe angedroht ist. Von dem Standpunkte aus, den ich oben für die Unterscheidung zwischen Zuchthaus und anderen Freiheitsstrafen aufgestellt habe, erscheint dies gerechtfertigt; denn die gewerbs- und gewohnheitsmäßige Begehung von Straftaten wird immer als ein Symptom einer gemeinen ehrlosen Gesinnung angesehen werden können.

Dagegen ist der vielfach gemachte Vorschlag, jeden mit Zuchthaus Vorbestraften wegen einer innerhalb bestimmter Frist begangenen neuen Straftat immer nur mit Zuchthaus zu bestrafen, in der *VEBegr.* 58/59 mit Recht abgelehnt worden. Es können dafür in der Tat nur vollzugstechnische Gründe geltend gemacht werden, während eine derartige Bestimmung dem Charakter der Zuchthausstrafe in dem Volksbewußtsein durchaus widersprechen würde.

§ 15 enthält Bestimmungen über den Vollzug der Zuchthausstrafe. Sie sind entsprechend der schon erwähnten Tendenz des *DVE.* eingehender als die im § 15 des RStGB. gegebenen.

Absatz 1 schreibt ausdrücklich die räumliche Trennung des Zuchthauses von jeder anderen Strafanstalt vor. Diese Vorschrift ist, wie oben des Näheren ausgeführt wurde, als eine große Verbesserung zu begrüßen. Ihre Durchführung wird in den größeren Bundesstaaten kaum Schwierigkeiten machen. Anders in den kleineren Bundesstaaten, die sich wohl überhaupt zur Beschaffung der nach dem zukünftigen Strafgesetzbuche erforderlichen baulichen Einrichtungen werden vereinen müssen. Das wird um so mehr notwendig sein, als § 89 Abs. 3 zur Verbüßung der gegen gewerbs- und gewohnheitsmäßige Verbrecher erkannten Zuchthausstrafe wiederum besondere, ausschließlich für diese bestimmte Strafanstalten vorschreibt, so daß also zwei Arten von Zuchthäusern bestehen werden, die räumlich ganz voneinander getrennt sein müssen. Für diese Trennung läßt sich anführen, daß es sich bei den gewerbs- und gewohnheitsmäßigen Verbrechern um eine Klasse von Menschen handelt, die aller Voraussicht nach für die menschliche Gesellschaft verloren sind und bei denen es in erster Linie darauf ankommt, die Allgemeinheit vor ihnen zu sichern. Die Anstalten werden hier den Charakter von Verwahrungs- und Sicherungsanstalten haben müssen. Bei den übrigen zu Zuchthaus Verurteilten dagegen soll eine Umbildung des Charakters erstrebt werden; es soll versucht werden, sie durch methodische Zucht, durch Gewöhnung an Arbeit und Ordnung zu brauchbaren Gliedern der menschlichen Gesellschaft zu machen. Dazu sind besondere Strafvollzugseinrichtungen notwendig, während es gerechtfertigt erscheint, in den Verwahrungsanstalten für gewerbs- und gewohnheitsmäßige Verbrecher von kostspieligen Strafvollzugsmitteln abzusehen und den Strafvollzug möglichst einfach und billig zu gestalten. Die Verwahrungsanstalten dürften entfernt von größeren Wohnplätzen auf dem Lande zu errichten sein, wo sich Gelegenheit zu einer für die Allgemeinheit nutzbringenden Beschäftigung mit Landeskulturarbeiten bietet. Es könnte in Frage kommen, ob die zu Zuchthaus auf Lebenszeit Verurteilten[1]) nicht besser auch in diesen Verwahrungsanstalten unterzubringen wären als in den gewöhnlichen Zuchthäusern, weil die in letzteren geltenden Strafvollzugsvorschriften doch unvermeidlich für die auf Lebenszeit Verurteilten mancherlei Modifikationen erfahren müßten.

Abs. 2 des § 15 bringt schärfer, als es in der bisherigen Gesetzesbestimmung geschehen, zum Ausdruck, daß, dem schweren Charakter der Zuchthausstrafe entsprechend, die Verurteilten zu angestrengter, reichlich bemessener Arbeit anzuhalten sind; sie „unterliegen strengem Arbeitszwange". Dabei ist wie bisher Außenarbeit ohne weiteres zugelassen. Die im § 15 Abs. 2 RStGB. enthaltene Bestimmung, daß bei der Außenarbeit die Sträflinge von anderen freien Arbeitern getrennt gehalten werden müssen, ist im *DVE.* fortgelassen worden. Die Bestimmung dürfte wohl als selbstverständlich angesehen werden können und jedenfalls nicht in ein Strafgesetz, sondern nur in ein Strafvollzugsgesetz gehören. Wenn der *DVE.* im Abs. 2 des § 15 dann weiter bestimmt, daß die Zucht-

---

[1]) Es dürfte sich dabei auch in Zukunft nur um eine kleine Zahl handeln. In den Jahren 1905, 1906 und 1907 wurden in Deutschland nur je zehn Personen zu Zuchthaus auf Lebenszeit verurteilt.

hausssträflinge — statt dieser unschönen weitläufigen Bezeichnung sollte als terminus technicus der einfache Ausdruck „Sträfling“ gebraucht werden — stets Anstaltskleidung tragen und durchweg Anstaltskost erhalten sollen, so dürften dagegen Einwendungen nicht zu erheben sein. Es hätte noch hinzugefügt werden können, daß den männlichen Sträflingen das Haar kurz zu scheren und der Bart abzunehmen ist.

Abs. 3 enthält die sehr allgemeine Bestimmung: „Ein Verkehr mit außerhalb der Anstalt stehenden Personen ist nur in engen Grenzen gestattet.“ Damit ist nicht viel anzufangen. Was der Ausdruck „enge Grenzen“ bedeuten soll, würde dem subjektiven Ermessen der Anstaltsvorsteher überlassen bleiben. Wenn die Bestimmung Wert haben soll, müßte genau bestimmt werden, in welcher Frist die Sträflinge Besuche erhalten, Briefe absenden und in Empfang nehmen dürfen. Solche ins einzelne gehende Vorschriften gehören aber besser in das Strafvollzugsgesetz, wo auch Lektüre, Bewegung im Freien usw. zu ordnen wären. Mindestens ebenso wichtig wie die Regelung des Verkehrs mit der Außenwelt — dieser Ausdruck dürfte dem schwerfälligen Ausdrucke „Verkehr mit außerhalb der Anstalt stehenden Personen“ vorzuziehen sein — ist die Frage der Arbeitsbelohnung, wobei es sich nicht nur um die Höhe der Belohnung, sondern auch um ihre Verwendung, insbesondere zur Beschaffung von Nahrungs- und Genußmitteln, handelt. Auch hierüber würden in dem Strafvollzugsgesetze genauere Vorschriften zu treffen sein.

c) Gefängnis.

Der *DVE.* behält im § 16 die zeitigen Grenzen der Gefängnisstrafe, wie sie im § 16 Abs. 1 RStGB. bestimmt sind, bei: Mindestbetrag ein Tag, Höchstbetrag fünf Jahre. Der *SchVE.* (Art. 25) bestimmt die kürzeste Dauer auf acht Tage, die längste auf zwei Jahre und läßt nur in einigen gesetzlich besonders vorgesehenen Fällen eine Dauer bis zu fünf Jahren zu. Der *OVE.* (§ 20) setzt als Mindestdauer drei Tage fest, die Höchstdauer ist hier, ebenso wie bei der Kerkerstrafe, zwanzig Jahre.

Ich habe schon oben ausgeführt, daß die untere Grenze erhöht werden müßte, und ich halte eine Erhöhung auf acht Tage für das Mindeste, das gefordert werden muß. Bei einer Gefängnisstrafe von weniger als acht Tagen ist nach meiner Meinung ein wirklich ernster rationeller Strafvollzug, bei dem eine Unterscheidung von einer gleichlangen Haftstrafe tatsächlich zur Geltung kommt, nicht möglich. Für diejenigen Fälle, in denen eine Gefängnisstrafe von acht Tagen als zu hoch erscheint, ist eben — von den sonstigen Ersatzmitteln für kurzzeitige Freiheitsstrafen: Verweis, Geldstrafe, bedingte Strafaussetzung abgesehen — die Haftstrafe vorhanden. Ob man die Mindestdauer nicht auf 14 Tage bestimmen sollte, erscheint wohl der Erwägung wert.

Was die obere Grenze betrifft, so dürfte deren Bemessung davon abhängen, ob man sich den Ausführungen anschließt, die ich oben für die reinliche Scheidung der Kategorien von Übeltätern, die in das Zuchthaus gehören, einerseits und der zu Gefängnisstrafe zu verurteilenden andererseits aufgestellt habe. Tut man das, so erscheint eine Höchstdauer von zwei Jahren bei der Gefängnisstrafe nicht ausreichend, um auch die schweren, aber doch nicht für das Zuchthaus geeigneten Fälle treffen zu können. Von meinem Standpunkte halte ich die in dem *DVE.* aufgestellte obere Grenze von fünf Jahren für angemessen. Dabei ist noch darauf hinzuweisen, daß bei einem Zusammentreffen mehrerer strafbarer Handlungen diese obere Grenze überschritten werden darf. Nach § 74 Abs. 3 RStGB. betrug hier das Maximum zehn Jahre, nach § 91 *DVE.* soll es fünfzehn Jahre betragen.

§ 17 des *DVE.* gibt dann Bestimmungen über den Vollzug der Gefängnisstrafe. Hier sind mancherlei Einwendungen zu erheben.

Zunächst fehlt eine dem § 15 Abs. 1 entsprechende Vorschrift, daß diese Freiheitsstrafe in ausschließlich dazu bestimmten Anstalten zu vollstrecken ist. Eine solche Vorschrift ist aus den oben von mir dargelegten Gründen unbedingt zu fordern. Gegen ihre Durchführbarkeit bestehen auch keine ernsten Bedenken, vorausgesetzt, daß die untere Grenze der Gefängnisstrafe auf mindestens acht Tage bemessen wird. Man kann, wie ich schon ausgeführt habe, besondere Anstalten zur Verbüßung von Gefängnisstrafen nicht bei jedem Amtsgericht einrichten. Fallen aber Gefängnisstrafen unter acht oder noch besser unter vierzehn Tagen überhaupt fort, so kann bei unseren heutigen Verkehrsverhältnissen ein Transport der zu Gefängnis Verurteilten nach der etwas entfernter gelegenen Anstalt keine erheblichen Schwierigkeiten machen.

Abs. 1 des § 17 bestimmt über die Beschäftigung der „Gefängnisgefangenen“ (warum dieser schwerfällige Ausdruck? Die Bezeichnung „Gefangener“ sollte als terminus technicus für die zu Gefängnis Verurteilten gebraucht werden); sie sollen „unter Beschäftigungszwang“ stehen. Damit soll gegenüber dem „strengen Arbeitszwang“ im Abs. 2 des § 15 zum Ausdruck gebracht werden, daß von den Gefangenen eine geringere Arbeitsleistung zu verlangen ist, als von den Sträflingen. Eine feste Bestimmung der Arbeitszeit: für Gefangene weniger Stunden als für Sträflinge, würde dies wohl klarer machen. Bei der Art der Arbeit soll der Individualität des Gefangenen Rechnung getragen werden. Die Vorschrift des § 17: „Soweit es die Einrichtungen der Anstalt zulassen, sind ihnen solche Arbeiten zu übertragen, welche dem Beruf entsprechen, dem sie angehören, oder dem sie nach der Entlassung nachgehen wollen; bei Zuweisung der Arbeit sind ihre Wünsche zu berücksichtigen" ist etwas ausführlicher gehalten, als die Bestimmung im § 16 Abs. 2 RStGB., daß die Gefangenen auf eine ihren Fähigkeiten und Verhältnissen angemessene Weise beschäftigt werden und auf ihr Verlangen in dieser Weise zu beschäftigen sind. Im praktischen Resultate dürfte es auf dasselbe hinauskommen. Auch die Vorschrift, daß Außenarbeit nur mit Zustimmung des Gefangenen zulässig ist, entspricht dem bisherigen Rechte. Wenn es in der *VEBegr.* 66 heißt: „Unbenommen ist es selbstverständlich der Verwaltung, in besonderen Fällen dem Gefängnisgefangenen Selbstbeschäftigung zu gestatten", so halte ich dies durchaus nicht für selbstverständlich, ich bin vielmehr der Ansicht, daß Selbstbeschäftigung, falls sie überhaupt zugelassen werden soll, in gleicher Weise wie Selbstbeköstigung und Selbstbekleidung immer nur als Vergünstigung gewährt werden kann.

Selbstbeschäftigung, Selbstbeköstigung und Selbstbekleidung sind die drei charakteristischen Eigentümlichkeiten der Haftstrafe, die von dem *DVE.* als allgemeines Strafmittel eingeführt ist, während sie bisher nur die besondere Strafe für Übertretungen war. Wenn man nun diese drei Privilegien mehr oder weniger allgemein auch dem zu Gefängnis Verurteilten zugestehen wollte, so würde die Unterscheidung zwischen dem Strafmittel des Gefängnisses und dem der Haft verwischt werden. Das Zugeständnis kann deshalb überhaupt nur als Vergünstigung für besonders gelagerte Fälle in Frage kommen, und ich möchte bezweifeln, ob es sich selbst in dieser beschränkten Form rechtfertigen läßt. Jedenfalls aber wird durch ein derartiges Zugeständnis der Charakter der Strafe so wesentlich geändert, daß ich die Bewilligung dieser Privilegien nicht der Gefängnisverwaltung überlassen, sondern von richterlicher Entscheidung abhängig machen würde. Man könnte vielleicht daran denken, neben der gewöhnlichen Gefängnisstrafe auf diese Weise eine besondere mildere Art der Strafe zu schaffen. Es würde dies der englischen Einrichtung der first class misdemeanents entsprechen: der Richter ordnet hier im Strafurteil an daß der Verurteilte als first class misdemeanent zu behandeln sei, womit dann von selbst die Privilegien der Selbstbeschäftigung, der Selbstbeköstigung und Selbstbekleidung gegeben sind.[1]) Ob aber dafür neben der Haftstrafe des *DVE.* ein Bedürfnis anzuerkennen ist, erscheint mir recht zweifelhaft. Im *DVE.* ist die Haftstrafe bei einer großen Anzahl von Delikten neben der Gefängnisstrafe wahlweise angedroht oder unter der Annahme mildernder Umstände zugelassen. Daneben ist dem Richter auf Grund des § 83 die allgemeine Befugnis gegeben, in besonders leichten Fällen statt der angedrohten Gefängnisstrafe auf Haftstrafe zu erkennen. Ich möchte annehmen, daß damit der Richter in der Lage ist, durch Verurteilung zu einer Haftstrafe statt Gefängnis allen berücksichtigungswerten Fällen, wo Selbstbeschäftigung, Selbstbekleidung und Selbsbeköstigung gerechtfertigt erscheinen können, Rechnung zu tragen. Wie man aber auch darüber denken mag, unter allen Umständen muß auf das Entschiedenste dagegen Verwahrung eingelegt werden, daß die Gefängnisverwaltung die vom Richter zuerkannte Strafe durch Gewährung von Privilegien mildern darf, so daß tatsächlich eine ganz andere Strafe herauskommt. Der Strafvollzug muß auch in Deutschland endlich unter das Gesetz gestellt werden.

Dem hier dargelegten Standpunkte würde es entsprechen, wenn im § 17 Abs. 2 lediglich der erste Satz: „Die Gefangenen werden von der Anstalt gekleidet und beköstigt“ stehen bliebe, die beiden folgenden Sätze aber gestrichen würden. Diese lauten: „Wenn sie sich im Besitz der bürgerlichen Ehrenrechte befinden, ist ihnen der Gebrauch der eigenen Kleidung zu gestatten, wenn diese angemessen ist; auch kann ihnen aus besonderen Gründen Selbstbeköstigung bewilligt werden. Über Beschwerden entscheidet das Gericht.“ Also, Selbstbekleidung soll einer großen Klasse derjenigen als Recht gewährt werden, die zu Gefängnis verurteilt sind, ja, wenn man, wie ich es tue, den Verlust der bürgerlichen Ehrenrechte bei Gefängnisstrafe in Zukunft überhaupt nicht zulassen will, allen Gefangenen, die eine nach Auffassung der Gefängnisverwaltung angemessene eigene Kleidung besitzen, und Selbstbeköstigung kann von der Gefängnisverwaltung aus besonderen Gründen bewilligt werden. Unter den besonderen Gründen ist nicht etwa an einen schlechten Gesundheitszustand des Gefangenen gedacht — über eine Zulassung von Beköstigung aus eigenen Mitteln wegen dringender gesundheitlicher Rücksichten ließe sich reden —, sondern — diesen Fall hebt die Begr. 70 ausdrücklich

[1]) Vgl. Aschrott, Strafensystem und Gefängniswesen in England, Berlin 1887, S. 184—186.

hervor — an Personen, die „an eine bessere Lebenshaltung gewöhnt sind“, also eine Vergünstigung für den verwöhnten Vermögenden! Und wenn der *DVE.* gegen die Entscheidung der Gefängnisbehörde eine Beschwerde an das Gericht gibt, so wird diese nur bei einer Versagung der Vergünstigung eine Bedeutung haben, während es gerade wichtig erscheint, die Gewährung unter die Garantie unabhängiger richterlicher Entscheidung zu stellen.

Abs. 3 des § 17 endlich trifft über den Verkehr des Gefangenen mit der Außenwelt Bestimmungen, aber wiederum in so allgemeiner Form, daß sie bedeutungslos erscheinen. Der Verkehr soll „den durch die Ordnung in der Anstalt gebotenen Beschränkungen“ unterliegen. Daß Besuche nicht zu jeder Zeit zulässig sein können, ist doch selbstverständlich. Auch in jedem Krankenhause sind im Interesse der Ordnung im Betriebe für die Besucher besondere Tage und Stunden angesetzt. Darüber, wie häufig Besuche, und ebenso, wie häufig Korrespondenzen gestattet sein sollen, sagt die Bestimmung nichts.

d) Schärfungen der Zuchthaus- und Gefängnisstrafe.

Schon in dem im Jahre 1893 dem Reichstag zugegangenen Entwurfe zur Abänderung des RStGB. waren Strafschärfungen vorgeschlagen. Unser deutsches Militärstrafgesetzbuch kennt Verschärfungen der Arreststrafe. In vielen ausländischen Strafgesetzen, wie z. B. im neuen norwegischen Strafgesetzbuche, werden Strafschärfungen zugelassen. Im *OVE.* (§§ 61 und 62) werden sie ebenfalls vorgeschlagen. Es ist daher kaum gerechtfertigt, die Vorschläge des *DVE.* über die Strafschärfungen — so wie es vielfach in der Presse, aber auch in der Sitzung des Reichstags vom 20. Januar 1910 von einem Abgeordneten geschehen ist — einfach mit Redewendungen abzutun wie: die Bestimmungen enthielten einen „Rückfall in die Barbarei“, „der Richter solle zum Folterknecht erniedrigt werden“ u. a.

Bei unbefangener ruhiger Betrachtung wird man drei verschiedene Gesichtspunkte für die Strafschärfungen unterscheiden müssen: 1. Jede Freiheitsstrafe bringt eine Schädigung des Nationalvermögens mit sich. Es ist noch nicht gelungen und wird auch nicht gelingen, die Arbeitskräfte der Bestraften so auszunutzen, daß dadurch die Kosten des Gefängniswesens gedeckt werden. Dazu kommt, daß ein großer Teil der Bestraften in der Freiheit nicht nur sich selbst, sondern auch eine Familie ernährt, die, des Ernährers beraubt, vielfach der öffentlichen Unterstützung anheimfallen muß. Je länger aber eine Freiheitsstrafe dauert, um so größer ist der Verlust am Nationalvermögen. Deshalb ist es wohl der Erwägung wert, ob man nicht durch Verschärfung der Freiheitsstrafe ihre Zeitdauer einschränken kann, ja, ob nicht zuweilen eine verschärfte Strafe von kürzerer Dauer ein geeigneteres und wirksameres Strafmittel ist als eine langzeitige Strafe. 2. Es gibt unzweifelhaft eine Klasse von verkommenen Menschen, welche die Freiheitsstrafe als wirkliches Strafübel gar nicht empfinden. Sie sind zufrieden, in der Strafanstalt Unterkunft, Nahrung und Pflege zu finden. Das Ehrgefühl ist in ihnen völlig abgestumpft. Soll man hier nicht versuchen, durch Verschärfung des Strafvollzuges die Freiheitsstrafe für sie zu einem empfindsamen Strafübel zu machen? 3. Es gibt Straftaten, die von einer solchen Rohheit und Gemeinheit zeugen, daß das Volksbewußtsein mit einer einfachen Einsperrung des Täters nicht befriedigt ist, sondern eine Strafe fordert, die der Täter an seinem Körper fühlt. Man mag das nicht billigen; aber es ist doch die Frage, ob es nicht richtiger ist, dem Volksbewußtsein durch Zulassung von Strafschärfungen entgegenzukommen, als das Volksbewußtsein einfach zu ignorieren. Im letzteren Falle besteht die Gefahr, daß das Volk dazu übergeht, die geordneten Bahnen der Strafjustiz beiseite zu lassen und selbst Lynchjustiz zu üben.

Also es gibt Gründe genug für eine Verschärfung der Freiheitsstrafen. Die *VEBegr.* 82 beschränkt sich im wesentlichen auf die Hervorhebung des zu 2 angeführten Gesichtspunktes. Die Gegner der Verschärfungen andererseits wenden sich fast ausschließlich gegen den zu 3 angeführten Gesichtspunkt. Ihr Argument wird am besten durch den Ausspruch von Professor Goldschmidt (*Vergl. Darst. Allg. T.* IV. 366) gekennzeichnet, „daß man mit Einführung der Verschärfungen eine schiefe Ebene betritt, welche zur Prügelstrafe führt“. Ich glaube umgekehrt, daß man dem unzweifelhaft in weiten Kreisen unseres Volkes vorhandenen Drängen nach Einführung der Prügelstrafe am besten dadurch entgegenwirkt, daß man durch die Zulassung von Strafschärfungen den Freiheitsstrafen die für manche Fälle erforderliche nachdrückliche Strenge verleiht. Der zu 1 angeführte Gesichtspunkt ist auffallenderweise in den bisherigen Erörterungen der Vorschläge des *DVE.* gar nicht hervorgetreten, obwohl er bei den Verhandlungen der IKV. 1891 (Halle) und des Deutschen Juristentages 1895 (Bremen) eine große Rolle gespielt hat.

Gegenüber den Gründen für die Einführung von Strafschärfungen soll aber nicht verkannt werden, daß die praktische Durchführung der Strafschärfungen in der Tat große Schwierigkeiten bietet, und daß in dieser Richtung auch mancherlei Einwendungen gegen die Vorschläge des *DVE.* zu machen sind.

Abs. 1 des § 18 gibt die gesetzlichen Voraussetzungen für die Strafschärfung: „Zeugt die Tat von besonderer Rohheit, Bosheit oder Verworfenheit oder ist nach den Vorbestrafungen des Täters anzunehmen, daß der gewöhnliche Strafvollzug auf ihn nicht die erforderliche Wirkung ausüben werde, so kann das Gericht im Urteile Schärfungen der Zuchthaus- oder Gefängnisstrafe anordnen." Es ist also ganz in das freie Ermessen des Richters gestellt, ob er Strafschärfungen für angebracht hält. Die Zulassung der Strafschärfungen ist auch nicht auf bestimmte Delikte beschränkt und nicht an eine bestimmte Dauer der Freiheitsstrafe gebunden. Daß mit der Haftstrafe Strafschärfungen nicht verbunden werden können, ergibt sich aus dem Charakter der Strafe als einfacher Freiheitsentziehung. Daß bei Jugendlichen Strafschärfungen unzulässig sind (§ 69 Abs. 1), sei hier nur angemerkt und ist der Erörterung bei Abschnitt 4 des *DVE.* vorzubehalten.

Der *OVE.* bestimmt die gesetzliche Voraussetzung für Strafschärfungen im § 61 dahin: „Gefängnisstrafen bis zur Dauer von sechs Monaten können verschärft werden, wenn dem Täter besondere Rohheit, grober Eigennutz, Schamlosigkeit oder Arbeitsscheu zur Last fällt; wenn der Täter die Tat durch einen Unmündigen begangen, einen Jugendlichen angestiftet oder als Gehilfen verwendet hat; wenn der Täter die Tat begangen hat, um zu einer Freiheitsstrafe verurteilt zu werden; wenn der Täter wiederholt rückfällig ist." Der *OVE.* schließt also die Strafschärfungen bei Zuchthaus (Kerkerstrafe) überhaupt aus und ferner bei Gefängnisstrafen von mehr als sechs Monaten. Der Grund ist offenbar der, daß Strafen von längerer Dauer, insbesondere die Zuchthausstrafe, an sich genügend abschreckend wirken. Das ist aber nach meiner Meinung nicht zutreffend, und diese Argumentation berücksichtigt überhaupt nur den oben zu 2 angegebenen Gesichtspunkt. Es erscheint auch, wenn man die Strafschärfungen, wie es im *DVE.* und im *OVE.* geschehen ist, an eine besonders niedrige sittliche Qualifikation des Täters anknüpft, als eine Ungerechtigkeit, lediglich Gefängnisstrafen von kürzerer Dauer für schärfungsfähig zu erklären, nicht aber die schweren Fälle, wo auf Zuchthaus oder hohe Gefängnisstrafe erkannt ist. Was die Aufführung der Kategorien von Tätern, bei denen Strafschärfung zulässig sein soll, betrifft, so enthält der *OVE.* ja manches Beachtenswerte. Er geht aber in der Kasuistik zu weit. Nach meiner Meinung muß man hier überhaupt dem richterlichen Ermessen einen weiten Spielraum lassen.

Eine zu enge Beschränkung bringt die Gefahr mit sich, daß der Richter gerade da Strafschärfungen nicht anwenden kann, wo sie nach der konkreten Sachlage angebracht wären. Ich halte die Bestimmung des *DVE.*, soweit sie sich auf eine allgemeine Charakteristik der den Strafschärfungen unterliegenden Elemente beschränkt (besondere Rohheit, Bosheit oder Verworfenheit), für durchaus empfehlenswert, während mir der Satz „oder ist nach den Vorbestrafungen des Täters anzunehmen, daß der gewöhnliche Strafvollzug auf ihn nicht die erforderliche Wirkung ausüben werde" schon zu sehr spezialisiert ist. Derjenige, der am Anfang des Winters eine Spiegelscheibe einwirft, um sich für die kalten Tage Unterkunft im Gefängnis zu verschaffen, dürfte, wenn er noch nicht vorbestraft ist, nach dem *DVE.* kaum mit Strafschärfungen bedacht werden können. (Anders nach dem *OVE.*) Und doch wäre hier häufig eine kurze, aber scharfe Strafe am meisten angebracht. Ich würde den Satz so fassen: „oder ist von dem gewöhnlichen Strafvollzug eine genügende Abschreckung des Täters nicht zu erwarten." Es erscheint mir wünschenswert, das Moment der Abschreckung ausdrücklich in die Gesetzesvorschrift hineinzubringen; denn der ganzen Bestimmung liegt in erster Linie der Gedanke einer Verschärfung des Abschreckungszweckes der Strafe zugrunde.

Abs. 2 des § 18 behandelt dann den Inhalt der Strafschärfungen. „Die Schärfungen bestehen darin, daß der Verurteilte geminderte Kost oder eine harte Lagerstätte erhält. Sie können auch vereinigt angeordnet werden und kommen an jedem dritten Tage in Wegfall. Die Dauer der Schärfungen darf im Zusammenhang vier Wochen nicht übersteigen. Schärfungen dürfen bei Strafen bis zu drei Monaten nur einmal, bei Strafen bis zu sechs Monaten nur zweimal und bei längeren Strafen in jedem Jahr höchstens dreimal angeordnet werden. Der Zwischenraum zwischen zwei Schärfungen muß mindestens das Doppelte der Dauer der vorangegangenen Schärfung betragen." Der *DVE.* schlägt also nur zwei Arten von Strafschärfungen vor: geminderte Kost und harte Lagerstätte. Die häufig befürwortete Strafschärfung der Dunkelzelle wird nicht zugelassen. Ich glaube, man wird das billigen müssen. Die Unterbringung in einer Dunkelzelle, womit naturgemäß jede Beschäftigung des Gefangenen unterbrochen wird, eignet sich besser als Disziplinarstrafmittel wie als urteilsmäßige Strafschärfung. Dabei kommt auch in Betracht, daß die Unterbringung in einer Dunkelzelle recht wesentlich von dem Gesundheitszustande des Verurteilten abhängt, und daß deshalb bei richterlicher Festsetzung dieser Strafschärfung häufig Fälle vorkommen werden, in denen die erkannte Strafschärfung nicht ausgeführt werden kann. In gewissem Umfange treffen diese Einwendungen gegen die Dunkelzelle zweifellos auch bei den anderen Strafschärfungen zu, aber doch in sehr viel geringerem Grade: bei verminderter Kost und bei harter Lagerstätte wird die Arbeitskraft des Betroffenen zwar nicht selten vermindert werden, aber die Beschäftigung wird doch nicht ganz unterbrochen, und, wenn auch bei diesen Strafschärfungen die Ausführung einmal durch den Gesundheitszustand des Verurteilten unmöglich werden kann, so wird dies doch viel seltener der Fall sein als bei der Dunkelzelle. Es erscheint deshalb richtig, die Dunkelzelle nicht als Strafschärfung zu bestimmen, sondern für die Disziplinarbestrafung als hier besonders geeignetes und wirksames Mittel vorzubehalten, das man gerade bei den Elementen nicht gut wird entbehren können, bei denen das Gericht auf Strafschärfung erkannt hat.

Auch der *OVE.* hat die Dunkelzelle nicht als eine Art der Strafschärfung aufgenommen. Er hat im § 62 als Mittel zur Verschärfung einer Freiheitsstrafe hartes Lager und Fasten bei Brot und Wasser bestimmt. Wenn der *DVE.* statt dieses letzteren Schärfungsmittels allgemein Kostminderung zuläßt, so halte ich dies für richtig, weil dadurch neben dem Fasten bei Wasser und Brot auch geringere Kostschmälerungen, z. B. Entziehung der warmen Kost ganz oder teilweise, stattfinden können, die sich besonders mit Rücksicht auf den Gesundheitszustand des Verurteilten zuweilen empfehlen werden. Doch darf nicht, wie es die *VEBegr.* 88 will, über diese Abstufungen der Kostminderung die Anstaltsbehörde entscheiden, sondern die Bestimmung hierüber ist vom Richter ebenso zu treffen, wie er darüber zu entscheiden hat, ob die Strafe durch harte Lagerstätte oder durch Kostminderung oder durch beides zusammen verschärft werden soll. Der Anstaltsbehörde kann irgendwelche Bestimmung über die Ausführung der Strafschärfung nicht überlassen werden. Hat sie wegen des Gesundheitszustandes des Betreffenden auf Grund ärztlichen Gutachtens Bedenken gegen die Ausführung, so muß sie entsprechend der im Abs. 4 des § 18 getroffenen Vorschrift richterliche Entscheidung anrufen. Es dürfte sich empfehlen, jedem Zweifel nach dieser Richtung durch Aufnahme einer besonderen Vorschrift im § 18 vorzubeugen, etwa dahingehend: „Art, Dauer und Schärfe der Strafschärfungen bestimmt das Gericht“.

Gegen die Vorschrift des *DVE.* über die zulässige Dauer der einzelnen Strafschärfungen und über den Zwischenraum zwischen zwei Strafschärfungen dürften keine wesentlichen Einwendungen zu erheben sein. Dagegen ist es eine prinzipielle Frage, ob es richtig ist, die Strafschärfungen für die ganze Strafzeit ohne jede Einschränkung zuzulassen. Ich habe dagegen erhebliche Bedenken. Ich fürchte davon bei langzeitigen Freiheitsstrafen eine sich bis zur Strafentlassung ständig steigernde Erbitterung des Verurteilten, die schwerlich günstig auf sein Verhalten nach der Entlassung wirken wird. Und auch die Befürchtung schädlicher Folgen für den Gesundheitszustand ist bei jahrelang fortgesetzter Strafschärfung nicht von der Hand zu weisen. Das dürfte wohl auch der Grund für die Vorschrift in Abs. 3 des § 18 sein, wonach das Gericht, falls der Gefangene sich mindestens ein Jahr lang gut geführt hat, für die übrige Strafzeit die Schärfungen mildern oder aufheben kann. Allein diese Vorschrift geht mir nicht weit genug. Ich möchte die Strafschärfungen überhaupt nur während einer bestimmten Zeit, etwa sechs Monaten, zulassen. Das würde zur Folge haben, daß bei Strafen über sechs Monaten die Strafschärfungen nur während der ersten Periode der Strafzeit zulässig wären. Bei einer derartigen Regelung müßte der Abs. 3 des § 18 natürlich ganz wegfallen. Die erforderlichen Änderungen in den Abs. 1 und 2 ergeben sich von selbst.

Abs. 4 des § 18 bestimmt: „Geschärfte Zuchthaus- oder Gefängnisstrafe darf nur an demjenigen vollstreckt werden, der nach dem Gutachten des Anstaltsarztes seiner Gesundheit nach dazu fähig ist. An schwangeren oder nährenden Frauen darf sie nicht vollzogen werden. Erscheint die Vollstreckung hiernach nicht zulässig, so hat das Gericht hierüber zu entscheiden. Es kann dabei mit Rücksicht auf den Wegfall der Schärfung die Strafe in angemessener Weise erhöhen.“. Die hier getroffene Bestimmung ist in der Ausdrucksweise recht schwerfällig und läßt doch manches im Unklaren, z. B. was bis zur Entscheidung des Gerichts zu geschehen hat? wie zu verfahren ist, wenn der Gefangene nur vorübergehend unfähig zum Vollzuge der Strafschärfungen ist? und ob das Gericht auch statt der vom Arzte für bedenklich erachteten Strafschärfung eine andere mildere anordnen kann? Das letztere dürfte sich sehr empfehlen. Gegen die Zulässigkeit einer Erhöhung der Strafe mit Rücksicht auf den Wegfall der Strafschärfung habe ich große Bedenken. Wie soll das Wertverhältnis zwischen der erkannten verschärften Strafe und der gewöhnlichen Strafe bemessen werden? Wenn hierfür nicht gesetzlich ein Maßstab aufgestellt wird, was ich für schwer ausführbar halte, so müßte gegen die Entscheidung des Gerichtes über die Erhöhung der Strafe doch ein Rechtsmittel gegeben werden. Ich möchte glauben, daß man bei einem zu einer verschärften Strafe Verurteilten es ruhig bei dem gewöhnlichen Strafvollzuge belassen kann, wenn nach der Überzeugung, die das Gericht auf Grund ärztlicher Gutachten gewonnen hat, der Gesundheitszustand des Verurteilten ein so schlechter ist, daß er keinerlei Strafschärfungen verträgt. Dann trifft den Verurteilten auch der gewöhnliche Strafvollzug hart genug. Ich würde den Abs. 4 folgendermaßen fassen: „Wenn nach dem Gutachten des Anstaltsarztes die erkannte Strafschärfung mit dem Gesundheitszustande des Verurteilten nicht verträglich ist, so ist der Vollzug der Schärfung vorläufig auszusetzen und richterliche Entscheidung anzurufen. Das Gericht kann die Schärfung ändern oder mildern oder den Vollzug der Schärfung für bestimmte Zeit oder gänzlich aufheben.“

e) Haftstrafe.

Im *DVE.* ist der Haftstrafe ein erheblich weiteres Anwendungsgebiet gegeben, als sie nach dem RStGB. hat. Hier ist sie wesentlich Übertretungsstrafe, und nur bei einigen wenigen Vergehen (z. B. § 140 Nr. 2 und § 185) ist sie wahlweise neben anderen Strafen angedroht. Im *DVE.* soll sie zunächst, abgesehen von ihrer Anwendung bei Übertretungen, an die Stelle der beseitigten Festungshaft treten, worüber schon oben gesprochen ist. Sie wird ferner als leichteste Freiheitsstrafe bei einer großen Anzahl von Vergehen angedroht für solche Fälle, wo einfache Freiheitsentziehung als ausreichendes Strafübel erscheint. Auch dies Anwendungsgebiet ist bereits besprochen worden. Endlich soll sie ganz allgemein — abgesehen von dem Falle, wo auf Geldstrafe neben einer anderen Freiheitsstrafe erkannt worden ist, — die Ersatzstrafe für eine nicht beizutreibende Geldstrafe bilden, während nach dem RStGB. Haft regelmäßig nur bei Übertretungen an die Stelle einer nicht beizutreibenden Geldstrafe tritt.

Bei dem so stark erweiterten Anwendungsgebiete müssen naturgemäß die zeitlichen Grenzen für die Haftstrafe erheblich weiter gesteckt werden. Es geschieht dies im § 19.

Haftstrafe wird auf Lebenszeit („lebenslänglich“) zugelassen. Ich kann mich von einer Notwendigkeit hierfür nicht überzeugen. Das einzige Delikt, bei dem Haftstrafe auf Lebenszeit im *DVE.* angedroht ist, ist der Hochverrat des § 101. Hier wird lebenslängliche Haftstrafe wahlweise neben lebenslänglicher Zuchthausstrafe angedroht, zugleich aber bei Vorhandensein mildernder Umstände zeitige Zuchthaus- oder Haftstrafe nicht unter fünf Jahren zugelassen. Nun kann ich mir wirklich kaum einen Fall des Hochverrates denken, wo einerseits Zuchthausstrafe nicht angebracht sein dürfte, andrerseits die höchste zeitige Haftstrafe (15 Jahre) nicht genügen sollte. In denjenigen Fällen, in denen nicht auf Zuchthaus erkannt wird, dürfte der Täter nach einer 15jährigen Internierung schwerlich mehr eine Gefahr für das Gemeinwesen bilden. Es bestehen ja überhaupt gegen Freiheitsstrafen auf Lebenszeit schwere Bedenken. Doch wird Zuchthausstrafe auf Lebenszeit als Übergang von der Todesstrafe zu zeitiger Freiheitsstrafe nicht zu entbehren sein; Haftstrafe auf Lebenszeit halte ich dagegen für durchaus überflüssig. Die Deutsche Kriminalstatistik führt auch in den bisher erschienenen 26 Jahrgängen keinen einzigen Fall an, wo tatsächlich auf lebenslängliche Festungshaft erkannt worden wäre.

Die zeitige Haftstrafe soll da, wo Haftstrafe wahlweise neben Zuchthaus oder bei mildernden Umständen an Stelle von Zuchthaus angedroht ist, höchstens 15 Jahre, im übrigen 3 Jahre betragen. Wenn § 19 Abs. 2 dabei den Vorbehalt macht, daß über diese regelmäßige Höchstdauer von 3 Jahren hinausgegangen werden kann, soweit das Gesetz dies ausdrücklich bestimmt, so finde ich für diesen Vorbehalt keinen ausreichenden Grund. Soweit ich es übersehen .kann, sind die Delikte, bei denen der *DVE.* im *Bes. T.* Haftstrafe über 3 Jahre zuläßt, durchweg solche, für welche bisher Festungshaft angedroht war. Soweit hier in einem Einzelfalle eine Haftstrafe von drei Jahren nicht ausreichen sollte, dürfte überhaupt Gefängnisstrafe angebracht sein; der *DVE.* hat ja durchaus zutreffend statt der bisherigen Festungshaft für die schwereren Delikte wahlweise Haft oder Gefängnisstrafe angedroht (z. B. § 221 bei Tötung im Zweikampfe).

Also, es genügt, die Maximaldauer der Haftstrafe auf drei Jahre festzusetzen und davon nur für diejenigen Delikte eine Ausnahme zu machen, wo die Haft neben oder anstelle von Zuchthaus angedroht ist. Das letztere ist ausschließlich bei sog. politischen Delikten der Fall. Die Zahl der Verurteilten, für welche Haftstrafe statt der bisherigen Festungshaft in Frage kommen würde, dürfte übrigens nur eine sehr kleine sein. Im Durchschnitte der 25 Jahre 1882—1906 wurden in Deutschland jährlich nur 141 Personen zu Festungshaft verurteilt, darunter 84 wegen Zweikampfes. Im Jahre 1907 wurden 149 Personen zu Festungshaft verurteilt, darunter 86 wegen Zweikampfes. Diese geringe Zahl der zu Festungshaft Verurteilten ist auch ein beachtenswertes Moment für die Beseitigung dieses besonderen Strafmittels und seine Verschmelzung mit anderen Freiheitsstrafen.

Daß auch das in sich widerspruchsvolle Gebilde der qualifizierten Haft (§ 363 RStGB.) von dem *DVE.* beseitigt ist, wird durchaus zu billigen sein. Trotz des Namens Haftstrafe ist dieses Strafmittel bei der unbedingten Zulassung von Außenarbeit tatsächlich eine Zwischenstufe zwischen Gefängnis und Zuchthaus. Für die dabei in Frage kommenden Delikte ist in dem *DVE.* neben der Haftstrafe wahlweise Gefängnis angedroht, außerdem kommt für diese Übeltäter die Arbeitshausstrafe in Betracht.

Gegen die Bestimmung des Mindestbetrages der Haft auf einen Tag habe ich mit Rücksicht darauf, daß die Haft die leichteste Freiheitsstrafe sein und in einfacher Freitheitsentziehung bestehen soll, keine Einwendungen zu erheben. Auch der *OVE.* hat die Mindestdauer auf einen Tag bestimmt (§ 21), der *SchVE.* allerdings auf drei Tage (Art. 238).

Die längste Dauer ist im *OVE.* auf fünf Jahre, im *SchVE.* auf drei Monate bemessen, wobei aber in Betracht zu ziehen ist, daß der *SchVE.* Haft außer bei Übertretungen nur in einem Fall statt Gefängnis zuläßt, nämlich bei Annahme mildernder Umstände für Personen zwischen 18 und 20 Jahren (Art. 13 Nr. 3).

§ 20 des *DVE.* gibt Bestimmungen über den Vollzug der Haftstrafe. „Die Haftstrafe besteht in Freiheitsentziehung mit Beaufsichtigung der Beschäftigung und Lebensweise." Was unter „Beaufsichtigung der Beschäftigung" zu verstehen ist, wird im Abs. 2 dahin erläutert: „Ihnen ist gestattet, sich mit angemessener Arbeit zu beschäftigen. Soweit dies nicht geschieht, sind sie zur Leistung der ihnen zugewiesenen Arbeiten, die ihrem Beruf oder ihrer Lebensstellung entsprechen müssen, verpflichtet; doch ist von ihnen eine geringere Arbeitsleistung zu fordern, als von Gefängnisgefangenen." Damit wird man durchaus einverstanden sein können und höchstens, um jeden Zweifel auszuschließen, noch den Zusatz wünschen: „Mit Außenarbeit dürfen Haftgefangene niemals beschäftigt werden."

Es ist zu billigen, daß auch bei Haftgefangenen Beschäftigung ausdrücklich vorgeschrieben ist; denn arbeiten ist jedes Menschen Pflicht, und es würde ganz ungerechtfertigt sein, wenn man einem Verurteilten gestatten würde, seine Zeit mit Nichtstun zu verbringen, während er in der Freiheit sein Brot durch seine Arbeit verdienen muß. Bekanntlich gibt das RStGB. nur bei der qualifizierten Haft die Vorschrift, daß die Verurteilten zur Arbeit angehalten werden können, während die gewöhnliche Haft nur in einfacher Freiheitsentziehung bestehen soll (§ 18 Abs. 2) und hier die Zuweisung einer Beschäftigung von dem Einverständnis des Verurteilten abhängig ist. Das Erfordern einer Arbeitsleistung ist also als ein

Fortschritt anzusehen. Dabei entspricht es dem Charakter der Haftstrafe, daß Arbeit in der mildesten Form gefordert wird. In erster Linie Selbstbeschäftigung; nur, falls sich ein Haftgefangener nicht in angemessener Weise selbst beschäftigt, soll ihm eine Arbeit zugewiesen werden, wobei aber auf alle berechtigten Wünsche, insbesondere auf die Lebensstellung und den Beruf, Rücksicht zu nehmen ist.

Auch die Vorschrift im Abs. 2, daß Haftgefangene sich selbst kleiden und beköstigen dürfen, entspricht dem Charakter der Haftstrafe. Natürlich ist auch hier eine gewisse Beschränkung erforderlich. Die Selbstbeköstigung muß sich innerhalb der durch den Strafzweck gebotenen Grenzen halten, und es muß verhindert werden, daß Gegenstände, vor allem Getränke, deren Genuß in der Anstalt verboten ist, eingeschmuggelt werden. Das Nähere hierüber hätte das Strafvollzugsgesetz zu bestimmen. Ebenso ist natürlich bei Gebrauch der eigenen Kleidung darauf zu achten, daß diese eine angemessene ist. Alles dieses liegt im Rahmen der „Beaufsichtigung der Lebensweise“.

Nicht zu vermeiden ist es allerdings hierbei, daß die Lage desjenigen, der nicht das Geld besitzt, sich selbst zu beköstigen, desjenigen, der mit schmutzigen abgerissenen Kleidern in die Anstalt kommt, desjenigen, der nicht imstande ist, sich in angemessener Weise zu beschäftigen, eine andere sein wird, als die des besser Gestellten. Derartige Ungleichmäßigkeiten entsprechen aber nur dem auch in der Freiheit vorhandenen Zustande, und man kann dem Verurteilten kein Recht darauf geben, infolge seiner Verurteilung besser gestellt zu werden, als er es in der Freiheit ist. Freilich wird sich, wo die Verhältnisse so liegen, die Haftstrafe in ihrem Vollzuge der Gefängnisstrafe annähern; einige Unterschiede bleiben natürlich bestehen, z. B. nach ausdrücklicher Vorschrift das geringere Maß der geforderten Arbeitsleistung.

Gerade auch mit Rücksicht hierauf rechtfertigt sich die schon oben aufgestellte Forderung, daß die Haftstrafe in besonderen Anstalten verbüßt wird, um so in erkennbarer Weise diese Strafe von den anderen Freiheitsstrafen zu unterscheiden und ihr ihren besonderen Charakter zu wahren. Ich habe oben schon den durchaus zutreffenden Ausspruch der *VEBegr.* 64 angeführt, daß das Volk erfahrungsgemäß nicht fragt, welche Strafe jemand verbüßt, sondern wo er gesessen hat. Statt des Satzes im § 20 Abs. 1: „Sie wird in besonderen Anstalten oder Abteilungen vollstreckt, so daß die Haftgefangenen mit den Gefängnisgefangenen nicht in Berührung kommen“ müßte deshalb gesagt werden: „Die Haftstrafe wird in ausschließlich dazu bestimmten Anstalten vollstreckt." Praktisch dürfte sich die Sache unschwer so gestalten lassen, daß in Zukunft die Amtsgerichtsgefängnisse — abgesehen von der Unterbringung von Untersuchungsgefangenen, soweit für diese nicht in den größeren Städten besondere Baulichkeiten vorhanden sind, — ausschließlich für Haftgefangene bestimmt werden, Gefängnisstrafen also in ihnen überhaupt nicht verbüßt werden dürfen, und daß weiter für Haftstrafen von längerer Dauer besondere Anstalten errichtet werden. Das letztere wird sich bei dem großen Anwendungsgebiet, das der Haftstrafe im *DVE.* gegeben ist, und da auf Haftstrafe bis zur Dauer von 15 Jahren erkannt werden kann, gar nicht vermeiden lassen.

f) Bestimmungen über den Vollzug der Freiheitsstrafen.

Die *VEBegr.* 62 spricht sich ausdrücklich dahin aus, daß es Aufgabe des Strafgesetzes sei, Bestimmungen über die Art und Weise der Vollstreckung der Freiheitsstrafen zu treffen; das geltende StGB. sei dieser Aufgabe nur ungenügend gerecht geworden, so daß „dieselbe gesetzliche Strafe in den verschiedenen Teilen Deutschlands infolge des verschiedenartigen Strafvollzugs ein Strafübel von ungleicher Art und Schwere ist." Nach dieser Erkenntnis sollte man erwarten, daß die Materie im *DVE.* grundsätzlich fest geregelt würde. Aber ich habe schon bei den bisherigen Erörterungen hervorheben müssen, daß die Bestimmungen, die der *DVE.* über die Vollstreckung bei den einzelnen Arten der Freiheitsstrafen trifft, zumeist so allgemein gehalten sind, daß mit ihnen überhaupt wenig anzufangen ist (z. B. hinsichtlich des Verkehrs mit der Außenwelt, hinsichtlich der Selbstbeschäftigung, Selbstbeköstigung, Selbstbekleidung), und daß andere für die Umgrenzung des Wesens des Strafübels notwendige Bestimmungen (z. B. über Disziplinarstrafen, Arbeitsbelohnung usw.) überhaupt fehlen. Und auch die in den jetzt zu besprechenden §§ 21—23 enthaltenen weiteren Vorschriften, die insbesondere das Vollzugssystem betreffen, sind so gehalten, daß die *VEBegr.* 77 selbst anerkennen muß, daß damit „ein festes in sich geschlossenes Strafvollzugssystem" nicht aufgestellt wird. Wie aber verträgt es sich mit diesem Zugeständnisse, wenn es an einer anderen Stelle der *VEBegr.* (Einleitung XI) heißt, daß „allenfalls ein besonderes Strafvollzugsgesetz entbehrt und das weitere der Verwaltung überlassen werden kann"? Nein! Wer bisher noch nicht von der Notwendigkeit eines deutschen Strafvollzuggesetzes überzeugt war, der muß aus den Ausführungen in der *VEBegr.*, die solche Widersprüche zeigen, die Überzeugung gewinnen, daß der im *DVE.* unternommene Versuch, die erforderliche gesetzliche Regelung des Strafvollzuges im Strafgesetze vorzunehmen, ein Versuch mit untauglichen Mitteln ist.

Ein Strafvollzugsgesetz gehört zu den dringendsten Voraussetzungen einer wirklichen Reform unserer Strafjustiz; nur durch ein Reichsgesetz über den Strafvollzug kann die Rechtseinheit auf diesem Gebiete zur Wahrheit werden. Und wenn die Verfasser der *VEBegr.* auf die Schwierigkeiten hinweisen, die sich einem besonderen Strafvollzugsgesetze bisher immer entgegengestellt hätten, so sind diese Schwierigkeiten sicherlich vorhanden, aber sie müssen überwunden werden. Die Hauptschwierigkeit besteht — das muß ausdrücklich betont werden — in Preußen mit seinem Dualismus in der Gefängnisverwaltung. Ehe nicht in dem größten Bundesstaate die Gefängnisverwaltung einheitlich geordnet und unter eine einheitliche Spitze gestellt ist, kann an ein Strafvollzugsgesetz für das Deutsche Reich nicht gedacht werden. Abgesehen davon, daß die schönsten Bestimmungen ihren Zweck nicht erfüllen werden, wenn nicht ihre Ausführung durch eine geeignete einheitliche Organisation der Verwaltung sichergestellt ist, kommt hier auch der leidige Kostenpunkt in Betracht. Jede Reform, wie immer sie im einzelnen gestaltet ist, wird Geld kosten, und da gilt es zu sparen, wo zu sparen ist. Ist es aber gerechtfertigt, daß für die Herren Zuchthäusler, die ihre Strafe in Preußen in den dem Ministerium des Innern unterstehenden Strafanstalten verbüßen, immer neue modern eingerichtete Anstalten errichtet worden sind, während die kleinen unter dem Justizministerium stehenden Gefängnisse, in denen viele noch nicht vorbestrafte Personen ihre Strafen für menschlich entschuldbare Vergehen verbüßen, in ihren Einrichtungen häufig auch nicht den primitivsten Anforderungen eines modernen Strafvollzugs entsprechen? Ist es gerechtfertigt, wenn sich Anstalten für die auf lange Zeit verurteilten Zuchthäusler vielfach im Mittelpunkte großer Städte befinden (ich weise z. B. nur auf die Strafanstalt Moabit hin), wo das Terrain so teuer ist, daß man durch einen Verkauf sich mit Leichtigkeit die Mittel für eine ganze Anzahl neuer Anstalten verschaffen könnte?

Was alles in einem Strafvollzugsgesetz zu ordnen wäre, kann natürlich im Rahmen dieser Arbeit nicht erörtert werden. Ich habe mich darüber früher an anderen Stellen (vgl. ZStW. VIII 1—50 u. XVIII 384—400) ausgelassen. Ich muß mich hier darauf beschränken, zu den Bestimmungen des *DVE.* Stellung zu nehmen, wobei es mir nur angezeigt erschien, diese kurzen allgemeinen Bemerkungen vorauszuschicken.

Wenn § 21 *DVE.* vorschreibt, daß männliche Gefangene von

weiblichen, jugendliche von erwachsenen vollständig abzusondern sind, so ist das eine Vorschrift, die man eigentlich in einem Kulturstaate für überflüssig halten sollte. Wenn weiter gesagt wird, daß Gefangene, die nicht im Besitze der bürgerlichen Ehrenrechte sind, von den übrigen Gefangenen „tunlichst" abgesondert werden sollen, so gehört das zu den oben von mir charakterisierten Bestimmungen, die wegen der Unbestimmtheit ihrer Fassung nur von geringer Bedeutung sind. Da nach der hier vertretenen Auffassung der Verlust der bürgerlichen Ehrenrechte mit Zuchthausstrafe immer, dagegen mit Gefängnisstrafe nie zu verbinden ist, so erübrigt sich hier ein weiteres Eingehen auf diese Bestimmung. Bemerken will ich noch, daß im § 21 die Vorschriften über Trennung der Gefangenen nicht erschöpfend enthalten sind, sondern daß dazu noch die Bestimmungen über die Vollstreckung von Freiheitsstrafen bei vermindert Zurechnungsfähigen im § 63 Abs. 3 und bei Jugendlichen im § 70 hinzuzunehmen sind.

§ 22 *DVE.* bestimmt über das Haftsystem: bei Gefängnisstrafen bis zu drei Monaten Einzelhaft, bei längeren Gefängnisstrafen zunächst drei Monate Einzelhaft, dann Gemeinschaftshaft; bei Zuchthausstrafen zunächst sechs Monate Einzelhaft, dann Gemeinschaftshaft. Letzteres gilt, wie schon früher bemerkt, nicht bei den als gewerbs- und gewohnheitsmäßigen Verbrechern zu Zuchthaus Verurteilten (§ 89 Abs. 3). (Irgendwelche Bestimmung über das bei diesen anzuwendende Vollzugsystem ist im *DVE.* nicht getroffen.) Bezüglich der Haftgefangenen beschränkt sich § 22 auf die Anordnung, daß sie in Einzelhaft zu nehmen sind, wenn von ihnen ein schädlicher Einfluß auf Mitgefangene zu besorgen oder wenn aus anderen Gründen ihre Absonderung angemessen ist. Abgesehen von diesen Ausnahmefällen sollen, wie in der *VEBegr.* 74 ausdrücklich hervorgehoben ist, Haftgefangene in Gemeinschaftshaft untergebracht werden.

Bei Besprechung dieser Bestimmungen möchte ich vorausschicken, daß ich durchaus kein Fanatiker der Einzelhaft bin. Nach meiner Überzeugung haben beide Haftsysteme ihre Licht- und ihre Schattenseiten. Der Vorzug der Einzelhaft ist zunächst ein negativer: die gegenseitige Verschlechterung der Gefangenen wird verhindert; und sodann ein positiver: in der Einzelhaft wird sich der Gefangene am ehesten über das Maß seiner Verschuldung klar werden, er kann am leichtesten zur Reue über die Vergangenheit und zu guten Vorsätzen für die Zukunft umgestimmt werden. Diesen Vorzügen steht als Hauptnachteil gegenüber, daß die Einzelhaft bei längerer Dauer leicht Körper und Geist des Gefangenen schädigen kann, und daß der künstliche Abschluß von denjenigen Kreisen, in die er nach seiner Entlassung zurücktritt, besonders bei dem weniger gebildeten Gefangenen das Wiedereinleben in die bürgerlichen Verhältnisse erschwert. Demgegenüber hat die Gemeinschaftshaft den Vorteil, daß sie nicht nur an sich weniger kostspielig ist, sondern daß auch bei ihr die Arbeitskräfte des Gefangenen besser ausgenutzt werden können, daß zugleich bei geeigneter Beschäftigung die gesundheitlichen Nachteile der Einzelhaft fortfallen und daß ferner bei den Gefangenen die Selbstbeherrschung und Widerstandsfähigkeit gegen Versuchungen gestärkt und besonders bei schwereren Verbrechern und bei längeren Freiheitsstrafen der erfolgreiche Wiedereintritt in die bürgerliche Gesellschaft besser vorbereitet und mehr gesichert wird.

Diesem hier in aller Kürze wiedergegebenen Standpunkte entspricht es durchaus, daß im *DVE.* für die zu Zuchthaus oder längerer Gefängnisstrafe Verurteilten Einzelhaft und daran anschließend Gemeinschaftshaft vorgeschrieben ist. Nur mit den Zeitbemessungen für die beiden Haftarten stimme ich nicht ganz überein.

Bei den zu Zuchthaus Verurteilten, bei denen es sich um eine totale Umbildung des Charakters handelt, ist nach meiner Meinung auf die Gemeinschaftshaft der Hauptwert zu legen. Hier soll der Sträfling an volle Ausnutzung seiner Arbeitskraft und an Arbeitsamkeit gewöhnt und seine Willenskraft erhöht werden. Ich halte es deshalb, besonders wenn die Mindestdauer der Zuchthausstrafe auf nur ein Jahr bestimmt wird, für richtiger, die Einzelhaft, die ja nur eine Vorbereitung auf die Gemeinschaftshaft sein soll, hier auf drei Monate zu beschränken.

Umgekehrt würde ich erst bei den zu einer Gefängnisstrafe über sechs Monate Verurteilten Gemeinschaftshaft eintreten lassen. Bei den zu kürzeren Gefängnisstrafen Verurteilten dürfte das abschreckende Moment beim Strafvollzuge in die erste Linie zu stellen sein: es gilt, dem Gefangenen in energischer Weise ein Halt in seiner bisherigen Lebensführung zuzurufen. In der Einzelhaft aber wird der Wille des Gefangenen am energischsten zur Unterwerfung gebracht. Irgendwelcher Nachteil ist von einer sechsmonatlichen Dauer der Einzelhaft nicht zu besorgen; andererseits ist keinerlei Vorteil davon zu erwarten, daß der Gefangene nach drei Monaten Einzelhaft noch einige Monate in Gemeinschaftshaft gehalten wird. Erst wenn die Gefängnisstrafe mehr als sechs Monate beträgt, ist zu befürchten, daß die Strafe bei ausschließlicher Verbüßung in Einzelhaft ihre innere sittliche Reaktion auf den Charakter des Gefangenen verliert und daß dieser sich an die Einförmigkeit der Vollstreckung gewöhnt. Auch wird es bei den zu längeren Gefängnisstrafen Verurteilten angebracht sein, neben dem abschreckenden Momente beim Strafvollzug die Besserung des Gefangenen — ich verstehe darunter die bürgerliche Besserung, die Erhöhung des Sinnes für Arbeitsamkeit und Ordnung, die Unterwerfung unter die Gebote der Rechtsordnung — ins Auge zu fassen, und dafür wird die Gemeinschaftshaft Vorteile bieten. Bei den zu mehr als sechs Monaten Gefängnis Verurteilten würde ich es deshalb dabei belassen, daß der Verurteilte die ersten drei Monate in Einzelhaft, dann in Gemeinschaftshaft zu halten ist.

Allerdings setze ich hier, wie überhaupt, voraus, daß die Gefangenen während der Nacht in Schlafzellen getrennt gehalten werden. Wenn Abs. 4 des § 22 nur „möglichste“ Trennung während der Nacht vorschreibt, so ist das Wort „möglichst“ unbedingt zu streichen. Von einer Zusammenlegung von Gefangenen während der Nacht können Vorteile nicht erwartet werden, wohl aber sind große Gefahren zu besorgen.

Völlig verfehlt halte ich die im *DVE.* vorgeschlagene Regelung bei der Haftstrafe. Haft soll die leichteste, in einfacher Freiheitsentziehung bestehende Strafe sein. Sie muß deshalb von allen irgendwie den Gefangenen benachteiligenden Nebenwirkungen frei gehalten werden. Wie kann man da als regelmäßige Verbüßung die Gemeinschaftshaft vorschlagen? Wenn die *VEBegr.* 74 dies damit rechtfertigt, daß es sich in der Regel um Personen handelt, deren Zusammensein keine sittlichen Gefahren mit sich bringt, „gleiche Elemente finden sich auch außerhalb der Anstalt bei der Arbeit und im Verkehr täglich zusammen“, so wird dabei gar nicht berücksichtigt, daß die Haftstrafe nicht nur wie bisher für Übertretungen angedroht ist, daß sie nicht nur die Festungshaft ersetzen soll, daß sie auch die Ersatzstrafe für uneinbringliche Geldstrafen bilden und für solche Straftaten bestimmt sein soll, wo die Gefängnisstrafe wegen des Makels, der dem dazu Verurteilten immer anhaftet, nicht angebracht erscheint. Kann man auch nur einen Moment ernstlich glauben, daß der politische Verbrecher, der Duellant derselben Gesellschaftsschicht angehört wie der Arme, der eine ihm auferlegte Geldstrafe nicht zahlen kann? Läßt sich der Unterschied übersehen, der zwischen dem wegen eines Fahrlässigkeitsdeliktes Bestraften und demjenigen besteht, der sich einer so groben Übertretung schuldig gemacht hat, daß der Richter nicht Geld-, sondern Freiheitsstrafe für angebracht hält? Will man für diese disparaten Klassen wirklich eine einheitliche Freiheitsstrafe schaffen, so ist dies nur bei Verbüßung in Einzelhaft möglich.

Dabei will ich von den Schwierigkeiten ganz absehen, welche die Durchführung der Selbstbeschäftigung und der Selbstbeköstigung bei Gemeinschaftshaft machen würde. Soll derjenige, der sich selbst mit einer wissenschaftlichen Arbeit beschäftigt, in demselben Raume sitzen wie derjenige, dem das Ausbessern von Stiefeln als Arbeit zugewiesen ist? Soll derjenige, der wegen Armut seine Geldstrafe nicht hat zahlen können, es mit ansehen, wie ein anderer, der ebenfalls Haftstrafe verbüßt, es sich bei der auf eigene Kosten beschafften Mahlzeit wohl sein läßt? Bei einer solchen Regelung würde viel mehr und mit viel größerem Rechte über Klassenprivilegien geklagt werden, als es bei der jetzigen Festungshaft, die der *DVE.* doch gerade wegen ihres Klassencharakters beseitigen will, je der Fall gewesen ist.

Gegen die Vollstreckung der Haftstrafe in Einzelhaft kann auch keine Einwendung daraus hergeleitet werden, daß diese Strafe sich auf eine Dauer von drei Jahren und zuweilen sogar darüber hinaus erstrecken kann. Zunächst ist ihre Höchstdauer bei Übertretungen gesetzlich auf drei Monate bestimmt, und als Ersatzstrafe für eine uneinbringliche Geldstrafe dürfte sie ebenfalls selten diese Zeitdauer überschreiten. Ich glaube ferner nicht, daß sie sonst, außer etwa bei politischen Verbrechern und Duellanten, häufig über eine Zeitdauer von sechs Monaten hinausgehen wird. In den relativ seltenen Fällen aber, wo die Haftstrafe diese Zeitdauer überschreiten wird, dürften die Selbstbeschäftigung, die Selbstbeköstigung und die sonst bei der Haft zuzulassenden Vergünstigungen (Besuch, Lektüre) den im allgemeinen bei einer längeren Dauer der Einzelhaft zu befürchtenden Schäden in geeigneter Weise entgegenwirken. Dies um so mehr, als es sich dabei wohl durchweg um Personen aus den gebildeten Klassen handeln wird.

Also mein Vorschlag würde dahin gehen: ausschließlich Einzelhaft bei Haftstrafen und bei Gefängnisstrafen bis zu sechs Monaten; dagegen bei längeren Gefängnisstrafen und bei Zuchthaus die ersten drei Monate in Einzelhaft, dann Gemeinschaftshaft.

Bemerkt sei hierbei, daß auch der *SchVE.* ausdrücklich die Vollstreckung der Haftstrafe in Einzelhaft anordnet (Art. 238) und den Vollzug der Zuchthaus- und Gefängnisstrafen dahin regelt: die ersten drei Monate in Einzelhaft, dann Gemeinschaftshaft. Der *OVE.* enthält über das Haftsystem nichts, dagegen ist in den später — im November 1909 — erschienenen österreichischen Vorentwürfen „zu den Gesetzen, welche das Strafprozeßrecht abändern“, im XXIX. Hauptstück eine ausführliche Strafvollzugsordnung gegeben. Ich hebe daraus hier nur hervor, daß bei Erwachsenen (d. h. hier Personen, die das zwanzigste Lebensjahr vollendet haben) Strafen bis zu drei Monaten stets in Einzelhaft vollstreckt werden sollen und daß bei längeren Freiheitsstrafen, falls der Verurteilte noch keine erhebliche Vorstrafe erlitten hat, die Einzelhaft bis zu zwei Jahren dauern soll, wobei aber für den Vollzug von Kerkerstrafen und von Gefängnisstrafen von einem Jahre und mehr ein Progressivsystem mit stufenweiser Milderung des Strafzwanges angeordnet ist.

Von der allgemeinen Regelung des Haftsystems müssen natürlich für Ausnahmefälle Abweichungen zugelassen werden. Einerseits muß Einzelhaft da ausgeschlossen sein, wo davon eine Gefahr für den körperlichen oder geistigen Zustand zu befürchten ist, andererseits muß es möglich sein, einen Gefangenen erforderlichenfalls länger in Einzelhaft zu behalten oder aus der Gemeinschaftshaft wieder in die Einzelhaft zurückzuversetzen. Der *DVE.* enthält diesbezügliche Bestimmungen in den Absätzen 2 und 3 des § 22, gegen die ich aber einzuwenden habe, daß die Entscheidung über solche Ausnahmen hier ohne weiteres der Anstaltsbehörde überlassen wird. Ich bin der Ansicht, daß man so einschneidende Maßregeln, wie vor allem die Verlängerung der Einzelhaft bis zur Dauer von drei Jahren — nur bei Überschreitung dieser Zeitdauer soll die Zustimmung des Gefangenen erforderlich sein —, von der Entscheidung einer Aufsichtsbehörde abhängig machen muß, in der auch das richterliche Element vertreten sein sollte. Die Einrichtung einer ständigen Strafvollzugskommission bei jeder Strafanstalt, wie sie in den §§ 550ff. des eben erwähnten Österreichischen Vorentwurfs vorgeschlagen ist, erscheint mir dabei sehr beachtenswert. Sie soll aus dem Gerichtspräsidenten, dem Staatsanwalte, einem Arzte und einem Mitgliede eines Fürsorgevereins bestehen. Ich halte es bei einer gesetzlichen Regelung des Strafvollzuges für unbedingt erforderlich, dem richterlichen Elemente einen Einfluß auf die Strafvollstreckung, insbesondere aber auf die Zulassung von Ausnahmen von den gesetzlichen Vorschriften einzuräumen.

Würde eine solche Strafvollzugskommission bestehen, so könnte auch die durchaus nicht unbedenkliche Bestimmung des *DVE.* in Fortfall kommen, daß die Erstreckung der Einzelhaft auf länger als drei Jahre nur mit Zustimmung des Gefangenen erfolgen kann. Ich glaube grundsätzlich, daß es sich mit einer gesetzlichen Regelung des Strafvollzuges schlecht verträgt, die Zustimmung und die Wünsche des Gefangenen für die Gestaltung des Strafvollzuges maßgebend sein zu lassen. Ich bin deshalb auch für die Streichung des Abs. 5 des § 22, der bestimmt: „Das Verlangen eines Gefangenen, in Einzelhaft gehalten zu werden, ist tunlichst zu berücksichtigen.“ Wenn ein Gefangener berechtigte Gründe dafür hat, daß bei ihm eine Ausnahme von dem gesetzlich geregelten Strafvollzug gemacht werde, so mag er sie bei der Strafvollzugskommission vorbringen. Aber es geht mir zu weit, seinem bloßen Verlangen gesetzlich die tunlichste Berücksichtigung zuzusichern.

Da der *DVE.* es vermeidet, „tiefer in den eigentlichen Strafvollzug einzugreifen“ (*VEBegr.* 77), so bestimmt § 23: „Soweit das Gesetz keine Vorschriften enthält, bestimmen das Nähere über die Einrichtung der Strafanstalten und die Behandlung der Gefangenen die vom Bundesrat zu erlassenden Ausführungsvorschriften und die Verwaltungsvorschriften der einzelnen Bundesstaaten; doch muß die Behandlung der Zuchthaussträflinge eine strengere sein als die der Gefängnisgefangenen und die der Gefängnisgefangenen eine strengere als die der Haftgefangenen.“ Welche Grenze dabei zwischen den Ausführungsvorschriften des Bundesrates und den Verwaltungsvorschriften der Bundesstaaten bestehen soll, wird nicht gesagt und in der *VEBegr.* mit keinem Worte erörtert. Ich fürchte, es wird auch hier, falls nicht von Reichs wegen ein Strafvollzugsgesetz erlassen wird, ziemlich alles beim alten bleiben. Wie die durch Bundesratsbeschluß vom 28. Oktober 1897 erlassenen „Grundsätze, welche bei dem Vollzug gerichtlich erkannter Freiheitsstrafen bis zu weiterer gemeinsamer Regelung zur Anwendung kommen“, überall mit Einschränkungen, wie „nach Möglichkeit“, „soweit tunlich“, „der Regel nach“ usw., arbeiten, so wird es auch bei den Ausführungsvorschriften der Fall sein. Gerade in einem Bundesstaate aber ist eine gesetzliche Regelung des Strafvollzuges ganz besonders wichtig.

Man täusche sich darüber nicht: auf dasjenige, was der *DVE.* an Bestimmungen über den Strafvollzug bietet, paßt das Wort „Mehr Schein als Sein“. Nur durch eingehende und genaue Vorschriften über den Strafvollzug werden die Unterschiede zwischen den einzelnen Strafarten Bedeutung und Inhalt gewinnen. Soll die Rechtseinheit in Deutschland auf dem Gebiete des Strafenwesens nicht wiederum in dem einschneidendsten Punkte lediglich auf dem Papiere stehen, so ist ein Reichsgesetz über den Strafvollzug notwendig.

Und man zögere damit nicht. Ein Strafvollzugsgesetz bedarf zu seiner Durchführung mannigfacher neuer Einrichtungen. Ehe sie vollendet sind, wird eine geraume Zeit vergehen. Im Art. 54

des zum *OVE.* ausgearbeiteten Einführungsgesetzes wird ein Zeitraum von acht Jahren zur Herstellung der für den Vollzug der Freiheitsstrafen erforderlichen neuen baulichen Anlagen vorgesehen. Und schneller wird es in Deutschland auch kaum gehen.

g) Berechnung der Freiheitsstrafen und Maßstab für ihre Umrechnung.

Im § 24 des *DVE.* werden über die Berechnung der Freiheitsstrafen Bestimmungen gegeben, die in der Hauptsache mit dem § 19 RStGB. übereinstimmen und gegen die nichts einzuwenden ist. Insbesondere erscheint auch die Beseitigung der bisherigen Bestimmung, daß die Zuchthausstrafe nur nach vollen Monaten bemessen werden darf (§ 19 Abs. 2 RStGB.), gerechtfertigt, weil sich daraus Zweifelsfragen bei der Bildung einer Gesamtstrafe und bei der Anrechnung der Untersuchungshaft ergeben haben. Der Tag wird für alle Fälle der Strafbemessung als letzte Rechnungseinheit bestimmt und daraus ausdrücklich die Folgerung gezogen: „Sofern die Bemessung der Strafzeit nach Bruchteilen einer bestimmten Zeit zu erfolgen hat, kommt derjenige Teil der Strafe in Wegfall, der eine Zahl von vollen Tagen übersteigt." Auch hiermit ist eine bisherige Streitfrage beseitigt, und zwar im Einklang mit der in der Praxis herrschenden Meinung.

§ 25 gibt die mathematische Formel für das Wertverhältnis der verschiedenen Freiheitsstrafen zueinander. Praktische Bedeutung hat die Bestimmung nur für die Bildung einer Gesamtstrafe. Sie gehörte deshalb eigentlich nicht hierher, sondern in den Abschnitt 9, und es muß auch der dortigen Erörterung die Frage überlassen bleiben, ob eine solche Strafenarithmetik, die immer etwas Willkürliches hat, nicht vermieden werden könnte. Das Wertverhältnis zwischen Zuchthaus und Gefängnis wird, wie im § 21 RStGB., bestimmt: ein Jahr Gefängnis = acht Monate Zuchthaus. Das Wertverhältnis zwischen Haft und Gefängnis wird gleichfalls geregelt, während bisher nur für Festungshaft ein Maßstab angegeben war; ein Jahr Haft soll acht Monaten Gefängnis gleichgeachtet werden.

h) Vorläufige Entlassung.

Der *DVE.* beschränkt sich darauf, bei dem Institute der vorläufigen Entlassung einzelne Veränderungen einzuführen, die man als Verbesserungen bezeichnen kann. Er lehnt es aber ab, den Charakter des Institutes als einer nach freiem Ermessen der Justizverwaltung gewährten Vergünstigung zu ändern. Nach wie vor bleibt die vorläufige Entlassung „ein von der Justizverwaltung auf Grund gesetzlicher Ermächtigung als Belohnung guter Führung ausgesprochener Verzicht auf die Vollstreckung eines Teiles der erkannten Strafe, der von der Bedingung weiteren Wohlverhaltens während der Dauer einer Probezeit abhängig gemacht ist". In der *VEBegr.* 96ff. werden eingehend die Gründe dargelegt für die Ablehnung der von vielen Seiten erhobenen Forderung: die vorläufige Entlassung zu einem regelmäßigen Schlußstadium der Strafvollstreckung bei längeren Freiheitsstrafen zu machen, wobei dem Gefangenen bei guter Führung ein Recht auf vorläufige Entlassung gegeben und die Probezeit als Strafzeit angesehen würde. Es wird nicht verkannt, daß eine derartige Umbildung der vorläufigen Entlassung zu einer Maßregel des ordentlichen Strafvollzuges Vorteile für den Strafvollzug mit sich bringen würde, indem der Gefangene durch die sichere Aussicht auf Abkürzung der Freiheitsentziehung im Falle guter Führung zu willigerer Unterwerfung unter die Anstaltsordnung, zu guter Führung und fleißiger Arbeit bestimmt würde. Allein andererseits müsste beachtet werden, daß bei der Neigung unserer Gerichte zur Verhängung milder Strafen „die regelmäßig geübte vorläufige Entlassung öfters das Gerechtigkeitsgefühl verletzen und das Vertrauen in den Schutz der Rechtsordnung erschüttern", „zu einer bedenklichen Abschwächung des Eindruckes der Strafe wie der Strafdrohungen führen" würde.

Es ist hier nicht der Ort, um gegen eine derartige Anschauung, bei der ja die grundsätzliche Auffassung von dem Wesen der Strafe eine große Rolle spielt, anzukämpfen. Ich will nur kurz meine eigene Auffassung hier wiedergeben. Ich sehe in der vorläufigen Entlassung eine versuchsweise bewilligte Milderung des Strafzwanges, und ich halte es mit dem Sicherungszweck der Strafe durchaus für verträglich, wenn bei längeren Freiheitsstrafen der Übergang aus dem Zustande voller Unfreiheit zu dem der vollen Freiheit durch ein Zwischenstadium beschränkter Freiheit vermittelt wird. Ja, ich bin der Ansicht, daß eine solche Maßregel im Interesse der Gesellschaft wünschenswert ist, weil dadurch der erfahrungsgemäß in der ersten Zeit nach der Strafentlassung besonders großen Zahl von Rückfällen in wirksamer Weise vorgebeugt wird. Und ich hege die bestimmte Hoffnung, daß die weitere Entwicklung dazu führen wird, die vorläufige Entlassung zu einer regelmäßigen Einrichtung des Strafvollzuges umzubilden, obwohl der *OVE.* und der *SchVE.* ebenso wie der *DVE.* noch nicht dazu übergegangen sind.

Die drei Vorentwürfe stimmen hinsichtlich der Bedingungen, unter denen die vorläufige Entlassung bewilligt werden kann, im wesentlichen überein. Die vorläufige Entlassung kommt nur in Frage bei längeren Freiheitsstrafen und setzt voraus a) daß zwei Drittel, mindestens aber ein Jahr der Strafe verbüßt sind; b) daß sich der Gefangene während der Strafverbüßung gut geführt hat; c) daß zu erwarten ist, er werde sich auch weiter wohlverhalten; d) daß für sein Unterkommen und seinen Unterhalt durch Arbeitsgelegenheit oder sonst gesorgt ist.

Was die erste Voraussetzung betrifft, so geht hier der *DVE.* weiter als das geltende Recht, in dem die Verbüßung von drei Viertel der Strafe verlangt wird (§ 23 RStGB.). Die Änderung ist zu begrüßen, weil dadurch eine erweiterte Anwendung der vorläufigen Entlassung ermöglicht wird. § 26 Abs. 1 des *DVE.* enthält dabei noch den Zusatz, daß bei Anrechnung der Untersuchungshaft auf die Strafe die zwei Drittel nach der wirklich noch zu verbüßenden Strafhaft zu bemessen sind und nicht einfach nach der erkannten Strafe. Dadurch wird eine bisherige Zweifelsfrage zutreffend gelöst. Die weitere Voraussetzung der guten Führung während der Strafverbüßung entspricht dem geltenden Rechte. Die dritte und vierte Voraussetzung sind zwar im RStGB. nicht angeführt, sie entsprechen aber den in den meisten deutschen Bundesstaaten erlassenen Ausführungsverordnungen. Die reichsgesetzliche Festlegung ist zu begrüßen. Bedenken habe ich nur gegen die Formulierung der dritten Voraussetzung. Sie lautet im § 26 Abs. 2 des *DVE.*: „wenn der Gefangene sich während der Strafverbüßung gut geführt hat und nach seiner Vergangenheit und seinen sonstigen persönlichen Verhältnissen die Erwartung weiteren Wohlverhaltens rechtfertigt". Der Ausdruck „nach seiner Vergangenheit" könnte zu der Annahme führen, daß dem Gefangenen, wenn seine Straftat eine besonders schwere oder eine besonders verwerfliche gewesen ist, die vorläufige Entlassung nicht bewilligt werden soll. Von dieser Annahme geht auch offenbar die *VEBegr.* 106 aus. Ich halte sie aber für unberechtigt. Wegen seiner Straftat ist der Übeltäter durch die Verurteilung bestraft; wenn ihm nun lediglich wegen der Straftat die vorläufige Entlassung vorenthalten würde, so würde er nachträglich noch einmal bestraft werden. Ich würde vorschlagen, statt der Worte „nach seiner Vergangenheit und seinen sonstigen persönlichen Verhältnissen" zu sagen: „nach seiner Persönlichkeit", oder die Worte überhaupt zu streichen und, wie in dem *SchVE.* Art. 30 Nr. 5, einfach zu sagen: „wenn anzunehmen ist, daß der Gefangene sich wohlverhalten wird". Auch die vierte Voraussetzung dürfte sich kürzer formulieren lassen. Statt des weitschweifigen Satzes: „wenn eine zu seinem Unterhalt ausreichende dauernde Arbeitsgelegenheit für ihn gesichert oder dargetan ist, daß in anderer Weise für sein Unterkommen und für seinen Unterhalt gesorgt sein werde“, dürfte es genügen, nach dem Vorbilde des *OVE.* (§ 23) zu sagen: „wenn für sein redliches Fortkommen gesorgt ist“.

Der *SchVE.* stellt für die Bewilligung der vorläufigen Entlassung die weitere Voraussetzung, daß der Verurteilte den gerichtlich festgestellten Schaden, der aus seinem Verbrechen entstanden ist, soweit es ihm möglich war, ersetzt hat. Dieses Moment ist sicherlich beachtenswert; ob man es aber gesetzlich ausdrücklich als Bedingung für die Bewilligung bezeichnen soll, ist mir zweifelhaft.

Zu billigen ist es, daß der *DVE.* die vorläufige Entlassung nicht, wie es im § 23 RStGB. geschehen, von der Zustimmung des Verurteilten abhängig macht. Praktische Bedeutung wird eine solche Bestimmung kaum haben. Ein Verurteilter wird schwerlich jemals die vorläufige Entlassung seinerseits zurückweisen. Die Bestimmung ist aber auch ungerechtfertigt, weil für die Bewilligung der vorläufigen Entlassung nur das öffentliche Interesse, nicht aber der Wunsch des Verurteilten das Entscheidende sein muß.

Was im übrigen das Anwendungsgebiet der vorläufigen Entlassung betrifft, so läßt der *DVE.* die Maßregel bei allen zeitigen Freiheitsstrafen zu, schließt sie aber bei Strafen auf Lebenszeit aus. Beides erscheint gerechtfertigt. Die Ausdehnung der nach dem RStGB. nur bei Zuchthaus und Gefängnis zulässigen vorläufigen Entlassung auf die Haftstrafe ergibt sich daraus, daß die Haftstrafe in Zukunft ein allgemeines Strafmittel sein soll, während auf sie bisher lediglich bei den wegen der Kürze der Strafe hier nicht in Betracht kommenden Übertretungen und einigen wenigen Vergehen erkannt werden konnte. Und was die Anwendung der vorläufigen Entlassung bei lebenslangen Freiheitsstrafen betrifft, die von dem *OVE.* und dem *SchVE.* allerdings zugelassen wird, so stimme ich den Ausführungen der *VEBegr.* 102 ff. durchaus zu, daß man bei diesen schwersten und sehr seltenen Straffällen es besser der Gnadeninstanz überläßt, die vorläufige Entlassung zu bewilligen. Auch ich sehe es für richtig an, die vorläufige Entlassung hier als wirkliche Ausnahme, für die eine gesetzliche Regelung nicht angebracht ist, zu behandeln.

Die §§ 27 und 28 des *DVE.* bestimmen Wesen und Inhalt der vorläufigen Entlassung. Dazu gehört, daß dem Entlassenen für eine bestimmte Bewährungszeit besondere Verpflichtungen und Beschränkungen auferlegt werden, und daß die vorläufige Entlassung bei Nichtbewährung widerrufen wird.

Da nach der Auffassung des *DVE.* die Probezeit nicht Strafzeit ist, so braucht sie in ihrer Dauer mit dem noch nicht verbüßten Strafreste nicht übereinzustimmen. Die Verlängerung darüber hinaus erscheint sogar dann geboten, wenn dieser Rest nur sehr kurz sein würde, da die Bewährung bei kurzer Dauer nicht genügend erprobt werden kann. § 27 des *DVE.* bestimmt deshalb die Mindestdauer auf zwei Jahre; bei längerem Strafreste ist die Probezeit diesem gleich. Das ist eine entschiedene Verbesserung gegenüber dem bisherigen Rechte, welches die Probezeit stets auf die noch zu verbüßende Strafzeit beschränkte und durch diese Beschränkung häufig die heilsame Wirkung der Bewährung beeinträchtigte. Der *OVE.* bestimmt die Mindestdauer der Probezeit zu kurz, nämlich auf nur sechs Monate.

Dem Wesen der vorläufigen Entlassung entspricht es durchaus, daß über den Entlassenen während der Probezeit eine Aufsicht ausgeübt wird, um ihn vor einem Rückfalle in ein ungeordnetes und verbrecherisches Leben zu bewahren. Und es steht auch nichts entgegen, dem Entlassenen, um den Erfolg sicherzustellen, besondere Verpflichtungen aufzuerlegen. Leider hat sich der *DVE.* darauf beschränkt, im § 28 zu bestimmen, daß der vorläufig Entlassene für die Dauer der Probezeit der Aufsicht eines Vertreters eines Fürsorgevereins oder einer anderen dazu geeigneten Person, die sich dazu bereit erklärt, unterstellt werden kann; im übrigen aber die näheren Vorschriften über die Beaufsichtigung dem Bundesrat überlassen. Ich halte gesetzliche Regelung für erforderlich, um sicherzustellen, daß die Beaufsichtigung nicht zu einer Polizeiaufsicht wird, sondern den Charakter einer Schutztätigkeit bewahrt, die den Entlassenen nicht nur von der Möglichkeit des Unrechttuns abhält, sondern ihn auch in seinem Bemühen unterstützt, wieder ein brauchbares Mitglied der menschlichen Gesellschaft zu werden. In der Schutzaufsicht soll der Bewährungscharakter der Probezeit zum scharfen Ausdruck kommen. Und was die dem Gefangenen aufzuerlegenden Verpflichtungen betrifft, so ist im § 27 Abs. 1 nur ihre Zulässigkeit zum Ausdruck gebracht, der nähere Inhalt der Verpflichtungen soll nach den Ausführungen der *VEBegr.* 106, wie bisher, durch die Justizverwaltung der einzelnen Bundesstaaten im Verordnungswege bestimmt werden. Auch hier erscheint mir eine gesetzliche, und zwar für das Deutsche Reich gleichmäßige Regelung geboten. Die in England für die licenseholders gegebenen Verhaltungsvorschriften[1]) dürften dabei Beachtung verdienen.

Über den Widerruf bestimmt § 27 Abs. 1, daß er erfolgen kann, wenn der Entlassene sich schlecht führt oder den ihm auferlegten Verpflichtungen zuwiderhandelt. Ich halte diese Bestimmung, die allerdings der zuständigen Behörde einen weiten Spielraum bietet, für richtig. Es würde nicht angebracht sein, den Widerruf bei jedem Zuwiderhandeln, bei jeder Verfehlung obligatorisch zu machen. Oft wird es in solchen Fällen genügen, die Aufsicht zu verschärfen. Es empfiehlt sich auch nicht, die Gründe des Widerrufs detailliert anzuführen, wie es der *OVE.* im § 25 tut. Hier wird Widerruf vorgeschrieben, „wenn der Entlassene sich während der Probezeit dem Trunke, Spiele, Müßiggang oder einem unsittlichen Lebenswandel ergibt; wenn er den Weisungen der Strafvollzugsbehörde böswillig und beharrlich nicht nachkommt; wenn er wegen einer während der Probezeit begangenen strafbaren Handlung zu einer Kerkerstrafe oder Gefängnisstrafe verurteilt wird, es sei denn, daß besondere Umstände die Annahme der Bewährung nicht hinfällig erscheinen lassen". Gerade der letzte Zusatz zeigt, wie unentbehrlich es ist, eine gewisse Freiheit der Entscheidung zu lassen.

Auch eine Bestimmung, wie sie im § 26 des *OVE.* getroffen ist, fehlt im *DVE.* Es wird dort bestimmt, daß noch innerhalb drei Monaten seit dem Ende der Probezeit der Widerruf erfolgen kann, wenn sich nämlich erst dann herausstellt, daß in der Bewährungszeit die Freiheit mißbraucht ist, und ferner bestimmt, daß, wenn bei Ablauf der Probezeit ein Strafverfahren gegen den Entlassenen anhängig ist, der Widerruf noch sechs Wochen nach rechtskräftigem Abschlusse des Verfahrens erfolgen kann. Eine solche Bestimmung halte ich bei der im *DVE.* auf zwei Jahre festgesetzten Mindestdauer der Probezeit nicht für notwendig. Bei dem Fehlen einer derartigen Bestimmung im *DVE.* ist hier der Widerruf immer nur innerhalb der Probezeit zulässig. Jedoch ist hier die im § 29 Abs. 2 aus dem bisherigen Rechte (§ 25 Abs. 2 und 3 RStGB.) übernommene Vorschrift zu beachten: „Aus dringenden Gründen des öffentlichen Wohles kann die Polizeibehörde des Aufenthaltortes die einstweilige Festnahme des Entlassenen anordnen. Die Entscheidung über den Widerruf ist sofort einzuholen. Dieser gilt als an dem Tage der Festnahme erfolgt."

Die Wirkung des Widerrufes wird im Abs. 2 des § 27 des

---

[1]) Vgl. Aschrott, Strafensystem und Gefängniswesen in England 119 ff.

DVE. dahin bestimmt, daß die seit der vorläufigen Entlassung bis zur Wiedereinlieferung verflossene Zeit auf die festgesetzte Strafdauer nicht angerechnet wird. Die Wirkung des widerrufslosen Fristablaufs ist Erlaß des Strafrestes: die Strafe gilt als „verbüßt" (Abs. 3 des § 27).

Hinsichtlich der Behörde, die über die vorläufige Entlassung und den Widerruf zu entscheiden hat, beläßt es § 29 Abs. 1 bei der bisherigen Bestimmung im § 25 Abs. 1 RStGB.: „Über die vorläufige Entlassung und über den Widerruf entscheidet die oberste Justizaufsichtsbehörde, im ersteren Falle nach Anhörung der Gefängnisverwaltung." Richtiger erscheint mir die Regelung, die in Österreich nach § 552 der Vorentwürfe zu den Gesetzen, welche das Strafprozeßrecht abändern, vorgeschlagen ist. Die Entscheidung ist hier der durch den Anstaltsvorsteher ev. durch einen Richter verstärkten Strafvollzugskommission übertragen. Sie faßt ihre Beschlüsse mit einfacher Stimmenmehrheit und soll vor der Entscheidung den Gefangenen vernehmen. Gegen die Bewilligung der Entlassung — der *OVE.* nennt sie nicht „vorläufige", sondern „bedingte" Entlassung — steht dem Staatsanwalt, gegen den Widerruf dem Verurteilten die Beschwerde an den Justizminister zu Ich halte diese Vorschläge für sehr beachtenswert.

III. Die Geldstrafe.

a) Allgemeine Bemerkungen.

Es herrscht allgemeine Übereinstimmung darüber, daß es wünschenswert ist, die Geldstrafe bei leichteren Fällen in erheblich weiterem Maße wie bisher zur Anwendung zu bringen. Dafür spricht ein doppeltes: einmal die schon oben angeführte Erwägung, daß jede Freiheitsstrafe eine Schädigung des Nationalvermögens mit sich bringt, sodann die weitere Erwägung, daß es im allgemeinen Interesse liegt, die Scheu vor der Freiheitsstrafe nicht dadurch abzustumpfen, daß man jemandem, für dessen Straftat eine Geldstrafe als ausreichendes Übel erscheint, einsperrt und ihn dadurch zugleich mit dem Makel behaftet, gesessen zu haben. Ebenso übereinstimmend aber ist die Überzeugung, daß die Bestimmungen des RStGB. der Reform bedürftig sind, wenn dieses wünschenswerte Ziel erreicht werden soll. Es kommen dabei eine Reihe von Fragen in Betracht.

Zunächst ist es erforderlich, daß das Gesetz das Anwendungsgebiet der Geldstrafe ausdehnt. Dem wird der *DVE.* dadurch gerecht, daß er im *Bes. T.* bei einer erheblich größeren Zahl von Delikten neben der Freiheitsstrafe Geldstrafe androht, und daß er weiter den Richter durch das ihm im § 83 gegebene außerordentliche Strafmilderungsrecht in die Lage setzt, auch bei denjenigen Delikten, bei denen nur Freiheitsstrafe angedroht ist, beim Vorliegen eines besonders leichten Falles auf Geldstrafe zu erkennen.

Soll aber die Geldstrafe als angemessenes und gerechtes Strafübel erscheinen, so muß sie ferner mehr als bisher den wirtschaftlichen Verhältnissen des Täters angepaßt werden können, damit sie einerseits den Unvermögenden nicht zu schwer trifft, andrerseits von den Wohlhabenden überhaupt noch als ein Strafübel empfunden wird. Um eine Gleichheit des Strafübels für arm und reich zu erreichen, hat man vielfach den Vorschlag gemacht, die Geldstrafe nach Quoten des Vermögens oder des Einkommens des Täters zu bemessen. Man muß zugeben, daß insbesondere der Vorschlag, die Geldstrafe in einer prozentualen Erhöhung des Einkommensteuerbetrages bestehen zu lassen, etwas Bestechendes hat. Aber es stehen dem nicht nur Schwierigkeiten der Ausführung entgegen — insbesondere die Verschiedenartigkeit der Steuergesetze in den einzelnen Bundesstaaten, und die Tatsache, daß Ehefrauen, Hauskinder, Personen mit sehr geringem Einkommen zur Steuer nicht veranlagt zu werden pflegen —, sondern auch der Umstand, daß das gleiche Einkommen je nach den persönlichen Verhältnissen des Täters einen verschiedenen Wert darstellt, z. B. je nachdem er alleinstehender Rentner oder Ernährer einer zahlreichen Familie ist. So hat denn auch weder der *DVE.* noch der *OVE.* noch der *SchVE.* diesen Vorschlag akzeptiert. Der *DVE.* beschränkt sich vielmehr auf zwei Verbesserungen: er schreibt einmal ausdrücklich vor, daß bei Bemessung der Geldstrafe die Vermögensverhältnisse des Verurteilten zu berücksichtigen sind, eine Bestimmung, die im RStGB. nicht enthalten ist, und er erhöht weiter fast durchweg das Maximum der Geldstrafe, und zwar zum Teil sehr erheblich (z. B. bei vorsätzlicher Körperverletzung von 1000 M auf 5000 M, bei fahrlässiger Körperverletzung von 900 auf 3000 M, bei Beleidigung von 600 resp. 1500 M auf 3000 resp. 10000 M).

Drittens sind, damit eine Geldstrafe von einem Unvermögenden oder Wenigvermögenden auch wirklich gezahlt werden kann, besondere Vorkehrungen notwendig, an denen es im RStGB. fehlt. Der *DVE.* erleichtert dem Verurteilten die Zahlung der Geldstrafe durch Bewilligung von Zahlungsfristen und Teilzahlungen und weiter dadurch, daß er ihm gestattet, die Geldstrafe durch freie

Arbeit zu tilgen. Der Wert der Arbeit tritt alsdann an die Stelle der Geldzahlung, der Verurteilte zahlt mittels seiner Arbeit. Das ist ein sicherlich richtiger Gedanke, den auch der *SchVE.* aufgenommen hat. Freilich wird die praktische Durchführung Schwierigkeiten bieten, doch ist es jedenfalls richtig, damit einen Versuch zu machen.

Endlich ist die Frage zu erörtern: was soll in denjenigen Fällen geschehen, in denen trotz all dieser Vorkehrungen die Geldstrafe doch nicht gezahlt wird? Gerade die große Zahl von Fällen, in denen bisher wegen Nichtbeitreibbarkeit der Geldstrafe schließlich Freiheitsstrafe als Ersatz eintrat, ist das hauptsächlichste Argument gegen eine weitere Verwertung der Geldstrafe gewesen. Nun wird sich sicherlich bei richtiger Ausgestaltung und Anwendung der bisher erwähnten neuen Bestimmungen des *DVE.* die Zahl der Fälle des Nichteingangs der erkannten Geldstrafe erheblich verringern, aber ganz werden sie nicht verschwinden.

Man wird dabei zwei Gruppen unterscheiden müssen: zunächst diejenigen Verurteilten, die weder zahlen, noch die Strafe abarbeiten wollen, die arbeitsscheuen, liederlichen Elemente. Ich sehe kein Bedenken, ihnen als Ersatz für die Geldstrafe das Übel der Freiheitsentziehung aufzuerlegen. Auch der *SchVE.*, der im Art. 36 den Grundsatz aufstellt, daß von einer Umwandlung der Geldstrafe in Freiheitsstrafe im Falle des Nichteingangs Abstand zu nehmen sei, hat für diese Fälle im Art. 287 eine besondere Strafe festgesetzt, und zwar Haft ev. Einweisung in eine Arbeitserziehungsanstalt.

Mit in diese Kategorie gehören aber auch die leider heute nicht seltenen Fälle, wo der Verurteilte es für vorteilhafter hält, statt die erkannte Strafe zu zahlen, die substituierte Freiheitsstrafe abzusitzen, wo — wie es Krohne einmal ausgedrückt hat — der Verurteilte ohne Scham und Scheu die Freiheitsstrafe absitzt mit dem selbstzufriedenen Gedanken, ein gutes Geschäft gemacht zu haben, weil er ja in der Freiheit doch nicht pro Tag 3 oder 5 Mark, oder wie sonst der Umwandlungsmaßstab vom Gericht bestimmt ist, verdiene. Solchen Fällen möglichst vorzubeugen, ist Aufgabe des Gesetzgebers. Der *DVE.* geht daran vorüber, und doch glaube ich, daß es ein sehr einfaches Mittel dagegen gibt. Man bestimme, daß die Ersatzfreiheitsstrafe nicht in das Urteil aufzunehmen, sondern erst, wenn sich die Uneinbringlichkeit der Geldstrafe herausgestellt hat, nachträglich vom Gericht festzusetzen sei. Das Gericht ist dann in der Lage, die Dauer der Freiheitsentziehung, die an die Stelle der Geldstrafe treten soll, unter Berücksichtigung aller Umstände, aus denen die Geldstrafe nicht gezahlt ist, zu bemessen, natürlich unter Einhaltung des gesetzlichen Rahmens. Der zur Geldstrafe Verurteilte aber wird es sich recht wohl überlegen, ob er das dann recht gewagte Handelsgeschäft, die Geldstrafe abzusitzen, unternehmen soll. Ich möchte dabei bemerken, daß weder das RStGB. noch der *DVE.* die urteilsmäßige Festsetzung der substituierten Freiheitsstrafe ausdrücklich vorschreiben (anders der *OVE.* im § 29 Abs. 2). Die Verpflichtung hierzu ist bisher nur aus der Fassung des § 491 StPO. gefolgert worden, wo die Nichtfestsetzung als „Unterlassung" bezeichnet wird. Bei der veränderten Fassung, die der § 491 im § 480 des Entwurfes einer StPO. erhalten hat, ist es recht zweifelhaft, ob man eine Verpflichtung weiterhin wird annehmen können. Jedenfalls bedarf die Sache der gesetzlichen Regelung.

Die zweite in Betracht kommende Gruppe bilden diejenigen Fälle, wo der zu einer Geldstrafe Verurteilte tatsächlich völlig mittellos und zugleich arbeitsunfähig ist. Hier kann man bei Umwandlung der Geldstrafe in Freiheitsstrafe mit einer gewissen Berechtigung von einer sozialen Ungerechtigkeit und davon sprechen, daß der Arme wegen seiner Armut eingesteckt werde. Es ist deshalb mehrfach vorgeschlagen worden, hier die nichtbeitreibbare Geldstrafe einfach niederzuschlagen; das Strafbedürfnis solle hier schweigen: „res sacra miser". Ich kann mich dazu nicht entschließen, weil ich von einem solchen Freibrief für Unbemittelte böse Folgen befürchte. Und, um wirklichen Unbilligkeiten vorzubeugen, gibt der *DVE.* im § 41 einen vortrefflichen Ausweg. Hier wird bestimmt, daß, wenn an Stelle uneinbringlicher Geldstrafe Freiheitsstrafe tritt, das Gericht nachträglich bedingte Strafaussetzung mit nachfolgendem Straferlaß anordnen kann. Das ist ein sehr praktisches Mittel, um solchen Fällen gerecht zu werden, wo wirklich Mitleid am Platze ist.

Im übrigen würde ich es für durchaus angemessen halten, wenn der Richter, falls er von vornherein überzeugt ist, daß der Täter eine Geldstrafe weder zahlen noch abarbeiten kann, überhaupt von der Verhängung einer Geldstrafe absieht und direkt auf eine Haftstrafe — und zwar regelmäßig in der Form der bedingten Strafaussetzung — erkennt. Es erscheint doch unzweckmäßig, auf ein Strafmittel zu erkennen, von dessen Unausführbarkeit der Richter von vornherein überzeugt ist. Dadurch entstehen nur nutzlose Arbeiten und Kosten, und auch der Verurteilte wird unnötig behelligt. Dagegen geht es entschieden zu weit, wenn Goldschmidt (*Vergl. Darst. Allg. T.* IV 401) generell fordert, daß von Verhängung einer Geldstrafe Abstand zu nehmen sei, wenn eine von dem Schuldigen bereits früher verwirkte Geldstrafe von ihm nicht eingebracht worden ist.

Alles in allem bringen die Bestimmungen des *DVE.* — auf die Geldstrafe als Nebenstrafe wird unter c eingegangen werden — einen großen Fortschritt in der Lösung des schwierigen Problems der Geldstrafe, wenn auch in Einzelheiten, die jetzt zu erörtern sind, noch manches verbessert werden kann. Jedenfalls ist mir diese Lösung sympathischer, als die des *SchVE.*, der mit seiner Bestimmung im Art. 36 Nr. 1 Abs. 3: „Ist der Schuldige mittellos und arbeitsunfähig, so überweist ihn der Richter der Armenpolizeibehörde“ ganz aus dem Rahmen eines Strafgesetzes herausfällt. Der *OVE.* bietet für die Lösung des Problems nichts, was einer besonderen Hervorhebung hier bedürfte.

b) Die Einzelbestimmungen.

Im § 30 des *DVE.* wird der Mindestbetrag der Geldstrafe bestimmt, und zwar für Übertretungen in Übereinstimmung mit § 27 RStGB. auf 1 Mark, für Verbrechen und Vergehen dagegen unter Erhöhung des bisherigen Betrages von 3 M auf 5 M. Für diese Erhöhung wird in der *VEBegr.* das allgemeine Sinken des Geldwertes angeführt. Es ist unstreitig eingetreten, aber, ob infolgedessen ein Unvermögender heute eine Geldstrafe von 5 M ebenso leicht wird aufbringen können wie vor 30 Jahren eine Geldstrafe von 3 M, ist mir doch zweifelhaft. Jedenfalls wird durch eine Erhöhung des Mindestbetrages der Geldstrafe die Anwendung dieses Strafmittels bei Unvermögenden erschwert, und deshalb lehne ich sie ab. Ich habe ferner Bedenken dagegen, den Mindestbetrag verschieden zu bestimmen, je nachdem es sich um eine Übertretung oder um ein Vergehen handelt — bei Verbrechen kommt Geldstrafe nur als Nebenstrafe in Frage. Die Unterscheidung zwischen Vergehen und Übertretungen ist im *DVE.* von sehr geringer innerer Bedeutung und scheint mir eine verschiedene Bemessung des Mindestbetrages nicht zu rechtfertigen. Der *OVE.* bestimmt den Mindestbetrag bei allen Delikten gleichmäßig auf 2 Kronen (§ 27 Abs. 1).

Daß der *DVE.* im § 30 über den Höchstbetrag der Geldstrafe nichts sagt, sondern die Bestimmung im *Bes. T.* bei den einzelnen Delikten vornimmt, halte ich für richtig. Der *SchVE.* (Art. 36 Nr. 2) bestimmt zwar im *Allg. T.* den Höchstbetrag der Buße — mit diesem Ausdruck wird hier die Geldstrafe bezeichnet — auf 5000 Fr., macht dabei jedoch den Zusatz: „soweit das Gesetz nicht ausdrücklich anders bestimmt“. Und das geschieht in zahlreichen Fällen des *Bes. T.* (z. B. Art. 87, 92, 96; Höchstbetrag 20000 Fr.). Der *OVE.* bezeichnet zwar im *Allg. T.* den Höchstbetrag der Geldstrafe mit 50000 Kronen (§ 27), gibt aber im *Bes. T.* bei jedem Delikt speziell den zulässigen Höchstbetrag an; die Bestimmung des Höchstbetrages im *Allg. T.* hat also keine praktische Bedeutung. Soweit ich es übersehe, ist die höchste Summe der zulässigen Geldstrafe im *DVE.* 50000 M; sie findet sich im § 107 wegen Nichterfüllens von Lieferungsverträgen über Bedürfnisse der Kriegsmacht angedroht.

§ 30 enthält die schon erwähnte Bestimmung: „Die Geldstrafe soll unter Berücksichtigung der Vermögensverhältnisse des Verurteilten bemessen werden." Hier möchte ich nur das Bedenken äußern, ob der Ausdruck „Vermögensverhältnisse" nicht zu eng ist. Neben den Vermögensverhältnissen sollen doch auch die Einkommensverhältnisse und die persönlichen Verhältnisse des Täters — z. B. ob er eine Familie zu ernähren hat — berücksichtigt werden. Ich möchte deshalb vorschlagen, statt „Vermögensverhältnisse" den Ausdruck „wirtschaftliche Gesamtlage" zu gebrauchen.

§ 31 gibt dann die neuen Bestimmungen über urteilsmäßige Bewilligung von Fristen und Teilzahlungen. Fristen können bis zu drei Monaten bewilligt werden; die Abtragung der Geldstrafe kann durch innerhalb eines Jahres zu leistende Teilzahlungen gestattet werden. Beide Maßregeln können miteinander verbunden werden, so daß die erste Rate erst drei Monate nach Rechtskraft des Urteils, die letzte nach einem Jahre fällig wird. Der *SchVE.* setzt für die Ratenzahlungen keine Endfrist fest, überläßt es vielmehr dem Richter, die Zeit der Zahlungen nach den Verhältnissen des Verurteilten zu bestimmen. Es dürfte sich aber praktisch wohl kaum empfehlen, Abzahlungen länger als ein Jahr hinauszuschieben. Regelmäßig soll die Vergünstigung der Befristung und der Teilzahlung im Urteil ausgesprochen werden. Doch läßt Abs. 2 des § 31 *DVE.* es zu, dies auch durch nachfolgende gerichtliche Entscheidung zu tun, und auch durch solche nachträgliche Entscheidung die urteilsmäßige Bestimmung zugunsten des Verurteilten abzuändern. Das ist durchaus berechtigt, weil sich die Verhältnisse des Verurteilten nach der Rechtskraft des Urteils ungünstiger gestalten können, so daß die Annahme des erkennenden Richters, daß der Schuldige in der Lage sei, die Geldstrafe auf einmal oder in kurzen Fristen zu zahlen, nicht mehr zutrifft. Dagegen erscheint es mir zu weitgehend, wenn der *SchVE.* (Art. 36 Nr. 1 Abs. 2) es bei einer solchen Verschlechterung der Verhältnisse dem Richter gestattet, „die Buße angemessen zu ermäßigen". Wo eine Ermäßigung ausnahmsweise einmal gerechtfertigt sein sollte, muß dies der Gnadeninstanz überlassen bleiben.

§ 32 gestattet die Tilgung der Geldstrafe durch freie Arbeit. Die praktische Durchführung dieses an sich richtigen Gedankens wird unzweifelhaft Schwierigkeiten machen, und es wird sich vor allem fragen, ob die Sache überall durchzuführen ist. Man muß beachten, daß es sich bei diesen Abverdienungsarbeiten nur um gewöhnliche Handarbeiten handeln kann, die von jedem Arbeitsfähigen ohne weiteres ausgeführt werden können, und es ist sehr die Frage, ob sich solche Arbeiten überall und zu jeder Zeit finden lassen werden. § 32 hat deshalb mit Recht die Einschränkung gemacht: „soweit sich dazu Gelegenheit bietet". Es würde sich vielleicht empfehlen, durch einen Zusatz noch klarzustellen, daß für die Abverdienungsarbeiten entsprechend § 31 Abs. 1 Fristen bis zu einem Jahr gewährt werden können. Dadurch würde die Beschaffung geeigneter Arbeitsgelegenheit — man denke an Saisonarbeiten, wie Schneeräumen — erleichtert werden. Ich will nicht verhehlen, daß, so sympathisch mir der Grundgedanke ist, ich über die Ausführbarkeit Zweifel habe. Schon die Erfahrungen, die wir in Preußen mit den Forstarbeiten gemacht haben, sind keine besonders günstigen, und doch bietet der Forst fast stets Gelegenheit zu Arbeiten, die jedermann leisten kann. Der mehrfach gemachte Vorschlag, falls es an freien Arbeiten zum Abverdienen fehlt, die Arbeit von dem Verurteilten in einer Anstalt (Gefängnis oder Arbeitshaus) verrichten zu lassen, ist in der *VEBegr.* 39 ff. mit Recht abgelehnt worden: ohne Einsperrung in die Anstalt wäre die Sache nicht durchzuführen, mit Einsperrung aber liefe die Sache auf eine Freiheitsstrafe nur mit einem anderen Namen hinaus. Da es sich nach alledem bei dem Abverdienen um einen Versuch handelt, um einen Versuch, der gemacht werden muß und hoffentlich gelingen wird, so ist es richtig, daß im Abs. 2 des § 32 die Regelung im einzelnen (Art der Arbeit und der Anrechnung auf die Geldstrafe) zunächst den vom Bundesrat zu erlassenden Ausführungsvorschriften und den Verwaltungsvorschriften der Bundesstaaten überlassen wird. Man wird hier erst Erfahrungen sammeln müssen, ehe eine gesetzliche Regelung empfehlenswert erscheint.

Wenn der Verurteilte trotz der ihm in den §§ 31, 32 gewährten Erleichterungen die Geldstrafe nicht tilgt, so schreibt § 33 die Beitreibung vor, die sich gemäß § 495 StPO. nach den Vorschriften der ZPO. regelt, und über die der jetzt vorliegende Entwurf zu einer StPO. in den §§ 477—481 nähere Bestimmungen gibt. Diese Beitreibung bringt Arbeit und Kosten mit sich, und es ist deshalb zu billigen, daß im Abs. 2 des § 33 vorgesehen ist, sie zu unterlassen, wenn die Uneinbringlichkeit der Geldstrafe als feststehend anzusehen ist. Immerhin wird das eine seltene Ausnahme bilden, und regelmäßig wird die Zwangsbeitreibung schon deshalb angebracht sein, um den Verurteilten durch die damit verbundene Beschwerung zu veranlassen, sein Möglichstes zu tun, um die Geldstrafe doch noch zu zahlen. Die mehrfach gemachten Vorschläge, die Beitreibung energischer zu gestalten[1]), insbesondere durch Zulassung der Beschlagnahme des Arbeits- und Dienstlohnes, werden in *VEBegr.* 121 abgelehnt. Richtig ist, daß durch eine solche Maßregel die sonstigen Gläubiger des Verurteilten benachteiligt werden könnten.

§ 34 des *DVE.* trifft über die an Stelle einer nicht beitreibbaren Geldstrafe tretende Ersatzstrafe Bestimmungen. Wie ich oben schon begründet habe, würde ich die Festsetzung der Ersatzstrafe erst nachträglich erfolgen lassen, wenn feststeht, daß die Geldstrafe nicht beitreibbar ist. Diese nachträgliche Entscheidung hätte sich zu gleicher Zeit darüber auszusprechen, ob gemäß § 41 für die festgesetzte Freiheitsstrafe die bedingte Strafaussetzung angeordnet werden soll. Für die Festsetzung der Ersatzstrafe muß das Gesetz einen Maßstab aufstellen, obwohl nicht zu verkennen ist, daß jede derartige Festsetzung etwas Willkürliches an sich hat, da eigentlich Geldstrafe und Freiheitsstrafe inkommensurable Größen sind. Immerhin wird man für das freie richterliche Ermessen, das bei der Festsetzung der Ersatzstrafe notwendig ist, um den Verhältnissen des Einzelfalles Rechnung zu tragen, gewisse Grenzen im Gesetze aufstellen müssen. Aber auch hier halte ich es nicht für angezeigt, so wie es der *DVE.* im Anschlusse an § 29 RStGB. tut, in der Bestimmung des Mindestbetrages der Geldstrafe, der einem Tage Freiheitsstrafe gleichgestellt werden kann, eine Unterscheidung zwischen Vergehen und Übertretungen zu machen. Ich würde bei beiden zulassen, daß 1 M Geldstrafe = 1 Tag Freiheitsstrafe erachtet werden kann. Der Höchstbetrag der Geldstrafe, der einem Tage Freiheitsstrafe gleichgestellt werden kann, wird im *DVE.* gleichmäßig bei allen Deliktsarten auf 30 M festgesetzt. Die darin

[1]) Der *OVE.* will umgekehrt die Beitreibung einschränken: „Geldstrafen dürfen nur insoweit zwangsweise eingebracht werden, als dadurch der Verurteilte weder in seinem Unterhalte gefährdet noch in der Erfüllung der Pflicht gehindert wird, seinen Angehörigen den Unterhalt oder dem Beschädigten Ersatz zu leisten“ (§ 28 Abs. 1). Die Vorschrift erscheint mir, insoweit sie hinsichtlich der Unpfändbarkeit über die Bestimmungen der §§ 811, 812, 850 ZPO. hinausgeht, nicht empfehlenswert.

gegenüber den Bestimmungen des § 29 RStGB. liegende Erhöhung von 15 auf 30 M ist zu billigen. Der Rahmen von 1—30 M bietet dem Richter hinreichende Freiheit, alle Umstände des Einzelfalles zu berücksichtigen. Auch die weiter im Abs. 2 des § 34 für das richterliche Ermessen gegebene Einschränkung ist zu billigen, daß nämlich die Ersatzstrafe mindestens einen Tag und höchstens ein Jahr, bei Übertretungen höchstens drei Monate, niemals jedoch mehr als eine neben der Geldstrafe wahlweise angedrohte Freiheitsstrafe betragen soll. Wo das Gericht bei wahlweiser Androhung von Geld- und Freiheitsstrafe auf eine Geldstrafe erkannt hat, hat es klar zum Ausdruck gebracht, daß es den Fall milde beurteilt, und das muß dann auch bei der Festsetzung der Ersatzstrafe beachtet werden.

Es bleibt nun noch zu erörtern, welche Art von Freiheitsstrafe als Ersatzstrafe eintritt. § 28 RStGB. hat die sehr komplizierte Bestimmung: bei Übertretungen ist Ersatzstrafe die Haft; bei Vergehen regelmäßig das Gefängnis, doch wird bei gewissen Delikten und unter gewissen Voraussetzungen Haft zugelassen; bei Verbrechen ist, falls auf Zuchthaus erkannt ist, für die daneben erkannte Geldstrafe im Falle ihrer Uneinbringlichkeit zunächst Gefängnis zu bestimmen und dieses dann in Zuchthaus umzuwandeln. Der *DVE.* dagegen bestimmt ganz allgemein als Ersatzstrafe die Haft. Und das ist richtig; denn die Haft ist die leichteste Freiheitsstrafe, die deshalb einer Geldstrafe am nächsten steht. Davon macht der *DVE.* nur für den Fall eine Ausnahme, daß auf Geldstrafe als Nebenstrafe erkannt ist. Hier steht diejenige Art der Freiheitsstrafe, die das Gericht für den Straffall als angebracht erachtet, durch die Hauptstrafe bereits fest, und es ist deshalb gerechtfertigt, diese Art auch für die Ersatzstrafe zu wählen. Es würde außerdem zu großen Bedenken Anlaß geben, wenn der Verurteilte aus derjenigen Anstalt, in der er seine Hauptstrafe verbüßt hat, zur Verbüßung der Ersatzstrafe in eine andere Anstalt gebracht werden müßte.

Abs. 3 des § 34 wiederholt dann noch wörtlich die bedenkenfreie Bestimmung im § 28 Abs. 4 RStGB.: „Der Verurteilte kann sich durch Erlegung des Strafbetrages, soweit dieser durch die Ersatzstrafe noch nicht getilgt ist, von der letzteren frei machen." Die Bestimmung dürfte bei nachträglicher Festsetzung der Ersatzstrafe von besonderer Bedeutung sein, weil dadurch dem Verurteilten, wenn er zur Einsicht gekommen ist, daß er durch Nichtzahlung der Geldstrafe ein schlechtes Geschäft gemacht hat, die Möglichkeit geboten wird, noch nachträglich sich durch Zahlung der Geldstrafe von der Ersatzstrafe frei zu machen.

Durch § 35 wird die bisherige Bestimmung des § 30 RStGB. „In den Nachlaß kann eine Geldstrafe nur dann vollstreckt werden, wenn das Urteil bei Lebzeiten des Verurteilten rechtskräftig geworden war“ beseitigt. Gegen diese Bestimmung sind allseitig schwere Bedenken geltend gemacht worden. Sie ist theoretisch mit dem Strafcharakter der Geldstrafe nicht zu vereinbaren und enthält praktisch eine Unbilligkeit gegen die Erben. An ihre Stelle soll die Bestimmung treten: „In den Nachlaß eines Verurteilten darf eine Geldstrafe nicht vollstreckt werden.“ Der bisherige Rechtszustand wird also in sein Gegenteil verwandelt. Das ist nur zu billigen. Der *SchVE.* bestimmt im Art. 36 Nr. 5 in gleicher Weise: „Stirbt der Verurteilte, so fällt die Buße weg.“ Dagegen hat der *OVE.* im § 28 Abs. 2 es bei dem veralteten Grundsatz gelassen: „Wenn der Verurteilte nach Rechtskraft des Urteils gestorben ist, so wird eine Geldstrafe, die bei ihm hätte eingetrieben werden dürfen, in seinem Nachlaß vollstreckt.“

c) Die Geldstrafe als Nebenstrafe.

Das RStGB. hat die Verhängung einer Geldstrafe neben einer Freiheitsstrafe nicht im *Allg. T.* geordnet, sondern im *Bes. T.* bei einer Anzahl von Delikten Geldstrafe kumulativ mit Freiheitsstrafe angedroht, wobei die Verhängung der Geldstrafe teils fakultativ teils obligatorisch bestimmt ist. Diese Regelung unterliegt erheblichen Bedenken.

Gegen die obligatorische Androhung der Geldstrafe neben einer Freiheitsstrafe spricht, daß dadurch der Richter gezwungen wird, auch in solchen Fällen auf Geldstrafe zu erkennen, wo sie nach der konkreten Sachlage nicht angebracht erscheint, sei es, daß für die Straftat die Freiheitsstrafe ein ausreichendes Übel ist, sei es, daß der Richter von vornherein die Überzeugung hat, der Verurteilte werde die Geldstrafe nicht zahlen können. Es gilt auch hier das, was oben schon gesagt wurde, der Richter soll nicht auf eine Strafe erkennen, deren Vollstreckung nach seiner Überzeugung unmöglich ist. Ist es verständig, daß der Richter bei Betrug im Rückfalle auch bei einem ganz vermögenslosen Menschen gezwungen ist, auf 150 M Geldstrafe neben einem Jahr Zuchthaus zu erkennen — es ist dies, falls nicht mildernde Umstände vorliegen, nach § 264 RStGB. die niedrigste gesetzlich zulässige Strafe —, und daß dann die doppelte Umrechnung der 150 M Geldstrafe erst in Gefängnis und dann in Zuchthaus vorgenommen werden muß? Ist es nicht rationeller hier, falls ein Jahr Zuchthaus nicht als ausreichendes

Strafübel erachtet wird, die Strafe direkt auf ein Jahr und einen Monat Zuchthaus zu bemessen?

Sodann aber erscheint es überhaupt nicht sachgemäß, die kumulative Verhängung von Geld- und Freiheitsstrafe auf eine bestimmte Anzahl von Delikten zu beschränken. Es gibt sehr viele Straffälle, wo nach der Gesinnung, aus der die Tat begangen, die Geldstrafe als ein durchaus angemessenes und für den Täter besonders empfindliches Strafübel erscheint. Warum soll man in solchen Fällen dem Richter nicht stets die Möglichkeit geben, die Freiheitsstrafe durch Hinzufügung einer Geldstrafe zu verschärfen? Derartige Fälle können bei allen möglichen Delikten — nicht bloß bei denjenigen, die erfahrungsgemäß häufig aus Gewinnsucht begangen werden, — vorkommen.

Von diesem Standpunkte aus ist es als ein großer Fortschritt zu begrüßen, daß der *DVE.* im § 36 bei allen Verbrechen und Vergehen Geldstrafe neben einer Freiheitsstrafe zugelassen, zugleich aber davon Abstand genommen hat, die Verbindung der beiden Strafen irgendwo im *Bes. T.* vorzuschreiben. Die Verbindung der beiden Strafen stellt sich so als eine ganz allgemein in das Ermessen des Richters gestellte Befugnis dar, die Freiheitsstrafe durch Geldstrafe zu verschärfen. Die einzige im Gesetze aufgestellte Voraussetzung für die Strafschärfung ist, daß die Straftat auf Gewinnsucht beruht. Der Begriff Gewinnsucht aber ist ein so allgemeiner, daß damit wohl alle Fälle umfaßt werden, für welche die Strafschärfung in Betracht kommen kann[1]).

Diese Strafschärfung schließt sich somit eng an die oben besprochene Strafschärfung des § 18 an. Durch sie wird dem Richter die Möglichkeit gegeben, durch eine besonders qualifizierte Strafe auf den eigenartigen Charakter gewisser Straftaten und gewisser Täter Rücksicht zu nehmen, und es ist auch hier sehr wohl möglich, daß der Richter eine kürzere, so qualifizierte Strafe einer Freiheitsstrafe von längerer Dauer vorziehen wird. Es wäre systematisch wohl richtig gewesen, im Gesetze die beiden Strafschärfungen des § 18 und des § 36 nebeneinander zu behandeln.

Auch die Strafschärfung des § 36 findet der Natur der Sache nach bei Haftstrafe keine Anwendung. Und, wenn der Richter von dieser Strafschärfung den richtigen Gebrauch macht, so dürfte der Fall einer Uneinbringlichkeit der als Nebenstrafe verhängten

---

[1]) Wenn der *OVE.* auch beim Zweikampf Geldstrafe als Nebenstrafe zuläßt (§§ 305, 306, 307), so erscheint mir das bei diesem Delikte wenig angebracht.

Geldstrafe wohl nur selten vorkommen. Wo dies einmal ausnahmsweise eintritt, finden die unter b besprochenen Bestimmungen Anwendung.

Interessant ist es, daß der *SchVE.* eine mit § 36 fast wörtlich gleichlautende Bestimmung enthält. Im Art. 37 heißt es: „Begeht jemand ein Verbrechen aus Gewinnsucht, so kann ihn der Richter neben der Freiheitsstrafe zu einer angemessenen Buße verurteilen.“ Der einzige Unterschied liegt darin, daß der *SchVE.* für die Bemessung der Buße hier keine Grenze setzt, sondern es dem freien richterlichen Ermessen überläßt, welcher Betrag als angemessen erachtet wird, während der *DVE.* im § 36 den Höchstbetrag auf 10000 M bestimmt.

Die Festsetzung eines Höchstbetrages dürfte sich aus dem Gesichtspunkte rechtfertigen, daß dadurch der Gedanke an die Möglichkeit einer auch nur teilweisen Vermögenskonfiskation ausgeschlossen wird. Aber der Höchstbetrag erscheint mir im *DVE.* entschieden zu niedrig bemessen zu sein. Ich weise nur darauf hin, daß danach auch dem Wucherer neben der Freiheitsstrafe nur eine Geldstrafe von höchstens 10000 M auferlegt werden kann, während § 202d RStGB. hier einen Höchstbetrag von 15000 M zuläßt. Wie verträgt sich das mit dem in der *VEBegr.* 110 hervorgehobenen Gesichtspunkte des Sinkens des Geldwertes? Ich halte eine erhebliche Erhöhung des Höchstbetrages der Geldstrafe im § 36 für unbedingt geboten.

IV. Verweis.

Der *DVE.* hat im § 37 den Verweis als allgemeines Strafmittel aufgenommen, während das RStGB. ihn nur als besonderes Strafmittel für Jugendliche kennt.

Gegen die von mancher Seite (Kahl, Krohne, van Calker) befürwortete Verwendung als allgemeines Strafmittel spricht nach meiner Meinung vor allem die sehr verschiedenartige Wirkung der Verweiserteilung: von den meisten Verurteilten wird darin ein Strafübel überhaupt nicht erblickt, während von Leuten mit regem Ehrgefühl der Verweis als besonders schwere, kränkende Strafe empfunden wird. Das dürfte wohl auch der Grund sein, daß der *ÖVE.* den Verweis überhaupt nicht als Strafmittel aufgenommen hat, und daß der *SchVE.* ihn nur bei Jugendlichen zuläßt (Art. 11 Nr. 5).

Aber auch der *DVE.* schränkt seine Verwendung sehr stark

ein. Er ist im *Bes. T.* bei keinem einzigen Delikte als Strafe angedroht, und ist auch unter den besonderen Maßregeln gegen Jugendliche im § 69 nicht aufgeführt. Er kommt demnach nur als ein Strafmittel in Betracht, welches dem Richter bei dem ihm im § 83 für besonders leichte Fälle erteilten Strafmilderungsrecht zur Verfügung gestellt ist. Soweit der Richter in solchen besonders leichten Fällen nach gesetzlicher Vorschrift von einer Strafe nicht überhaupt absehen kann oder soweit er nach der Sachlage nicht davon absehen will, soll er in den ihm geeignet erscheinenden Fällen die Möglichkeit haben, in der Form des Verweises die gerichtliche Mißbilligung der Straftat zum Ausdruck zu bringen.

In dieser Beschränkung kann man der Aufnahme des Verweises als Strafmittel zustimmen, unter der Erwartung, daß der Richter in der Anwendung des Verweises vorsichtig sein wird, insbesondere nicht da auf einen Verweis erkennen wird, wo der Täter darin eine Kränkung seines Ehrgefühls sehen würde und lieber zur Zahlung einer Geldstrafe bereit wäre. Wenn weitergehend in der *VEBegr.* 44 die Erwartung ausgesprochen wird, daß der Richter von dem Verweise meist nur gegenüber dem geständigen, seine Strafbarkeit einsehenden Angeklagten Gebrauch machen werde, so würde mir allerdings eine grundsätzliche Einschränkung auf den Fall des Geständnisses nicht angebracht erscheinen. Der Verweis soll bei besonders leichten Fällen, gleichgültig ob Geständnis vorliegt oder nicht, als geringste gesetzlich zulässige Strafe erkannt werden können, und der Richter soll dabei nur beachten, daß diese Strafe von dem Verurteilten nach seiner Individualität als Strafe, jedoch nur als geringste Strafe empfunden wird.

Dabei ist auch die Art, in der der Verweis erteilt wird, nicht ohne Bedeutung. Bisher fehlten hierfür gesetzliche Vorschriften, und in der Praxis wurde die Sache sehr verschiedenartig gehandhabt. § 37 des *DVE.* bestimmt nun: „Die Strafe des Verweises besteht in der Erteilung einer Rüge in mündlicher oder schriftlicher Form.“ Je nach der Persönlichkeit des Verurteilten dürfte die schriftliche oder die im allgemeinen wohl wirksamere mündliche Form zu wählen sein. Dabei bin ich durchaus nicht der in der *VEBegr.* 44 ausgesprochenen Ansicht, daß die Erteilung des Verweises, wenn sich der Angeklagte bei dem Urteil beruhigt, immer in unmittelbarem Anschlusse an das Urteil zu erfolgen habe. Wer in der Lage gewesen ist, als Richter häufig Verweise zu erteilen, weiß, daß gerade dann, wenn die Erteilung des Verweises sogleich an die Strafverhandlung angeschlossen wird, nicht selten die Meinung entsteht, der Täter wäre ohne Strafe davongekommen. Um den Charakter des Verweises als einer wirklichen Strafe klar zum Bewußtsein zu bringen, würde ich es deshalb in der Regel für richtiger halten, entweder den Verurteilten zur Entgegennahme eines Verweises zu einer besonderen Sitzung vorzuladen oder ihm schriftlich in aller Form den Verweis zugehen zu lassen.

Übrigens ist auch eine gesetzliche Regelung der bekannten Streitfrage erwünscht, ob der Richter oder der Staatsanwalt den Verweis erteilen soll. Ich bin dafür, daß in allen Fällen die Verweiserteilung durch den Richter erfolgt. § 482 des Entwurfs einer StPO. schreibt dagegen vor, daß der Verweis durch die Vollstreckungsbehörde erteilt wird. Ich möchte dabei gleichzeitig auf den Widerspruch aufmerksam machen, daß im § 482 des Entwurfs einer StPO. nur die mündliche Erteilung des Verweises zugelassen wird, während, wie erwähnt, § 37 des *DVE.* auch die schriftliche Form zuläßt.

V. Bedingte Strafaussetzung.

a) Allgemeine Bemerkungen.

Der *DVE.* führt unter dem Namen „bedingte Strafaussetzung“ die Einrichtung der sog. bedingten Verurteilung ein, um die seit zwei Jahrzehnten in Deutschland ein heftiger Kampf geführt worden ist.

Als ich in meinem Reisebericht[1]) über die von mir im Jahre 1888 gemachte Studienreise nach den Vereinigten Staaten zuerst in Deutschland diese damals schon seit Jahren in dem amerikanischen Staate Massachusetts bestehende Einrichtung darstellte und auf deren Verwertbarkeit für Deutschland hinwies, als dann v. Liszt in seinen „Kriminalpolitischen Aufgaben“ die gesetzliche Einführung in Deutschland forderte[2]), wurden wir lebhaft angegriffen; es wurde uns Ausländerei vorgeworfen und neben manchen anderen Einwendungen gegen die bedingte Verurteilung vor allem angeführt, daß damit in ganz unzulässiger Weise in das Begnadigungsrecht des Herrschers eingegriffen würde. Die Tatsachen aber haben uns recht gegeben: ein Kulturstaat nach dem anderen führte die bedingte Verurteilung — allerdings mit mannigfachen Verschieden-

---

[1]) Unter dem Titel: Aus dem Strafen- und Gefängniswesen Nordamerikas, Hamburg 1889 veröffentlicht.

[2]) Vgl. insb. Z. f. St. W. IX. 755ff., X 70ff.

heiten in der Ausgestaltung — ein. Und seit 1895 kam die Einrichtung nach und nach auch in fast allen deutschen Bundestaaten zur Geltung. Allerdings nicht im Gesetzeswege (das wurde mit aller Entschiedenheit bisher von den Regierungen abgelehnt), sondern in der Art, daß im Verordnungswege der obersten Justizbehörde die Befugnis gegeben wurde, auf Grund von Ermittelungen und Berichten der unteren Behörden die Strafvollstreckung vorläufig auszusetzen, worauf dann bei Wohlverhalten des Verurteilten während einer Bewährungsfrist die Strafe im Wege der Gnade erlassen wurde. Für diese, als bedingte Begnadigung bezeichnete deutsche Einrichtung wurden zwischen den deutschen Bundesstaaten mit Ausnahme von Mecklenburg-Strelitz und den beiden Reuß, welche allein die Einrichtung bisher überhaupt noch nicht eingeführt haben, unter Vermittlung des Reichs-Justizamtes eine Reihe gemeinsamer Grundsätze vereinbart, die seit dem 1. Januar 1903 zur Anwendung gelangten und die den bis dahin vorhandenen großen Verschiedenheiten in der Anwendung der bedingten Begnadigung ein Ende machen sollten. Tatsächlich aber zeigen sich auch heute noch sehr erhebliche Verschiedenheiten zwischen den einzelnen Bundesstaaten in der Art und dem Umfange, wie die bedingte Begnadigung zur Ausführung gelangt. Und die Zahl derjenigen, die sich gegen eine gesetzliche Einführung der bedingten Verurteilung in Wort und Schrift wenden, hat seit Einführung der bedingten Begnadigung wohl etwas abgenommen, ist aber immer noch eine große geblieben. Auch die für die Reform des Strafprozesses eingesetzte Kommission hat den Antrag auf Einführung der bedingten Verurteilung mit 10 gegen 6 Stimmen abgelehnt. Da darf man wohl den Vorschlag des *DVE.* als einen großen Fortschritt begrüßen.

In der *VEBegr.* 133 wird dem Haupteinwande gegen die gesetzliche Einführung der Einrichtung mit folgenden Worten begegnet: „Nach der allgemeinen staatsrechtlichen Auffassung bleibt die Begnadigung ihrer innersten Natur nach eine Ausnahmehandlung, hauptsächlich bestimmt für solche Einzelfälle, in denen das auf dem Gesetze beruhende Urteil zweckwidrig oder unbillig wirkt. Stellt sich heraus, daß solche Einzelfälle, bei denen sich das Bedürfnis nach einem Gnadenakt geltend macht, mit Regelmäßigkeit und in großer Zahl auftreten, so zeigt sich damit ein Mangel des Gesetzes, der am angemessensten durch Änderung des letzteren und nicht durch Gnadenakte oder durch gesetzliche Regelung des Gnadenrechtes zu beseitigen ist.“ Der Wert der bisherigen bedingten Begnadigung als einer „zeitweisen Einrichtung zur Erprobung des Grundgedankens der bedingten Verurteilung" wird zwar anerkannt, aber sie sei nur als erste Stufe einer begonnenen Rechtsentwicklung zu betrachten. Es hätten sich bei dieser Einrichtung auch in der Praxis mancherlei Mängel gezeigt. So wird vor allem auf das unbehagliche Zwischenstadium hingewiesen, das durch die im Verwaltungswege angestellten Ermittelungen zwischen dem rechtskräftigen Urteil und der Entscheidung über den Strafaufschub geschaffen würde, und es wird weiter betont, daß eine mündliche Verhandlung vor dem Gerichte eine bessere Erkenntnisquelle für die Würdigkeit des Verurteilten abgeben würde, als jene Nachfragen im Verwaltungswege. Überhaupt sei die Wirkung nicht zu unterschätzen, „welche die Umkleidung der Maßregel mit den Garantien der richterlichen Unabhängigkeit auf die Bevölkerung ausübt". Wenn ähnliche Ausführungen auch schon des öfteren von den Befürwortern der bedingten Verurteilung gemacht worden sind, so ist es doch erfreulich, sie in aller Schärfe in der Begründung des *DVE.* zu finden.

Und ebenso erfreulich ist es, daß auch der *SchVE.* und der *OVE.* die bedingte Verurteilung als Rechtsinstitut aufgenommen haben. Der *SchVE.* hat dem neuen Rechtsinstitut ein noch weiteres Anwendungsgebiet gegeben, als der *DVE.*; im *OVE.* dagegen ist seine Anwendung erheblich eingeschränkt (es findet hier nur auf Jugendliche Anwendung). Aber in allen drei Vorentwürfen wird mit der bedingten Verurteilung ein neues selbständiges Strafmittel eingeführt. Auf die Einzelheiten wird später bei der Besprechung der Bestimmungen des *DVE.* einzugehen sein, hier soll nur das Wesen des neuen Strafmittels noch kurz charakterisiert werden.

Bei der Bewegung in Deutschland auf Einführung der bedingten Verurteilung stand, wie in der vortrefflichen Bearbeitung der bedingten Verurteilung durch v. Liszt in der *Vergl. Darst. Allg. T. V, 1 ff.* des näheren dargelegt ist, zunächst im Vordergrund der Gesichtspunkt, daß durch die bedingte Verurteilung die kurzzeitigen Freiheitsstrafen mit ihren schädlichen Einwirkungen vermieden werden könnten. Erst allmählich ist der eigene innere Wert der Einrichtung immer klarer zur Geltung gebracht worden. Mehr und mehr wurde erkannt, daß es einen hohen erzieherischen Wert hat, wenn bei einem Verurteilten die Frage, ob er zur Verbüßung der erkannten Strafe eingezogen werden soll, längere Zeit in der Schwebe gehalten wird, weil er dadurch zu guter Führung und zur Selbstbeherrschung veranlaßt wird. Sein Schicksal ist in seine eigene Hand gegeben, er kann sich durch gute Führung den Erlaß der Strafe verdienen, während ihm gleichzeitig die Einziehung zur Strafverbüßung als Folge seines Übelverhaltens scharf vor Augen gehalten ist. Dieser während des Schwebezustandes auf den Verurteilten ausgeübte psychische Zwang zum Wohlverhalten muß erzieherisch auf ihn wirken. Der Verurteilte wird aber in diesem Zwange auch ein Übel empfinden. Die Sache ist für ihn nicht, wie in dem Falle wenn auf einen Verweis erkannt worden ist, schnell abgetan. Die Strafe ist also, auch wenn eine Einziehung zur Strafverbüßung nicht erfolgt, eine wesentlich härtere als der Verweis. Damit ist der bedingten Verurteilung die Stellung in dem Strafensystem gegeben: sie tritt als schärfere Strafe vor den Verweis.

Aber ebenso wie der Verweis kann sie nur ein Strafmittel für Ausnahmefälle abgeben. Sie kann weder für irgendein Delikt noch für irgendeine Kategorie von Übeltätern als Regelstrafe angedroht werden, sondern es muß dem richterlichen Ermessen überlassen bleiben, die Fälle auszuwählen, wo sie als geeignetes Strafmittel erscheint. Es entspricht auch durchaus dem Ausnahmecharakter dieses Strafmittels, wenn der Gesetzgeber dem richterlichen Ermessen für die Anwendung des Strafmittels bestimmte Schranken setzt. Welche Schranken dies sein sollen, das ist eine Frage der näheren Ausgestaltung des Strafmittels. Und zu der Frage der Ausgestaltung gehört es weiter auch, in welcher Weise die Bewährung, von der der Erlaß der Strafe abhängt, geregelt werden soll. Diese Ausgestaltung ist in den einzelnen Ländern, welche die bedingte Verurteilung eingeführt haben, in der verschiedenartigsten Weise erfolgt, wofür auch hier auf die Arbeit von v. Liszt zu verweisen ist.

Ein Wort ist hier noch zu sagen über den Namen, den man dem neuen Strafmittel geben soll. Die Bezeichnung „bedingte Verurteilung“ hat sich so allgemein eingebürgert, daß ich sie im vorhergehenden immer gebraucht habe. Aber sie ist zweifellos unrichtig. Die Verurteilung als solche erfolgt unbedingt; bedingt ist nur, ob die im Urteil bestimmte Strafe wirklich zur Vollstreckung gelangen wird. Es erscheint deshalb bei der gesetzlichen Einführung des neuen Strafmittels angezeigt, ihm einen anderen Namen zu geben. Die im *DVE.* vorgeschlagene Bezeichnung „bedingte Strafaussetzung“ trifft nicht das eigentlich Wesentliche des neuen Strafmittels: die Aussetzung der Strafe (richtiger des Strafvollzuges) ist nur der erste Teil der Maßregel, viel wesentlicher ist, daß im Falle der Bewährung die Strafe wegfällt. Es erscheint mir deshalb die im *SchVE.* gewählte Bezeichnung „bedingter Straferlaß“ richtiger. Der *OVE.* schlägt übrigens eine ähnliche Bezeichnung mit dem Ausdruck „bedingter Strafnachlaß“ vor. Freilich kommt auch bei diesen Bezeichnungen ein wesentliches Moment des neuen Strafmittels nicht recht zum Ausdruck, nämlich die Stellung des Verurteilten auf Bewährung. Aber ein Ausdruck, der auch dieses Moment mitumfassen würde, ist bisher noch nicht gefunden.

b) Die Einzelbestimmungen.

In den §§ 38 und 39 des *DVE.* werden die Voraussetzungen für die Anwendung des neuen Strafmittels der bedingten Strafaussetzung[1]) gegeben. Sie lassen sich dahin charakterisieren: 1. Die Straftat darf keine schwere sein, 2. der Täter darf nicht schon in erheblicher Weise vorbestraft sein, 3. der Täter muß nach den Umständen der Tat und nach seinem Vorleben einer besonderen Berücksichtigung würdig erscheinen und zu der Erwartung berechtigen, daß er auch ohne den Vollzug der Strafe sich künftig wohlverhalten werde. Die beiden ersteren Voraussetzungen sind negativer, die dritte ist positiver Natur. Und während das Gesetz die beiden ersteren so bestimmt normiert, daß die bed. StA. in allen Fällen, die dieser gesetzlichen Norm nicht entsprechen, ohne weiteres ausgeschlossen ist, hat über die dritte Voraussetzung der Richter nach freiem Ermessen zu entscheiden, wobei das Gesetz für seine Entscheidung ihm nur einige Direktiven an die Hand gibt.

Gehen wir auf die drei Voraussetzungen nun des näheren ein.

Zu 1. Daß bei schweren Straftaten bed. StA. ausgeschlossen sein muß, entspricht dem Wesen dieses Strafmittels als einer Ausnahmemaßregel. Es erscheint auch richtig, daß dabei die Schwere der Tat lediglich bestimmt wird durch die Höhe der Strafe, die der Richter im Einzelfalle für die Tat festgesetzt hat. Nach § 38 Abs. 1 des *DVE.* darf diese Strafe nicht höher sein als sechs Monate Gefängnis oder Haft. Diese Grenze ist höher als im *OVE.*, der sie auf drei Monate bestimmt, dagegen niedriger als im *SchVE.*, wo sie bis zu einem Jahr geht. Ich glaube, daß der *DVE.* hier in der Tat die richtige Mitte einhält.

Zu 2. Aus dem Ausnahmecharakter der bed. StA. ergibt sich ferner, daß sie keine Anwendung auf Personen finden kann, die dadurch, daß sie trotz vorangegangener Vorbestrafung auf verbrecherischem Wege geblieben sind, den Beweis geliefert haben, daß sie eine besonders milde Behandlung nicht verdienen. Auch hier weichen die drei Vorentwürfe in der Ausgestaltung voneinander

---

[1]) Diese Bezeichnung des *DVE.* wird im folgenden der Einfachheit halber auch da gebraucht, wo von der entsprechenden Einrichtung des *OVE.* oder des *SchVE.* die Rede ist. Es wird dabei die Abkürzung bed. StA. angewandt werden.

ab. § 38 Abs. 1 des *DVE.* fordert, daß der Täter bisher wegen eines Verbrechens oder Vergehens zu einer Freiheitsstrafe nicht verurteilt war. Der *OVE.* schließt bei jeder Verurteilung zu einer Freiheitsstrafe (also auch wenn sie wegen einer Übertretung erfolgte) die Maßregel aus. Der *SchVE.* verlangt für ihren Ausschluß nicht bloß die Verurteilung zu einer Freiheitsstrafe, sondern deren Verbüßung. Ich halte letztere Regelung für die richtige: erst wenn die Verbüßung einer Freiheitsstrafe auf den Täter keine nachhaltige Wirkung ausgeübt hat, erscheint er als eine Person, die der bed. StA. nicht würdig ist. Es ist mir sogar fraglich, ob dabei nicht eine gewisse Dauer der verbüßten Freiheitsstrafe gefordert werden sollte, damit nicht schon bei ganz geringfügigen Vorbestrafungen die bed. StA. ausgeschlossen wird. Auch der *DVE.* will ja diesen Gesichtspunkt berücksichtigen, indem er nur die wegen Verbrechens oder Vergehens, nicht auch die wegen bloßer Übertretungen Verurteilten ausschließt, und indem er weiter den Ausschluß nur dann eintreten läßt, wenn die frühere Verurteilung direkt auf Freiheitsstrafe ging, nicht wenn die Freiheitsstrafe den Ersatz für eine nicht beitreibbare Geldstrafe bildete (*VEBegr.* 137). Darüber, ob auch ausländische Vorbestrafungen die bed. StA. ausschließen, enthält der *DVE.* keine Bestimmung, während der *SchVE.* hier ausdrücklich die Bestrafung im Auslande derjenigen im Inlande gleichstellt. Ich halte es für richtig, daß im Gesetze nur inländische Vorbestrafungen als Ausschlußgrund angeführt werden, und daß der Richter eine etwa zu seiner Kenntnis gelangte Vorbestrafung im Auslande — man muß damit rechnen, daß sie dem Richter nicht selten unbekannt bleiben wird, — nach freiem Ermessen bei der Entscheidung über das Vorliegen der dritten Voraussetzung berücksichtigt.

Zu 3. Bezüglich der positiven Voraussetzung für die Anwendung der bed. StA. stimmen die drei Entwürfe dem Sinne nach überein. Es handelt sich hier nur um unerhebliche Verschiedenheiten in der Formulierung. Die oben wiedergegebene Formulierung im Satze 1 Abs. 1 des § 39 des *DVE.* erscheint mir bedenkenfrei. Auch die im Satze 2 desselben Absatzes dem Richter weiter gegebenen Direktiven heben zutreffend eine Reihe von Momenten hervor, die für die Entscheidung des Richters, ob er von der bed. StA. Gebrauch machen will, häufig wichtig sein werden: die Beweggründe der Tat; die seitdem verflossene Zeit; das Verhalten des Verurteilten nach der Tat; seine Bemühungen, den angerichteten Schaden wieder gutzumachen. Es erscheint richtig, dies letztere Moment lediglich als für die Entscheidung beachtlichen Umstand anzuführen und nicht, wie es der *SchVE.* tut, als Bedingung für die bed. StA. aufzustellen.

Der *DVE.* enthält im Abs. 2 des § 39 dann noch die instruktionelle Vorschrift: „die Strafaussetzung soll hauptsächlich jugendlichen Verurteilten, kann jedoch auch erwachsenen Verurteilten gewährt werden;" dagegen läßt der *SchVE.* die Einrichtung in vollem Maße auch bei Erwachsenen Anwendung finden (für die Behandlung Jugendlicher werden im Art. 11 besondere Vorschriften gegeben, vgl. insb. die Nr. 5 Abs. 2), und andererseits führt der *OVE.* sie überhaupt nur bei Jugendlichen ein. Das letztere ist sicherlich verfehlt; denn darüber kann nach den Erfahrungen, die in anderen Ländern — und auch in Deutschland mit der bedingten Begnadigung — gemacht sind, kein Zweifel sein, daß auch bei Erwachsenen Gründe für die Anwendung der Maßregel häufig vorhanden sein können. Die instruktionelle Vorschrift des *DVE.* mag als Mahnung an den Richter, bei der Anwendung der Maßregel auf Erwachsene doppelt vorsichtig vorzugehen, für die erste Zeit der Einführung der gesetzlichen Neuerung eine gewisse Berechtigung haben.

Inhalt und Zweck der bed. StA. werden im § 38 des *DVE.* dahin angegeben: die Vollstreckung der Strafe wird während einer zu bestimmenden Frist ausgesetzt, um den Verurteilten Gelegenheit zu geben, sich durch gute Führung den Erlaß der Strafe zu verdienen. Diese Formulierung erscheint im wesentlichen sachgemäß. Erwünscht wäre es nur, wenn statt des Ausdruckes „Frist", ebenso wie es im *OVE.* geschieht, das Wort „Probezeit" gesetzt würde, wodurch auf ein wesentliches Moment der Maßregel: die Stellung auf Probe, auf Bewährung, hingewiesen wird. Gegen den Ausdruck „gute Führung" könnte eingewendet werden, daß das ein zu dehnbarer Begriff sei, aber ich glaube, daß für die Frage, ob die Probezeit, die Bewährung, bestanden ist, dem richterlichen Ermessen ein freier Spielraum gelassen werden muß, und daß deshalb ein so allgemein gehaltener Ausdruck wie „gute Führung" ganz angebracht ist.

Die Dauer der Probezeit hat der Richter im Urteil zu bestimmen, wobei ihm Abs. 2 des § 38 Grenzen setzt, und zwar verschiedene, je nachdem es sich um ein Verbrechen oder Vergehen einerseits oder um eine Übertretung andererseits handelt. Im ersteren Falle soll die Probezeit zwischen zwei und fünf Jahren, im zweiten Falle zwischen ein und zwei Jahren bemessen werden. Ich halte es für richtig, daß die Zeitdauer der Probezeit nicht, wie es in ausländischen Gesetzen häufig geschehen ist, ein für allemal im Gesetze bestimmt wird, sondern daß dem Richter die Möglichkeit gegeben wird, auch hier auf die Umstände des Einzelfalles Rücksicht zu nehmen. Ob es notwendig ist, dem richterlichen Ermessen dabei Grenzen zu setzen, ist eine andere Frage. Man kann dafür anführen, es empfehle sich, durch das Gesetz vorzubeugen, daß der Richter die Probezeit zu kurz oder zu lang bemesse; denn bei zu kurzer Probezeit kann eine wirkliche Bewährung nicht bewiesen werden, und eine zu lange Dauer der Probezeit kann von dem Verurteilten, besonders wenn während der Probezeit eine Kontrolle über seine Führung ausgeübt wird, als ein zu schweres Strafübel empfunden werden. Stellt man sich auf diesen Standpunkt, so dürfte es kaum angebracht sein, den Rahmen für die Probezeit im Gesetze bei Übertretungen anders zu bestimmen als bei anderen Delikten: es können Straftaten vorkommen, die, wenn sie sich auch als Vergehen charakterisieren, erheblich leichter liegen und eine kürzere Probezeit gerechtfertigt erscheinen lassen, als es bei manchen Übertretungen — ich weise nur auf § 305 Nr. 1—4 des *DVE.* hin — der Fall ist. Ich würde vorschlagen, die Frist, einerlei um welches Delikt es sich handelt, im Gesetze auf ein bis drei Jahr festzusetzen. So tut es auch der *OVE.*, während der *SchVE.* die Frist allgemein länger erstreckt, nämlich auf zwei bis fünf Jahre.

Über die nähere Ausgestaltung der Bewährung während der Probezeit fehlt es im *DVE.* an irgendwelchen Bestimmungen. Anders im *OVE.* und im *SchVE.* Diese beiden Entwürfe enthalten eingehende Bestimmungen über die Weisungen, welche das Gericht dem Verurteilten für sein Verhalten in der Probezeit erteilen kann, und über die Stellung des Verurteilten unter eine Schutzaufsicht für die Dauer der Probezeit. Das sind zwei Maßnahmen, die durchaus dem Wesen der bed. StA. entsprechen, ja, die für den praktischen Erfolg des neuen Strafmittels von ausschlaggebender Bedeutung sind. Hierüber ist schon soviel geschrieben worden, daß ich nicht näher darauf einzugehen brauche. Es gilt dafür im wesentlichen dasselbe, was ich oben über die Ausgestaltung der Probezeit bei der vorläufigen Entlassung angeführt habe. Daß es bei der bed. StA. nicht immer notwendig sein wird, den Verurteilten unter Schutzaufsicht zu stellen oder ihm besondere Weisungen für sein Verhalten zu geben, ist selbstverständlich. Aber für die sicherlich zahlreichen Fälle, wo dies angebracht ist, muß im Gesetze eine Regelung erfolgen.

Beachtenswert erscheinen hierfür die Bestimmungen des *SchVE.* über die Ausgestaltung der Bewährung. Art. 61 bestimmt unter Nr. 2, daß das Gericht in der Regel den Verurteilten unter eine Schutzaufsicht zu stellen hat; wenn besondere Umstände eine Ausnahme hiervon rechtfertigen, so sind die Gründe, die das Gericht bestimmten, von der Schutzaufsicht abzusehen, im Urteile anzugeben. Im Urteile sind auch die Weisungen des Gerichtes festzustellen, die es etwa dem Verurteilten für sein Verhalten in der Probezeit gegeben hat. Dabei werden beispielsweise folgende Weisungen erwähnt: einen Beruf zu erlernen, an einem bestimmten Orte sich aufzuhalten, sich von geistigen Getränken zu enthalten, den Schaden innerhalb bestimmter Frist zu ersetzen. Man kann die Nützlichkeit der einen oder anderen Weisung in Frage stellen, und man kann es für richtiger halten, wenn das Gesetz bei leichteren Straffällen, wo der Täter nur zu kurzen Strafen verurteilt worden ist, von der Regel der Stellung unter Schutzaufsicht ohne weiteres absehen würde — das tut der *OVE.*, allerdings wohl zu weitgehend bei Strafen bis zu einem Monat —, jedenfalls aber ist es notwendig, daß auch im *DVE.* Bestimmungen über die Ausgestaltung der Bewährung getroffen werden. Die Stellung auf Bewährung ist ein wesentliches Moment bei dem neuen Strafmittel, und, wenn das Gesetz von einer näheren Ausgestaltung dieser Stellung absieht und die Bewährung lediglich von „guter Führung" abhängig macht, dann ist dieser dehnbare Begriff allerdings recht bedenklich.

§ 40 des *DVE.* bestimmt die Wirkungen guter oder schlechter Führung während der Probezeit.

Hat der Verurteilte sich schlecht geführt, so ordnet das erkennende Gericht die Vollstreckung der Strafe an. Als Merkmal schlechter Führung wird in den Abs. 1 und 2 eingehend der Fall einer neuen Verurteilung während der Probezeit behandelt. Es soll hier folgendes gelten: erfolgt die neue Verurteilung wegen eines Verbrechens oder vorsätzlichen Vergehens zu einer Freiheitsstrafe, so soll ohne weiteres die bed. StA. fortfallen, falls nicht das Gericht bei der Nachverurteilung ausdrücklich das Gegenteil bestimmt, weil die neue Straftat so geringfügig erscheint, daß die Annahme guter Führung durch sie nicht ausgeschlossen wird. In allen anderen Fällen — also, wenn die neue Tat nur ein fahrlässiges Vergehen oder eine Übertretung ist, oder wenn auf eine andere Strafe erkannt wird, — soll das Gericht der Nachverurteilung darüber entscheiden, ob die Vollstreckung der früheren Strafe nunmehr stattfinden soll oder nicht. Ich glaube, es ist durchaus richtig, bei einer neuen Straftat das Gericht der Nachverurteilung — und nicht wie sonst bei schlechter Führung das Gericht, das die bed. StA. ausgesprochen hat, — über die Vollstreckung der früheren Strafe entscheiden zu lassen; denn dies Gericht erscheint als die richtige

Instanz für die Beurteilung der Frage, ob in der späteren Straftat eine „schlechte Führung“ zu erblicken ist. Aber sehr bedenklich erscheint mir die automatische Wirkung des neuen Urteils in dem Falle, wo es wegen Verbrechens oder vorsätzlichen Vergehens auf Freiheitsstrafe lautet. Wenn das Gericht der Nachverurteilung — was doch vorkommen kann — von dem früheren Urteil nichts gewußt hat, so würde die im letzteren ausgesprochene Strafaussetzung ohne weiteres in Wegfall kommen, auch wenn es sich bei der neuen Verurteilung nur um eine ganz geringfügige und entschuldbare Tat gehandelt hat. Hier müßte jedenfalls die Möglichkeit zu nachträglicher Abhilfe gegen die automatische Wirkung des neuen Urteils bestehen. Für richtiger aber halte ich es, von dieser automatischen Wirkung überhaupt abzusehen und in jedem Falle einer Nachverurteilung das Gericht darüber entscheiden zu lassen, ob in der späteren Tat eine schlechte Führung zu sehen ist, die den Wegfall der Strafaussetzung rechtfertigt. Ich schlage vor, statt der drei ersten Absätze des § 40 — sie bedürfen unter allen Umständen einer anderen Fassung, die jetzige Fassung ist nicht nur sprachlich unschön, sondern auch wenig klar — kurz zu sagen: „Wenn sich der Verurteilte während der Probezeit schlecht führt, so ordnet das Gericht die Vollstreckung der Strafe an. Begeht er in dieser Zeit im Inlande eine neue Straftat, so entscheidet das Gericht, das über die neue Straftat erkennt, ob die frühere Strafe zu vollstrecken ist.“

Damit wären gleichzeitig zwei Zweifelsfragen erledigt, die bei der jetzigen Fassung auftauchen können: nämlich einmal, wie es bei einer im Auslande begangenen Straftat stehen soll, und sodann, ob bei einer innerhalb der Probezeit begangenen, aber erst später zur Aburteilung gelangten Straftat die ausgesetzte Strafe noch vollstreckt werden kann. Ich bin der Ansicht, daß eine im Auslande begangene Straftat oder eine im Auslande erfolgte Verurteilung, soweit sie überhaupt zur Kenntnis des inländischen Gerichts kommt, nur als etwaiges Merkmal schlechter Führung in Betracht zu ziehen ist, und weiter, daß, wenn eine Straftat innerhalb der Probezeit begangen ist, grundsätzlich auch noch nach deren Ablauf die frühere Strafe vollstreckt werden kann. Eine Einschränkung in letzterer Beziehung wird gleich noch erwähnt werden.

Abs. 4 des § 40 des *DVE.* bestimmt: „Gelangt hiernach die Strafe nicht zur Vollstreckung, so gilt sie mit dem Ablaufe der Frist als erlassen.“ Also falls nicht eine Entscheidung auf Vollstreckung der Strafe gemäß den Absätzen 1—3 erfolgt ist, soll automatisch mit Ablauf der Probezeit die Wirkung des Straferlasses eintreten. Auch das halte ich für unrichtig. Wenn die *VEBegr. 145* davon ausgeht, daß bei Nichtvorliegen einer derartigen Entscheidung der Verurteilte sich bewährt habe, so ist das ein Trugschluß. Ich habe eben schon den Fall erwähnt, daß eine Straftat innerhalb der Probezeit begangen, aber erst später zur Aburteilung gelangt ist. In gleicher Weise kann das Gericht, das die Strafe ausgesetzt hat, erst nach Ablauf der Probezeit Kenntnis davon erhalten, daß der Verurteilte innerhalb dieser Zeit sich schlecht geführt hat. Welche Garantie besteht denn überhaupt — vor allem wenn keine Schutzaufsicht über den Verurteilten ausgeübt wird — dafür, daß das Gericht von einer schlechten Führung sofort Kenntnis erhält? Ich bin der Ansicht, daß, wenn es mit der Forderung der Bewährung ernst gemeint sein soll, das Gericht nach Ablauf der Probezeit notwendigerweise eine Prüfung des Verhaltens des auf Probe Gestellten vornehmen muß, um danach seine Entscheidung zu treffen. Zu diesem Zwecke müssen Ermittelungen angestellt, und es muß durch Anfragen festgestellt werden, ob nicht etwa ein neues Strafverfahren gegen den Verurteilten angängig ist, in welchem Falle die Entscheidung bis zum rechtskräftigen Urteile in der neuen Strafsache auszusetzen wäre. Wenn der Verurteilte unter Schutzaufsicht gestellt ist, so wird der Bericht dieses Organs regelmäßig an die Stelle besonderer Ermittelungen treten können. Aber auch in diesem Falle ist eine gerichtliche Entscheidung nicht entbehrlich: es können während der Probezeit Verfehlungen geringerer Art vorgekommen sein, so daß man zwar von einer „guten Führung“ nicht sprechen kann, aber es doch berechtigt sein mag, von der Vollstreckung der Strafe abzusehen. Das hat das Gericht nach freiem Ermessen zu prüfen. Erst wenn das Gericht unter Prüfung aller Umstände zur Entscheidung gelangt, daß die Bewährung bestanden ist, darf deren Wirkung eintreten. Also, statt des im § 40 Abs. 4 vorgeschlagenen automatischen Eintritts der Wirkung der Bewährung, ist ein Ausspruch dss Gerichtes darüber zu fordern. Auch der *OVE.* schreibt im § 50 Abs. 1 ausdrücklich vor, daß der Eintritt der Wirkung der Bewährung durch Gerichtsbeschluß festzustellen sei. Mit dieser gerichtlichen Entscheidung muß natürlich die Sache beendet sein, und es kann daran auch dadurch nichts geändert werden, daß nachträglich Verurteilung wegen einer Straftat erfolgt, die während der Probezeit begangen ist. (Das ist die Ausnahme von dem oben aufgestellten Grundsatze.)

Was soll nun die Wirkung der Bewährung sein? In dieser Frage stimmen die drei Entwürfe völlig überein: wie der *DVE.*, so sieht auch der *OVE.* die Strafe als erlassen an, und auch der Ausdruck des *SchVE.* „die Strafe fällt weg“ läuft auf dasselbe hinaus. Und diese Regelung halte ich auch für richtig. Gegen den von mancher Seite gemachten Vorschlag, die Verurteilung alsdann als nicht erfolgt zu betrachten — entsprechend der belgisch-französischen Regelung: la condemnation sera considerée comme non avenue —, spricht nicht nur, daß Geschehenes nicht ungeschehen gemacht werden kann, sondern vor allem, daß es unbillig wäre, auf diese Weise den mit bed. StA. Bestraften besser zu stellen als denjenigen, gegen den auf einen Verweis erkannt ist und der damit als bestraft zu gelten hat. Auf der anderen Seite erscheint es gerechtfertigt, die Sache so zu regeln, daß derjenige, der sich während der Probezeit bewährt, der sich durch gute Führung den Wegfall der Strafe verdient hat, bei einer späteren Straftat den Rückfallschärfungen nicht unterliegt. Da nun nach § 87 ff. des *DVE.* für die Rückfallschärfungen entscheidend ist, daß eine frühere Freiheitsstrafe „erlitten“ ist, so muß als Wirkung der Bewährung ausgesprochen werden, daß die Strafe als „erlassen“ gilt, und nicht, daß sie als „verbüßt“ gilt.

Daraus wird sich allerdings bei der Annahme meines oben gemachten Vorschlages: die bed. StA. nicht schon bei einer früheren Verurteilung zu einer Freiheitsstrafe, sondern erst bei deren Verbüßung auszuschließen, die Folgerung ergeben, daß auch ein zweites Mal auf bed. StA. erkannt werden kann. Will man dies nicht — und ich gebe zu, daß die dafür in der *VEBegr.* 137 angeführten Gründe manches für sich haben, — so mag man es durch eine ausdrückliche gesetzliche Bestimmung ausschließen.

§ 41 des *DVE.* regelt dann die vielumstrittene Frage, ob und inwieweit die bed. StA. auch bei Geldstrafen zulässig sein soll. Ich glaube, daß man mit der hier vorgeschlagenen Lösung einverstanden sein kann. In der Begr. 145 ff. wird es mit guten Gründen abgelehnt, die bed. StA. ohne weiteres auf Urteile auszudehnen, die dem Täter eine Geldstrafe auferlegen; andererseits wird nicht verkannt, daß es unbillig wäre, für den Fall, daß eine Freiheitsstrafe an die Stelle einer nichtbeitreibbaren Geldstrafe tritt, den Täter schlechter zu stellen, als wenn ihn das Gericht direkt zu einer Freiheitsstrafe verurteilt hätte. Deshalb soll das Gericht in diesem Falle durch nachträgliche Entscheidung darüber bestimmen, ob die konkrete Sachlage es rechtfertigt, die als Ersatzstrafe eintretende Freiheitsstrafe bedingt auszusetzen. Ich bin also in der Sache mit der Bestimmung des § 41 einverstanden, nur würde ich unter Berücksichtigung des oben bei der Geldstrafe Angeführten die Bestimmung folgendermaßen formulieren: „Wird an die Stelle einer nicht beitreibbaren Geldstrafe nachträglich eine Freiheitsstrafe festgesetzt, so entscheidet das Gericht gleichzeitig darüber, ob diese Ersatzstrafe bedingt auszusetzen ist. Die Vorschriften der §§ 38—40 finden hier Anwendung."

VI. Sichernde Maßnahmen.

a) Allgemeine Bemerkungen.

Zu den bemerkenswertesten Neuerungen des *DVE.* ebenso wie des *SchVE.* und des *OVE.* gehört es, daß in allen drei Entwürfen neben den Strafen ein System von sichernden Maßnahmen aufgestellt wird. Das Wort System kann dabei allerdings nur in sehr beschränktem Sinne gebraucht werden; denn ein wirkliches System würde zur Voraussetzung haben, daß eine scharfe Scheidung zwischen Strafen und sichernden Maßnahmen vorgenommen, daß die eine Kategorie sich von der anderen in klarer Weise abheben würde. Davon kann aber bei allen drei Entwürfen nicht die Rede sein.

Der *DVE.* behandelt in den §§ 42 und 43 unter der Überschrift „Sichernde Maßnahmen" das Arbeitshaus, das Wirtshausverbot und die Unterbringung in eine Trinkerheilanstalt. Die Begründung zu diesen Paragraphen (*VEBegr.* 147—161) geht nicht grundsätzlich darauf ein, was eigentlich diese sichernden Maßnahmen im Gegensatze zu den Strafen charakterisiert, sondern gibt darüber nur gelegentliche Bemerkungen. So heißt es von dem Arbeitshause, daß dies als „wirksames Vorbeugungsmittel" gebraucht werden soll, „wo der sozialgefährliche Zustand der Verwahrlosung, auf dem die begangene Straftat beruht, die erneute Begehung strafbarer Handlungen besorgen läßt". Es sei davon eine „wirksame Bekämpfung des in der Entwicklung begriffenen gewohnheitsmäßigen Verbrechertums zu erwarten" (S. 149). Bei den vorgeschlagenen Maßnahmen gegenüber den in Trunkenheit oder Trunksucht begangenen strafbaren Handlungen wird gesagt, es solle „durch präventive Maßregeln und besonders durch zwangsweise Heilung der der Trunksucht Verfallenen eine der wirksamsten Ursachen strafrechtlichen Handelns nach Möglichkeit eingeschränkt" werden (S. 158). Während hier also das Charakteristische der sichernden Maßnahmen darin gefunden wird, daß sie zum Schutze, zur Sicherung der Gesellschaft notwendig seien, heißt es in der *VEBegr.* 362: „Die sichernden Maßnahmen dienen in erster Linie dem eigenen Interesse des Betroffenen und erst mittelbar dem der Gesellschaft.“ Hier wird also das Fürsorgebedürfnis des Individuum in den Vordergrund gestellt. Die vollen Konsequenzen werden aber aus keiner dieser beiden Auffassungen gezogen: ist es das Wesentliche der sichernden Maßnahmen, daß dadurch heilend, erziehend auf den Täter eingewirkt werden soll, so sind sicherlich auch die im § 69 Abs. 2 gegen jugendliche Täter vorgeschriebenen Erziehungsmaßregeln zu den sichernden Maßnahmen zu rechnen; ist aber das Schutz- und Sicherungsbedürfnis der Gesellschaft das Maßgebende, so muß auch die nach § 65 angeordnete Verwahrung von Personen, die eine Straftat im Zustande der Unzurechnungsfähigkeit oder verminderter Zurechnungsfähigkeit begangen haben, als sichernde Maßnahme angesehen werden. Und wenn es nach den Ausführungen in der *VEBegr.* 148 für die sichernden Maßnahmen charakteristisch sein soll, daß sie an eine Straftat anknüpfen, die als Symptom eines zu bekämpfenden Zustandes aufzufassen ist, so paßt das Wirtshausverbot gar nicht hier herein: denn es soll da angewandt werden, wo die strafbare Handlung auf Trunkenheit zurückzuführen ist, und es kann doch nicht die einfache Trunkenheit, sondern erst die Trunksucht als ein gefährlicher Zustand erachtet werden. Auch dadurch unterscheidet sich das Wirtshausverbot von den anderen sichernden Maßnahmen des *DVE.*, daß es nicht wie diese in einer Entziehung der Freiheit, die eine strafähnliche Natur hat, besteht, und ferner, daß es von vornherein für eine im Strafurteil bestimmt festzusetzende Zeitdauer erlassen wird, während die anderen sichernden Maßnahmen in ihrer Dauer erst nachträglich durch das Verhalten des Täters in der Anstalt bestimmt werden.

Der *SchVE.* behandelt in den Art. 31—33 als sichernde Maßnahmen: die Erziehung Liederlicher und Arbeitsscheuer zur Arbeit, die Behandlung von Gewohnheitstrinkern und die Verwahrung von Gewohnheitsverbrechern (für welch letztere der *DVE.* die Strafe des Zuchthauses in einer besonderen Anstalt anordnet). Dagegen wird die Verwahrung gefährlicher Unzurechnungsfähiger oder vermindert Zurechnungsfähiger (Art. 16—18) nicht darunter begriffen, obwohl diese von dem offenbar in dem *SchVE.* für den Begriff der sichernden Maßnahme maßgeblichen Sicherungsstandpunkte dazu gehören dürfte. Eigenartig ist ferner, daß der *SchVE.* neben den sichernden Maßnahmen noch eine besondere Kategorie „vorsorgliche Maßnahmen“ kennt, zu der Friedensbürgschaft, Einziehung gefährlicher Gegenstände und öffentliche Bekanntmachung des Urteils gerechnet werden (Art. 46—48). Das Wirtshausverbot wird lediglich als Nebenstrafe in Art. 45 behandelt.

Relativ am konsequentesten verfährt der *OVE.*, wenn er als „Sicherungsmittel“ — dieser Ausdruck wird hier statt „sichernde Maßnahmen“ gebraucht — ansieht: die Anstaltsverwahrung wegen Gemeingefährlichkeit, und zwar a) von verbrecherischen Geisteskranken und Trunksüchtigen, die im Zustande der Unzurechnungsfähigkeit eine Straftat begangen haben; b) von vermindert Zurechnungsfähigen, die zu Freiheitsstrafen verurteilt sind; und endlich c) von wiederholt mit Kerkerstrafen vorbestraften Verbrechern (§§ 36—38). Das Charakteristische besteht hier einmal darin, daß im Gesetze selbst als Grund der Verwahrung all dieser Personenklassen ihre Gemeingefährlichkeit bezeichnet wird, und sodann darin, daß in einer allerdings für die drei Klassen verschiedenartig geordneten Weise die Dauer der Verwahrung erst nachträglich bestimmt wird; nur bei den Klassen a und b soll die Entlassung erst erfolgen, wenn die Annahme begründet ist, daß der Verwahrte nicht mehr gemeingefährlich sei, während für die Klasse c eine Höchstdauer der Verwahrung von zehn Jahren im Gesetze bestimmt ist.

Die hier in aller Kürze gegebene Übersicht läßt erkennen, daß sich in den drei Entwürfen über das, was als sichernde Maßnahme zu behandeln ist, große Verschiedenheiten finden. Als den drei Entwürfen gemeinsam dürfte man nur den Gedanken bezeichnen können, daß die Strafe allein dem Schutzbedürfnisse der Gesellschaft nicht genügt, sondern daß es zur wirksamen Bekämpfung des Verbrechertums notwendig ist, gegen gewisse Verbrecherklassen weitergehende Maßregeln zu treffen, die eine Spezialbehandlung zur Behebung von kriminalpolitisch bedenklichen Veranlagungen und Zuständen ermöglichen.

Es ist dringend wünschenswert, daß sich die Wissenschaft mehr als es bisher geschehen mit der Bestimmung des Begriffes der sichernden Maßnahmen befaßt. An dieser Stelle kann darauf nicht näher eingegangen werden. Ich weise aber ausdrücklich darauf hin, daß Professor v. Liszt nach der zwischen uns getroffenen Vereinbarung die prinzipielle Unterscheidung zwischen Strafen und sichernden Maßnahmen bei Besprechung der Behandlung gewerbs- und gewohnheitsmäßiger Verbrecher, wo die Frage ja von besonders großer praktischer Bedeutung ist, eingehender erörtern wird.

b) Das Arbeitshaus.

Die sichernde Maßnahme des Arbeitshauses soll an die Stelle der bisherigen Nebenstrafe der korrektionellen Nachhaft treten.

Dabei soll das Anwendungsgebiet erheblich erweitert und das Verfahren ganz umgestaltet werden. Es wird richtig sein, zunächst diese beiden Fragen zu behandeln.

Die korrektionelle Nachhaft war bis zur Novelle von 1900 nur anwendbar bei Bettlern, Landstreichern und wegen gewerbsmäßiger Unzucht verurteilten Dirnen. Sie hat sich gegenüber diesen Personen als ein sehr gefürchtetes und auch wirksames Strafmittel erwiesen, insoweit es sich darum handelte, zumeist moralisch schwache, energielose Menschen für längere Zeit zu einem regelmäßigen Leben, zur Ordnung und zu angestrengter nützlicher Arbeit anzuhalten. Durch die Novelle von 1900 wurde die korrektionelle Nachhaft auch gegenüber Zuhältern für anwendbar erklärt. Damit kam ein neues, ganz anders geartetes Element in die Korrektionshäuser: die Zuhälter sind keine schwachen Charaktere, sondern gemeingefährliche Verbrecher, bei denen sich sogar vielfach ein sehr hoher Grad von Energie vorfindet. Es ist wohl zu verstehen, daß sie den Leitern der Korrektionshäuser viel zu schaffen gemacht haben, und daß von diesen über das Zusammenbringen so disparater Elemente in derselben Anstalt häufig Klagen erhoben wurden. Man berücksichtige dabei, daß in Korrektionshäusern durchweg das System der Gemeinschaftshaft besteht, und daß hier Außenarbeit die vorwiegende Art der Beschäftigung bildet. Das ist auch durchaus sachgemäß für die Klasse der Personen, die sich bis 1900 in den Anstalten befanden, aber es paßt recht wenig für den Abschaum der Menschheit, der mit den Zuhältern in die Anstalt hinein kam. Und in der Tat gehören die Zuhälter nicht da hinein, ihr Platz ist in den Zuchthäusern. Es ist außerordentlich bedauerlich, daß der *DVE.* es bezüglich der Zuhälter bei den bisherigen Bestimmungen beläßt. Ich halte es für ganz unangebracht, diese Klasse von Menschen noch weiter mit Glacéhandschuhen anzufassen und sie nicht dahin zu bringen, wohin sie als Ehrlose gehören: in das Zuchthaus.

Bin ich somit in diesem Punkte für eine Einschränkung der bisherigen Anwendung der korrektionellen Haft, so ist es andererseits richtig, daß es außer den Bettlern, Landstreichern und Dirnen eine große Zahl anderer Delinquenten gibt, bei denen zur wirksamen Bekämpfung ihrer an den Tag gelegten Liederlichkeit und Arbeitsscheu die längere Festhaltung in einem Arbeitshause wünschenswert erscheint, um sie an ein gesetzmäßiges und arbeitsames Leben zu gewöhnen. Wer als Richter lange in der Strafpraxis gestanden hat, wird sich zahlreicher Fälle erinnern, in denen Liederlichkeit und Arbeitsscheu zu allen möglichen Arten von strafbaren Handlungen geführt haben, und wo es sich, ebenso wie bei den Bettlern und Landstreichern, nicht um wirklich verbrecherisch veranlagte Menschen handelte, sondern um schwache Charaktere, die nicht die Energie zu regelmäßiger Arbeit besitzen und zumeist auch nur eine äußerst geringe Widerstandskraft gegen Versuchungen, die an sie herantreten. Für solche Elemente ist das Arbeitshaus — mag man es als Strafe oder als sichernde Maßnahme bezeichnen — das geeignete Mittel, um sie durch Gewöhnung an Arbeit und durch strenge Disziplin für ein anderes, besseres Leben vorzubereiten, um sie soweit als möglich zu nützlichen Mitgliedern der menschlichen Gesellschaft zu machen.

Also: ich stimme an sich dem Gedanken zu, das Anwendungsgebiet der bisherigen Korrektionsnachhaft auszudehnen. Aber ich glaube, daß der *DVE.* hierbei nicht die richtigen Wege einschlägt. Er beschränkt von vornherein die Anwendung auf bestimmte Delikte, bei denen im *Bes. T.* Arbeitshaus für zulässig erklärt wird. Dazu gehören außer den bisherigen und einigen nahe verwandten Fällen (§§ 305 Nr. 1—4, 306 Nr. 1 u. 2, 254) einige Vermögensdelikte (Diebstahl §§ 269, 270, Erpressung § 275, Betrug § 276, Hehlerei § 281) und gewerbsmäßiges Glücksspiel (§ 299) und sodann eine Reihe von Sittlichkeitsdelikten (widernatürliche Unzucht, Kuppelei, Frauenhandel §§ 250—253). Ich halte zunächst diese Auswahl für recht wenig glücklich. Man denke sich, was für eine disparate Gesellschaft in die Arbeitshäuser hineinkommen würde. Der gewerbsmäßige Frauenhändler, der schwere Kuppler passen zu den sonstigen Insassen des Arbeitshauses ebensowenig, wie es bisher beim Zuhälter der Fall war. Auch sie gehören in das Zuchthaus. Will man es dem Arbeitshause ermöglichen, einen bessernden Einfluß auf seine Insassen auszuüben, so muß man wirklich verbrecherische Elemente davon ausschließen. Aber abgesehen hiervon, ist die Auswahl der Delikte völlig willkürlich. Warum soll beim Diebstahl, den ein Arbeitsscheuer begeht, Arbeitshaus zulässig sein, nicht aber wenn derselbe Mann einer Unterschlagung sich schuldig macht? Nein! Den einzig richtigen Weg geht der *SchVE.*, der im Art. 32 bei allen strafbaren Handlungen eines Liederlichen oder Arbeitsscheuen die Maßregel — sie wird hier nicht Arbeitshaus, sondern Arbeitserziehungsanstalt genannt — zuläßt, vorausgesetzt, daß die Tat im Zusammenhang mit der Liederlichkeit oder Arbeitsscheu des Täters steht. Es erscheint durchaus richtig, dem Richter bei der Entscheidung der Frage, ob diese für die Anwendung der Maßregel allein ausschlaggebende Voraussetzung vorliegt, keine Schranken zu setzen, außer etwa der einen, die der *SchVE.* im Abs. 2 dahin bestimmt: „Wer eine Zuchthausstrafe erlitten hat, kann nicht in eine Arbeitserziehungsanstalt eingewiesen werden.“ Wer früher bereits eine ehrlose Tat begangen hat, wegen derer er mit Zuchthaus bestraft worden ist, gehört ebensowenig in das Arbeitshaus, wie der Zuhälter oder der gewerbsmäßige Frauenhändler.

Was sodann das Verfahren bei der korrektionellen Nachhaft betrifft, so erkennt nach geltendem Recht das Gericht bei denjenigen Personen, bei denen es diese Maßregel für angezeigt erachtet, dahin, daß der Verurteilte nach verbüßter Strafe der Landespolizeibehörde zu überweisen sei. Durch die Überweisung erhält die Landespolizeibehörde die Befugnis, den Verurteilten bis zu zwei Jahren in ein Arbeitshaus unterzubringen. Ob von dieser Befugnis auch tatsächlich Gebrauch gemacht wird, und wie lange der Verurteilte im Arbeitshaus behalten wird, darauf steht dem Gerichte keinerlei Einwirkung zu. Das Bedenkliche einer derartigen Regelung, bei der die Freiheitsentziehung und ihre Dauer ganz in das Ermessen einer Verwaltungsbehörde gestellt wird, ist so vielfach dargelegt worden, daß es eine fast selbstverständliche Forderung an ein neues Strafgesetz bildet, hier eine Änderung eintreten zu lassen.

Der *DVE.* ordnet die Sache nun folgendermaßen: das Gericht erkennt, wo ihm die Maßnahme erforderlich erscheint, auf Unterbringung in ein Arbeitshaus und bestimmt dabei auch die Dauer der Unterbringung, und zwar innerhalb des Rahmens von sechs Monaten bis zu drei Jahren. Die Landespolizeibehörde wird dadurch verpflichtet, für die Unterbringung zu sorgen. Sie kann auch vor Ablauf der vom Gerichte festgesetzten Zeit den Verurteilten nicht endgültig entlassen, wohl aber ist sie zu einer vorläufigen Entlassung berechtigt. Für diese vorläufige Entlassung gelten die oben erörterten allgemeinen Vorschriften der §§ 26—29 über die vorläufige Entlassung mit folgenden drei Modifikationen: 1. die vorläufige Entlassung ist hier an die Bedingung geknüpft, daß der Verurteilte sich nicht nur gut geführt, sondern auch fleißig gearbeitet hat; 2. die vorläufige Entlassung kann schon nach Verbüßung der Hälfte der urteilsmäßigen Zeit eintreten; 3. über den Widerruf entscheidet ebenso wie über die vorläufige Entlassung die Landespolizeibehörde.

Von diesen drei Modifikationen entspricht die erste durchaus der besonderen Natur des Arbeitshauses als einer auf Gewöhnung an Arbeit gerichteten Anstalt. Bezüglich der dritten würde ich es auch hier für richtiger halten, wenn einer Strafvollzugskommission, in der auch das richterliche Element vertreten wäre, die Entscheidung über die vorläufige Entlassung und über den Widerruf übertragen wird. Wirklich erhebliche Bedenken dagegen habe ich gegen die zweite Modifikation. Während sonst die vorläufige Entlassung erst nach Verbüßung von zwei Dritteln der Strafe, mindestens aber von einem Jahre erfolgen kann, soll sie hier stets schon nach Verbüßung der Hälfte der Strafdauer zulässig sein, also, wenn das Gericht die Dauer auf nur sechs Monate bestimmt hat, schon nach drei Monaten. Es ist für mich zweifellos, daß das zu kurz ist, um einen sicheren Erfolg von der Maßregel erwarten zu können; zu einer Gewöhnung an ein gesetzmäßiges und arbeitsames Leben gehört Zeit. Ich würde es deshalb auch für richtig halten, wenn das Gericht die Dauer der Unterbringung im Minimum nicht, wie vorgeschlagen, auf sechs Monate, sondern auf ein Jahr bestimmen müßte. Jedenfalls aber dürfte die vorläufige Entlassung nur eintreten, falls der Verurteilte wenigstens ein Jahr lang im Arbeitshause gewesen ist. So bestimmt es auch der *SchVE.* im Abs. 6 des Art. 32.

Nachdem ich die beiden Hauptänderungen, die der *DVE.* gegenüber dem bisher geltenden Rechte vorschlägt, besprochen habe, gehe ich nunmehr noch auf einige weitere Einzelheiten ein.

Im Abs. 1 des § 42 — er ist sprachlich ein wahres Satzungetüm; ein einziger Satz von achtundeinhalb Druckzeilen! — werden außer den hier bereits besprochenen Voraussetzungen für die sichernde Maßnahme des Arbeitshauses noch zwei weitere aufgestellt: auf Unterbringung in ein Arbeitshaus soll nur erkannt werden, wenn der Verurteilte arbeitsfähig ist, und wenn die erkannte Gefängnis- oder Haftstrafe mindestens vier Wochen beträgt. Beides ist zu billigen. Für Arbeitsunfähige ist der Natur der Sache nach ein Arbeitshaus nicht geeignet, und, wenn das Gericht die Strafe auf weniger als vier Wochen bemißt, so bringt es damit zum Ausdruck, daß es den Fall für einen leichten hält, bei dem dann eine den Verurteilten so schwer treffende Maßnahme, wie die Unterbringung in ein Arbeitshaus, nicht angebracht erscheint.

Des weiteren wird dem Gerichte im Abs. 1 die Befugnis gegeben, „wenn die Strafe drei Monate nicht übersteigt, an ihrer Stelle auf Unterbringung des Verurteilten in ein Arbeitshaus zu erkennen“. Ich habe bereits früher darauf hingewiesen, daß der Entwurf damit das Arbeitshaus aus einer sichernden Maßnahme zu einer Freiheitsstrafe macht. Aus der *VEBegr.* 154 und 155 geht mit genügender Klarheit hervor, daß man sich dazu nur sehr schwer entschlossen hat, aber man glaubte, keinen anderen Ausweg zu haben, um einem unzweifelhaft bisher hervorgetretenen Übelstande zu begegnen: wenn die erkannte Freiheitsstrafe nur von kurzer Dauer ist, so hat sich deren Vollstreckung vor der nachfolgenden Unterbringung des Verurteilten in ein Arbeitshaus vielfach als völlig nutzlos erwiesen, sie macht auf den Verurteilten keinen Eindruck und verursacht unnötige Kosten. Obwohl ich persönlich gegen die Erhebung des Arbeitshauses zu einer selbständigen Freiheitsstrafe, zu einer Hauptstrafe, keinerlei Bedenken habe, so möchte ich doch darauf hinweisen, daß der *SchVE.* einen anderen Weg zeigt, um eine nutzlose Vollstreckung der Freiheitsstrafe vor der Unterbringung in das Arbeitshaus zu vermeiden: der Vollzug der vom Gericht erkannten Freiheitsstrafe wird vorläufig ausgesetzt und erst angeordnet, wenn der Verurteilte in dem Arbeitshause gezeigt hat, daß er zur Arbeit nicht erzogen werden kann, oder wenn er sich nach seiner vorläufigen Entlassung aus der Anstalt während der Probezeit schlecht geführt hat. Also Anwendung der bedingten Strafaussetzung auf die neben der Unterbringung in das Arbeitshaus erkannte Freiheitsstrafe.

Auf diese Weise würde auch eine Schwierigkeit behoben, die bei der im *DVE.* vorgenommenen Regelung vorkommen kann: was soll geschehen, wenn der Verurteilte, gegen den auf Unterbringung in ein Arbeitshaus an Stelle einer Freiheitsstrafe erkannt ist, sich nachträglich als nicht arbeitsfähig erweist? Abs. 3 des § 42 des *DVE.* bestimmt, daß dann das Gericht nachträglich eine Freiheitsstrafe von angemessener Dauer festzusetzen hat. Das ist doch, auch wenn man gegen eine derartige nachträgliche Bestimmung der Strafe keine rechtlichen Bedenken erheben will, ein recht umständliches und schwerfälliges Verfahren.

Wie bisher, so ist auch in Zukunft Arbeitshaus bei jugendlichen Übeltätern ausgeschlossen (§ 69 Abs. 3). Ebenso ist die Bestimmung des § 362 Abs. 4 RStGB. übernommen, daß, wenn der Verurteilte ein Ausländer ist, die Landespolizeibehörde ihn statt oder neben der Unterbringung aus dem Reichsgebiete ausweisen kann (§ 42 Abs. 2). Es würde in der Tat zu weit führen, die Unterbringung jedes zu Arbeitshaus verurteilten Ausländers obligatorisch zu machen; es würde dies vor allem häufig nicht gerechtfertigte Kosten verursachen.

Hiermit dürften alle im *DVE.* für das Arbeitshaus vorgeschlagenen Bestimmungen besprochen sein. Nun noch ein Wort über dasjenige, was der Entwurf nicht enthält. Es fehlt an irgendwelchen Bestimmungen über die Behandlung der im Arbeitshaus Untergebrachten. Und doch dürfte auch hier dasjenige gelten, was die *VEBegr.* 62 bezüglich der Freiheitsstrafen ausgeführt hat, daß nämlich ein Strafmittel erst durch die Art des Vollzuges seinen Inhalt erhält. Durch die eingehenden Untersuchungen von v. Hippel[1]) ist überzeugend dargetan, wie verschiedenartig die Einrichtungen der deutschen Arbeitshäuser sind, die in Preußen als Kommunalanstalten, in den anderen Bundesstaaten dagegen als Staatsanstalten bestehen. Soll hier trotz der erweiterten Anwendung, die dem Arbeitshaus durch den *DVE.* gegeben wird, alles beim alten bleiben? Ich glaube, man wird diese Frage verneinen müssen. Ich möchte dabei darauf hinweisen, daß der *SchVE.* über die Einrichtung der Anstalten in den Abs. 3 und 4 des Art. 32 eingehende Vorschläge enthält. Sie lauten: „Der Zögling wird zu einer Arbeit erzogen, die seinen Fähigkeiten entspricht und die ihn in den Stand setzt, in der Freiheit seinen Unterhalt zu erwerben. Die geistige und die körperliche Ausbildung, namentlich die gewerbliche Ausbildung des Zöglings, wird durch Unterricht gefördert. Die Nachtruhe und die übrige Ruhezeit bringt der Zögling in Einzelhaft zu."

c) Das Wirtshausverbot und die Unterbringung in eine Trinkerheilanstalt.

Durch neuere Forschungen — insbesondere von Baer und Aschaffenburg — ist der Zusammenhang der Kriminalitätsverhältnisse mit dem Alkoholmißbrauch so überzeugend dargelegt worden, daß ein modernes Strafgesetzbuch diese wichtige Quelle strafbarer Handlungen in seinen Bestimmungen nicht unbeachtet lassen kann. Während das RStGB. nur in der Vorschrift des § 361 Nr. 5 die Trunksucht berücksichtigt, und zwar in einer ganz unzureichenden Weise, nämlich nur insoweit, als sie die Ursache wirtschaftlicher Hilfsbedürftigkeit ist, gibt der *DVE.* eine ganze Reihe von Vorschriften gegen Trunkenheit und Trunksucht. Außer den hier näher zu besprechenden sichernden Maßnahmen des Wirtshausverbots und der Unterbringung in eine Trinkerheilanstalt gehören hierher: 1. die Strafbestimmungen der §§ 306 Nr. 3 und 309 Nr. 6 gegen denjenigen, der in einem selbstverschuldeten Zustand von Trunkenheit eine grobe Störung der öffentlichen Ordnung oder eine persönliche Gefahr für andere verursacht, sowie gegen denjenigen, der in einem solchen Zustand an einem öffentlichen Orte betroffen wird, wenn dies geeignet ist, Ärgernis zu erregen; 2. die

---

[1]) Ich verweise außer auf *Vergl. Darst. Bes. T.* II 192 ff. besonders auf die Schrift „Die strafrechtliche Bekämpfung von Bettel, Landstreicherei und Arbeitsscheu" Berlin 1895.

Bestimmung im § 63 Abs. 2 Satz 2, daß selbstverschuldete Trunkenheit von der sonst bei verminderter Zurechnungsfähigkeit vorgeschriebenen Strafmilderung ausgeschlossen sein soll; 3. die Bestimmung im § 65 Abs. 1, daß gegen denjenigen, der freigesprochen oder außer Verfolgung gesetzt wird, weil bei einer strafbaren Handlung seine freie Willensbestimmung durch eine auf selbstverschuldeter Trunkenheit beruhende Bewußtlosigkeit ausgeschlossen war, die Unterbringung in eine Trinkerheilanstalt vom Gerichte angeordnet werden kann. Auf diese, an den verschiedensten Stellen des *DVE.* zerstreuten Bestimmungen[1]) sei hier ausdrücklich hingewiesen; sie werden bei den betreffenden Abschnitten des *DVE.* noch des näheren erörtert werden.

Das Wirtshausverbot, das der *DVE.* im § 43 als sichernde Maßnahme behandelt, kennt der *OVE.* überhaupt nicht, während es der *SchVE.* im Art. 45 unter den Nebenstrafen behandelt. Demjenigen, der wegen einer auf Trunkenheit zurückzuführenden strafbaren Handlung verurteilt wird, kann nach § 43 *DVE.* vom Gericht neben der Strafe der Besuch der Wirtshäuser auf die Dauer bis zu einem Jahre verboten werden. Der *SchVE.* bestimmt die Frist auf mindestens sechs Monate und längstens zwei Jahre. Ob die Maßregel in den kleineren Verhältnissen der Schweiz einen Erfolg verspricht, vermag ich nicht zu entscheiden. Für Deutschland halte ich sie für schwer durchführbar. Zwar wird im § 309 Nr. 1 u. 2 eine besondere Strafe festgesetzt gegen denjenigen, der das gegen ihn erlassene Wirtshausverbot übertritt, sowie gegen den Wirt oder dessen Vertreter, der wissentlich an eine solche Person in seinen Räumlichkeiten geistige Getränke verabreicht; aber zur Wirksamkeit dieser Vorschriften wäre es erforderlich, daß eine öffentliche Bekanntmachung des Verbotes und eine ständige Kontrolle der Wirtshäuser erfolgte. Das wird man schwerlich befürworten können; ich weise insbesondere darauf hin, daß eine derartige öffentliche Bekanntmachung den Charakter einer Ehrenstrafe haben würde. Des weiteren aber wird die Verabreichung geistiger Getränke außerhalb der Wirtshäuser und der Alkoholgenuß in der eigenen oder einer fremden Wohnung ja gar nicht verhindert. Nach alledem ist von dieser sichernden Maßnahme wenigstens in Deutschland ein wirklich erheblicher praktischer Erfolg, insbesondere in den

---

[1]) Auch die Vorschrift des § 64 ist zu erwähnen: die für die fahrlässige Begehung angedrohte Strafe soll eintreten, wenn in einem auf Trunkenheit beruhenden Zustande der Bewußtlosigkeit eine Handlung begangen ist, die bei fahrlässiger Begehung strafbar ist.

größeren Städten, nicht zu erwarten. Ich würde deshalb davon ganz Abstand nehmen.

Dagegen ist die Unterbringung eines wegen einer strafbaren Handlung Verurteilten, bei dem Trunksucht vom Gerichte festgestellt ist, in eine Trinkerheilanstalt als eine Maßregel zu begrüßen, von der bei geeigneter Ausführung eine günstige Wirkung auf die Kriminalitätsverhältnisse erwartet werden kann. Der Begriff „Trunksucht“ wird in der *VEBegr.* 160 richtig dahin bestimmt: „Ein durch fortgesetzten Alkoholmißbrauch erworbener derartig krankhafter Hang zu übermäßigem Trinken, daß der Trinker die Kraft verloren hat, dem Anreize zu übermäßigem Genusse geistiger Getränke zu widerstehen.“ Ein solcher Gewohnheitstrinker bildet eine ständige Gefahr für die Allgemeinheit, und diese hat deshalb ein Interesse daran, daß er durch Behandlung in einer geeigneten Anstalt von seinem Zustande geheilt wird.

Von diesem Standpunkt aus glaube ich, daß man von der in dem *DVE.* enthaltenen Einschränkung absehen sollte, wonach die Maßnahme nur neben einer Verurteilung zu einer Gefängnis- oder Haftstrafe von mindestens zwei Wochen angeordnet werden darf. Auch bei einer an sich nicht erheblichen Straftat, bei der auf eine geringere Strafe erkannt wird, kann in gleichem Maße die Notwendigkeit der Maßregel bestehen. Der *SchVE.* nimmt deshalb mit Recht keine Rücksicht auf die Höhe der erkannten Strafe.

Sowohl der *SchVE.* wie der *DVE.* schließen die Maßnahme bei Verurteilung zu einer Zuchthausstrafe aus. In der *VEBegr.* 161 wird dies damit gerechtfertigt, daß im Zuchthause während der Strafvollstreckung „auf eine zweckentsprechende Behandlung dem Trunke ergebener Gefangener Bedacht genommen wird“. Ob das wirklich der Fall ist oder in Zukunft stets der Fall sein wird, möchte ich bezweifeln. Viel eher könnte wohl für die Ausschließung der zu Zuchthaus Verurteilten angeführt werden, daß die Aufnahme so schwerer Verbrecher in einer Trinkerheilanstalt auf mancherlei Bedenken und Schwierigkeiten stoßen würde. Der *SchVE.* schließt ferner ausdrücklich solche Personen aus, die voraussichtlich nicht heilbar sind, und ordnet weiter an, daß das Gericht zur Begutachtung dieser Frage Ärzte als Sachverständige zuziehen soll. Das erscheint an sich richtig. Aber es dürfte in der Praxis nicht leicht sein, überall geeignete Sachverständige für diese, Spezialkenntnisse erfordernde Frage zu finden. Immerhin dürfte es sich empfehlen, die im *DVE.* für die Anordnung der Unterbringung aufgestellte Voraussetzung „falls diese Maßregel erforderlich erscheint, um den Verurteilten wieder an ein gesetzmäßiges und geordnetes Leben zu gewöhnen“ dahin zu ergänzen, daß vor dem Worte erforderlich die Worte „geeignet und“ gesetzt werden.

Die Ausführung der gerichtlich angeordneten Unterbringung überträgt der *DVE.* der Landespolizeibehörde. Hier ist die Frage aufzuwerfen, wie für eine genügende Zahl wirklich geeigneter Anstalten gesorgt werden soll? Soweit ich die Verhältnisse kenne, dürften die zurzeit bestehenden Trinkerheilanstalten kaum ausreichen, und unter diesen Anstalten gibt es viele, deren finanzielle Grundlagen zu Bedenken Anlaß geben können. Wenn aber eine Maßnahme im Gesetze bestimmt wird, so muß auch deren Ausführbarkeit sichergestellt werden. Soll die Unterbringung in Privatanstalten überhaupt zugelassen werden, ev. unter welchen Kautelen? Sollen die Kommunalverbände zur Errichtung öffentlicher Anstalten verpflichtet werden, oder sollen vom Staate selbst solche Anstalten errichtet werden? Das sind alles Fragen, über die man sich schon bei Erlaß der gesetzlichen Vorschrift klar sein muß. Sie sind auch von nicht zu unterschätzender Bedeutung für die weitere Frage, wie die Bestimmungen über die Dauer der Unterbringung zu treffen sind.

Da der Zweck der Unterbringung die Heilung des Trunksüchtigen ist, so würde es an sich das richtigste sein, die Unterbringung bis zur vollständigen Heilung dauern zu lassen. Aber andererseits ist nicht zu verkennen, daß damit unter Umständen eine bedenklich lange Freiheitsentziehung verbunden sein könnte. Und wer soll über Heilung und Entlassung entscheiden?

Im *DVE.* wird die Sache folgendermaßen geregelt. Die Zeit der Unterbringung, die an sich bis zur Heilung dauern soll, wird vom Gericht im Urteil festgesetzt, wobei aber das Gericht nicht über zwei Jahre hinausgehen darf. Die Landespolizeibehörde kann den Untergebrachten im Falle seiner früheren Heilung auch vor dem Ablauf der bestimmten Zeit aus der Anstalt entlassen. Diese Regelung erscheint mir recht bedenklich. Auf welcher Unterlage soll das Gericht die Zeitdauer der Unterbringung bestimmen? Ich habe schon oben darauf hingewiesen, daß dem Gerichte nicht immer die Hilfe eines wirklich sachverständigen Arztes zur Verfügung stehen wird, und, hiervon abgesehen, sei folgende Äußerung eines sicherlich sachverständigen Arztes — Professor Aschaffenburg in *Vergl. Darst. Allg. T.* I 130 — angeführt: „Es läßt sich auch für den Arzt nicht von vornherein feststellen, welche Zeitdauer zur Heilung eines Trunksüchtigen erforderlich ist. Weder die Dauer der bestehenden Trunksucht noch die äußerlich erkennbaren Folgen geben mehr wie Anhaltspunkte für die voraussichtliche Mindestdauer.“ Und nun bedenke man, daß der Untergebrachte keinen

Tag länger, als das Gericht bestimmt hat, in der Anstalt zurückgehalten werden darf, auch wenn der Betreffende dann noch nicht geheilt ist, und auch wenn nach einem weiteren Zeitraum von wenigen Wochen oder Monaten seine völlige Heilung zu erwarten wäre. Falls aber das Gericht, um dem Übelstande einer zu frühen Entlassung vorzubeugen, die Zeit immer auf die gesetzliche Maximaldauer von zwei Jahren bemessen würde, so würde die Gefahr bestehen, daß der Untergebrachte überflüssig lang der Freiheit beraubt würde; eine Gefahr, die noch dadurch verschärft wird, daß die alleinige Entscheidung über die Entlassung vor Ablauf der Zeit einer Verwaltungsbehörde übertragen ist.

Da erscheint die Regelung des *SchVE.* vorzuziehen: das Gericht weist den Trunksüchtigen ohne Bestimmung der Zeitdauer in die Heilanstalt ein, und das Gericht entläßt ihn aus der Anstalt, sobald er geheilt ist, wofür wiederum ärztliche Gutachten einzuholen sind. Dabei müßte nur Vorsorge getroffen werden, daß eine ständige Überwachung der Trinkerheilanstalt durch einen an der Anstalt nicht interessierten Arzt stattfindet, der verpflichtet wäre, dem Gerichte sofort Anzeige zu machen, sobald er einen in der Anstalt Untergebrachten für entlassungsreif erachtet. Nach zwei Jahren soll auch nach dem *SchVE.* der Untergebrachte in jedem Falle entlassen werden; der Zeitraum von zwei Jahren wird für die Heilbehandlung, soweit überhaupt Aussicht auf Heilung vorhanden ist, allgemein als ausreichend erachtet.

Freilich in einer Beziehung erscheint auch die Regelung des *SchVE.* der Besserung bedürftig. Der *SchVE.* sieht, ebenso wie der *DVE.*, nur die endgültige Entlassung des Untergebrachten vor. Und doch stimmen alle Sachverständigen darin überein, daß es erst dann, wenn der entlassene Trunksüchtige wieder mitten im Leben steht, sich zeigt, ob seine Unfähigkeit, der Trinkneigung zu widerstehen, wirklich geschwunden ist. Daraus folgt nach meiner Meinung, daß die Entlassung, wenn sie vor Ablauf der Maximaldauer von zwei Jahren stattfindet, immer nur eine vorläufige sein müßte, der Entlassene müßte erst in der Freiheit den Beweis liefern, daß er wirklich geheilt ist.

Ferner scheint es wohl der Erwägung wert, ob dem in eine Trinkerheilanstalt Eingewiesenen nicht ein Pfleger bestellt werden sollte, der nicht nur während des Aufenthalts in der Anstalt seine Interessen wahrnimmt, sondern ihm auch während der Probezeit der vorläufigen Entlassung zur Seite steht.

Man sieht, die nähere Ausgestaltung der an sich billigenswerten Maßregel läßt noch manches zu wünschen übrig.

Hinzuweisen wäre hier noch darauf, daß der *SchVE.* mit der Einweisung in die Trinkerheilanstalt den Aufschub des Strafvollzuges verbindet, und weiter bestimmt, daß das Gericht vor der Entlassung aus der Anstalt darüber zu entscheiden hat, ob und inwieweit die Gefängnisstrafe dann noch zu vollziehen sei. Dabei ist die Vorschrift im Art. 57 Abs. 2 zu berücksichtigen, daß dem in eine Heilanstalt eingewiesenen Verurteilten der Aufenthalt in der Anstalt auf die Strafe anzurechnen ist. Es würde somit in sehr vielen Fällen die Trinkerheilanstalt an die Stelle der Strafanstalt treten. Das erscheint mit dem Charakter einer Trinkerheilanstalt nicht vereinbar.

Auf die Bestimmungen des *OVE.* bin ich hier nicht näher eingegangen, da er Verwahrung eines Trunksüchtigen nur für den Fall kennt, wo dieser im Zustande einer die Zurechnungsfähigkeit ausschließenden Trunkenheit eine strafbare Handlung begangen hat, ein Fall, der nicht dem § 43, sondern dem § 65 des *DVE.* entspricht.

VII. Ehrenstrafen.

a) Allgemeine Bemerkungen.

Der *DVE.* hat, wie in der *VEBegr.* 163 ausdrücklich hervorgehoben wird, die bezüglich der Ehrenstrafen in den §§ 31—35 RStGB. getroffene Regelung grundsätzlich übernommen und nur einige wenige Änderungen vorgeschlagen. Ich stehe auf dem Standpunkte, daß die bisherige Regelung grundsätzlich unrichtig ist und eine durchgreifende Änderung erfordert. Eine eingehende Begründung dieser meiner Ansicht ist im Rahmen dieses Werkes nicht möglich; ich hoffe, sie an anderer Stelle geben zu können. Es erscheint mir aber angezeigt, meine Ansicht hier wenigstens kurz zu skizzieren, um über meine Stellungnahme zu den Vorschlägen des *DVE.* keinen Zweifel zu lassen.

Ich gehe davon aus, daß gegen die Ehrenstrafen als Strafmittel schwere Bedenken bestehen, weil sie auf den davon Betroffenen höchst ungleichmäßig wirken: während sie denjenigen, der noch Ehrgefühl besitzt, außerordentlich schwer treffen, werden sie von dem wirklich Ehrlosen überhaupt kaum als ein Strafübel empfunden. Und schon nach dem geltenden Rechte, noch mehr aber nach dem *DVE.* (vgl. insb. § 45) ist ihr eigentliches Anwendungsgebiet bei Personen, deren Straftat aus ehrloser Gesinnung hervorgegangen ist. Solche Personen aber werden manche Folgen des Ehrverlustes, vor allem die Befreiung von der Militärdienstpflicht, keineswegs als ein Übel, sondern nicht selten geradezu als einen Vorteil für sich ansehen. Der mehrfach gemachte Vorschlag, Ehrenstrafen auch als Hauptstrafe zu verhängen, ist für mich schon aus diesem Grunde nicht diskutabel.

Aber trotz aller Bedenken halte ich Ehrenstrafen nicht für ganz entbehrlich. Es kommen dabei drei Gesichtspunkte in Betracht: 1. Das öffentliche Rechtsbewußtsein verlangt, daß schwere Verbrecher von der Ausübung politischer Rechte, von Ehrenstellen und öffentlichen Ämtern ausgeschlossen werden, und daß ihnen auch nicht sogleich nach Verbüßung ihrer Strafe diese Rechte und Stellungen wieder zugängig sind. 2. Es besteht ein allgemeines Interesse daran, gewisse Berufs- und Lebenskreise, von deren Mitgliedern ein besonderes Vertrauen oder unbedingte Integrität gefordert wird, von Elementen rein zu halten, die sich durch ihre Straftat als unwürdig erwiesen haben. 3. Bei Straftaten, die unter Verletzung besonderer Pflichten oder unter Mißbrauch besonderer Rechte und Stellungen verübt sind, kann die Gefahr eines weiteren Mißbrauches für die Zukunft bestehen, und es erscheint alsdann geboten, dieser Gefahr durch Entziehung der Rechte und Stellungen vorzubeugen. Alle drei Gesichtspunkte können in einem konkreten Falle zusammentreffen, z. B. bei einem Beamten, der unter schwerer Verletzung seiner Amtspflicht ein Verbrechen begangen hat, wegen dessen er mit Zuchthaus bestraft ist. Aber es kann auch bloß der eine oder der andere Gesichtspunkt vorliegen, und es ist deshalb richtig, die verschiedenen Gesichtspunkte auseinander zu halten.

Der erste Gesichtspunkt rechtfertigt es, jeden mit Zuchthaus Bestraften für unfähig zur Bekleidung öffentlicher Stellen und Ämter und zur Ausübung politischer Rechte zu erklären. Die Zuchthausstrafe soll, wie ich oben ausgeführt habe, nur zur Anwendung kommen, wo eine wirklich ehrlose Straftat vorliegt. In solchen Fällen aber würde das Rechtsbewußtsein des Volkes beunruhigt werden, wenn der Verurteilte gleich nach der Strafverbüßung wieder öffentlich tätig sein würde. Er hat sich gegen die Grundlagen der Rechtsgemeinschaft so schwer vergangen, daß er nicht sofort wieder als Gleichberechtigter in dieselbe aufgenommen werden kann.

Ein viel weiteres Anwendungsgebiet gibt der zweite Gesichtspunkt. Ein Beamter kann eine Straftat begangen haben, die nicht aus ehrloser Gesinnung hervorgegangen ist, ihn aber trotzdem unwürdig erscheinen läßt, ein öffentliches Amt zu bekleiden. Eine

Entziehung dieses Rechtes kann hier also auch bei Verurteilung zu einer Gefängnisstrafe angebracht sein. Und ebenso kann es das militärische Interesse erfordern, daß Personen, die wegen einer nicht gerade aus ehrloser Gesinnung begangenen Straftat — z. B. wegen eines schweren Sittlichkeitdeliktes — bestraft sind, von dem Eintritt in Heer und Marine ausgeschlossen werden. Es fragt sich aber, ob und inwieweit dies im StGB. geregelt werden soll? Die Regelung kann auch im Wege der Spezialgesetzgebung geschehen. Das Beamtengesetz oder das Militärgesetz kann Vorschriften dahin treffen, daß jemand, der wegen bestimmter Straftaten oder zu bestimmten Strafen verurteilt ist, unfähig zur Bekleidung eines öffentlichen Amtes oder zum Eintritt in das Heer sein soll. Auch in einem Disziplinargesetze kann die Sache geregelt werden, z. B. daß Rechtsanwälten oder Ärzten, die in dieser Weise verurteilt sind, die weitere Ausübung des anwaltschaftlichen oder des ärztlichen Berufes untersagt wird. Eine Regelung im StGB. würde aber immer den Vorteil haben, daß ein besonderes, Zeit und Arbeit erforderndes Verfahren vermieden würde. Nur ist daran festzuhalten, daß es unzulässig ist, daß der Strafrichter gegen denjenigen, der sich durch seine Straftat unwürdig für eine Stellung erwiesen hat, der aber, weil seine Tat nicht aus ehrloser Gesinnung hervorgegangen ist, nicht zu Zuchthaus verurteilt wird, auf Verlust der bürgerlichen Ehrenrechte — über den Ausdruck ist noch später zu sprechen — lediglich deshalb erkennt, um dem Verurteilten für die betreffende Stellung unfähig zu machen. Es kann nur in Frage kommen, ob man dem Strafrichter die Befugnis geben will, neben der Strafe eine derartige Rechtsverwirkung, als welche eine solche Disqualifikation erscheint, auszusprechen.

Und was endlich die Ehrenstrafen aus dem dritten Gesichtspunkte betrifft, so dürfte es bei einem Strafgesetzbuche, das neben Strafen auch sichernde Maßnahmen behandelt, an sich gerechtfertigt sein, aus präventiven Gründen die Ausübung von Rechten zu untersagen, von denen ein Mißbrauch in der Zukunft besorgt wird. Auch hier ist die Möglichkeit vorhanden, die Untersagung durch eine andere Behörde erfolgen zu lassen, z. B. könnte dies bei Gewerbetreibenden im Anschlusse an die Vorschrift des § 53 Abs. 2 GewO. im Verwaltungsverfahren geschehen, oder bei einem Vormunde im Anschlusse an § 1886 BGB. durch das Vormundschaftsgericht. Da ein derartiges nachträgliches Verfahren aber immerhin langwierig sein wird, so ist es wohl der Überlegung wert, ob man dies nicht dadurch ersparen sollte, daß man dem Strafrichter die Befugnis zur Entziehung bestimmter Rechte gibt.

Freilich kann man dabei nicht eigentlich von dem Verluste oder der Aberkennung der bürgerlichen Ehrenrechte sprechen. Gegen diesen Ausdruck bestehen überhaupt erhebliche Bedenken. Richtiger erscheint schon die Bezeichnung des *OVE.*: „Schmälerung der bürgerlichen Ehrenrechte". Aber auch dies paßt eigentlich nur auf die Folgen, welche nach der oben vertretenen Anschauung mit der Verurteilung zu Zuchthausstrafe verbunden werden sollten; dabei handelt es sich in der Tat um Entziehung staatsbürgerlicher Rechte, welche an den Besitz der bürgerlichen Ehre geknüpft sind. Von einem staatsbürgerlichen Rechte kann man aber schon kaum bei der im § 34 unter Nr. 5 RStGB. und § 46 Nr. 5 des *DVE.* als Wirkung des Verlustes der bürgerlichen Ehrenrechte hervorgehobenen Unfähigkeit, Zeuge bei Aufnahme von Urkunden zu sein, sprechen, und noch vielweniger bei dem Ausschlusse von der Rechtsanwaltschaft oder dem Amte eines Vormundes oder dem Betriebe eines Gewerbes. Will man diese Fälle unter einen gemeinsamen Begriff zusammenfassen, so erscheint mir der allgemeine Ausdruck „Rechtsminderung" am geeignetsten zu sein.

Der *SchVE.* behandelt getrennt „die Einstellung in der bürgerlichen Ehrenfähigkeit", die mit der Zuchthausstrafe eo ipso verknüpft ist, aber auch mit Gefängnisstrafe verbunden werden kann, einerseits und folgende Rechtsminderungen, die mit jeder Strafe verbunden werden können, andrerseits: 1. die Amtsentsetzung, 2. die Entziehung der elterlichen und vormundschaftlichen Gewalt, 3. das Verbot, einen Beruf, ein Gewerbe oder ein Handelsgeschäft auszuüben.

Der *SchVE.*, und ebenso der *OVE.*, nähern sich insofern der hier vertretenen Auffassung, als beide Entwürfe nicht, wie das RStGB. und der *DVE.*, zwei Arten von Ehrenstrafen unterscheiden, von denen die eine stets bei Verurteilung zu Zuchthaus eintritt, die andere sowohl bei Zuchthaus wie unter gewissen Voraussetzungen bei Gefängnisstrafen vom Richter durch Aberkennung der bürgerlichen Ehrenrechte verhängt werden kann. Sie lassen vielmehr diejenigen Wirkungen, die sie unter „Schmälerung der bürgerlichen Ehrenrechte" oder unter „Einstellung in der bürgerlichen Ehrenfähigkeit" begreifen, bei Zuchthausstrafen stets in ihrer Gesamtheit eo ipso eintreten.

Nur darin stimme ich mit den beiden Entwürfen nicht überein, daß sie dem Richter die Befugnis geben, auch neben der Gefängnisstrafe auf Schmälerung oder Einstellung zu erkennen, und daß dies dann dieselben Folgen haben soll, als wenn auf Zuchthaus erkannt worden ist. Dadurch würde der Unterschied zwischen

Zuchthaus und Gefängnis verwischt werden, während doch die Vertiefung dieses Unterschiedes dringend wünschenswert ist.

Ich glaube aber auch weiter, daß es genügt, wenn man dem Richter die Befugnis gibt, in den in Frage kommenden Fällen neben der Gefängnisstrafe bestimmte Rechtsminderungen eintreten zu lassen, um so den oben zu 2 und 3 angegebenen Gesichtspunkten gerecht zu werden. Dabei möchte ich darauf hinweisen, daß die beiden Entwürfe die Schmälerung oder die Einstellung nicht, wie es der *DVE.* im § 45 tut, an die Voraussetzung knüpfen, daß die Tat aus ehrloser Gesinnung hervorgegangen ist: wenn dies der Fall ist, so ist eben Zuchthaus das richtige Strafmittel (vgl. § 85 des *DVE.* und meine Ausführungen oben). Die beiden Entwürfe stellen vielmehr hierfür besondere Voraussetzungen auf; der *OVE.*: „wenn dem Täter besondere Rohheit, grober Eigennutz, Schamlosigkeit oder Arbeitsscheu zur Last fällt"; der *SchVE.*: „wenn seine Tat eine gemeine Gesinnung bekundet". Ich muß es mir leider versagen, hierauf des näheren einzugehen. Ich behalte dies einer späteren Arbeit vor, ebenso wie ich erst dort die weiteren Folgerungen aus meiner hier nur kurz skizzierten Auffassung ziehen kann.

Hier möchte ich nur noch einmal in zwei Sätzen meine Anschauungen zusammenfassen. 1. Es ist eine Forderung des öffentlichen Rechtsbewußtseins, daß mit der Zuchthausstrafe der Verlust einer Reihe staatsbürgerlicher Rechte stets verknüpft wird. 2. Es kann aus den oben unter 2 und 3 angegebenen Gesichtspunkten erwünscht sein, auch neben anderen Strafen Rechtsminderungen eintreten zu lassen. Die Befugnis hierzu kann dem Richter entweder im *Allg. T.* des Strafgesetzbuchs gegeben werden, wobei, in der Art wie es der *SchVE.* in den Art. 41—43 tut, die Voraussetzungen für die Verhängung der einzelnen Rechtsminderungen anzugeben wären, oder die Rechtsminderungen können im *Bes. T.* bei den einzelnen Delikten bestimmt werden.

Da ich hiernach auf einem grundsätzlich anderen Standpunkte stehe, wie der *DVE.*, so glaube ich, mich bei Besprechung seiner Einzelbestimmungen im wesentlichen auf die Hervorhebung derjenigen Punkte beschränken zu können, in denen der *DVE.* von dem geltenden RStGB. abweicht.

b) Die Einzelbestimmungen.

§ 44 des *DVE.* regelt mit einer durch § 12 Nr. 3 gerechtfertigten Abkürzung, im übrigen aber in völliger Übereinstimmung mit § 31 RStGB. die von Rechts wegen eintretenden Ehrenfolgen der Zuchthausstrafe: Unfähigkeit zum Dienste im deutschen Heer oder der kaiserlichen Marine und zur Ausübung öffentlicher Ämter und der Rechtsanwaltschaft. Dazu müßte nach meiner Auffassung jedenfalls noch hinzukommen: Unfähigkeit, in öffentlichen Angelegenheiten zu stimmen, zu wählen oder gewählt zu werden oder andere politische Rechte auszuüben, und wohl auch noch weiter: Unfähigkeit, Würden, Titel, Orden oder Ehrenzeichen zu besitzen oder zu erlangen. Die sonstigen im § 46 des *DVE.* als Wirkungen der Aberkennung der bürgerlichen Ehrenrechte aufgeführten Folgen, nämlich: Zeuge, Vormund usw. zu sein, könnten der Regelung im Zivilrechte überlassen werden. Da in diesem der Begriff „Verlust der bürgerlichen Ehrenrechte" einmal besteht, so dürfte es sich trotz der gegen diese Bezeichnung oben angeführten Bedenken empfehlen, den Begriff im StGB. beizubehalten und unter Verlust der bürgerlichen Ehrenrechte alle Ehrenfolgen der Zuchthausstrafe zusammenzufassen. Was die Dauer des Verlustes betrifft, so wäre es unzweifelhaft das richtigste, dauernden Ehrverlust höchstens bei lebenslanger Zuchthausstrafe eintreten zu lassen, sonst aber nur Verlust auf bestimmte Zeit. Ich persönlich bin überhaupt gegen Ehrenminderungen auf Lebenszeit, die ich weder für gerecht noch für zweckmäßig erachte. Doch gebe ich zu, daß bei angemessener Regelung der Rehabilitation vielleicht die Bedenken zu unterdrücken wären und da, wo besondere Gründe für eine dauernde Disqualifikation sprechen, eine solche zugelassen werden könnte. Soweit Unfähigkeit nur auf Zeit in Frage kommt, erscheint es mir richtig, die Bestimmung der Zeitdauer, wie im *SchVE.*, dem Richter innerhalb des Rahmens von zwei bis zehn Jahren zu überlassen. Der *OVE.* setzt ein für allemal im Gesetze selbst den Zeitraum auf zehn Jahre fest.

Der *DVE.* behandelt sodann in den §§ 45—46 die Aberkennung der bürgerlichen Ehrenrechte. Nach meiner Auffassung sind diese Paragraphen ganz zu streichen, da ich die wesentlichen von den hier aufgeführten Wirkungen mit der Zuchthausstrafe eo ipso eintreten lassen will, andererseits ein Bedürfnis nicht anerkenne, sie in ihrer Gesamtheit bei der Gefängnisstrafe zuzulassen.

Gegenüber den Bestimmungen des RStGB. enthalten die §§ 45 und 46 nur zwei sachliche Änderungen. Einmal wird die Aberkennung ausdrücklich an das Erfordernis geknüpft, daß die Tat aus ehrloser Gesinnung hervorgegangen sein müsse, während bisher eine solche Vorschrift nicht besteht und die Praxis nicht selten geneigt ist, die Aberkennung auch bei anderen Straftaten dann auszusprechen, wenn es nach der konkreten Sachlage für angebracht erachtet wird, eine Disqualifikation des Verurteilten eintreten zu lassen. Sodann sind im § 45 die Voraussetzungen für eine Aberkennung der bürgerlichen Ehrenrechte neben Gefängnisstrafe verschärft: die Aberkennung soll nur zulässig sein bei Gefängnisstrafen von mindestens sechs Monaten (bisher drei Monate), und sie darf bei politischen Delikten und Ehrverletzungen (Abschn. 1—9 und 21 des *Bes. T.*) nur da erfolgen, wo dies im *Bes. T.* ausdrücklich vorgesehen ist.

Ich möchte nicht unterlassen, hierbei darauf hinzuweisen, daß in der Praxis die Fälle, in denen die Aberkennung ausgesprochen wird, sich in ständiger, und zwar sehr starker Abnahme befinden: gegenüber 20491 Fällen im Jahre 1882 betrug die Zahl im Jahre 1907: 11506. Leider ist aus der Kriminalstatistik nicht zu ersehen, in wievielen dieser Fälle die Aberkennung neben Gefängnisstrafe erfolgte.

§ 47 enthält eine erhebliche Erweiterung des schon im § 35 RStGB. zum Ausdruck gekommenen Gedankens einer Teilaberkennung der bürgerlichen Ehrenrechte. Während § 35 nur gestattet, neben einer Gefängnisstrafe, mit welcher die Aberkennung der bürgerlichen Ehrenrechte hätte verbunden werden können, allein auf die Unfähigkeit zur Bekleidung öffentlicher Ämter zu erkennen, läßt § 47 des *DVE.* ganz allgemein die Aberkennung einzelner der im § 46 angeführten Ehrenrechte zu[1]). Allerdings geschieht dies unter der Einschränkung, daß nach der Art der Tat ein Mißbrauch dieser Rechte zu besorgen sein muß. Der Gedanke, neben einer Gefängnisstrafe einzelne bestimmte Rechte abzuerkennen, deckt sich völlig mit meiner Anschauung. Nur gehe ich darin weiter als der *DVE.*, indem ich dem Richter die Befugnis geben will, nicht nur einzelne der im § 46 bezeichneten Ehrenrechte dem Verurteilten zu entziehen, sondern auch sonstige Rechte, vor allem die elterliche Gewalt und das Recht, ein Gewerbe auszuüben, und indem ich weiter diese Befugnis nicht auf den Fall der Besorgnis eines Mißbrauchs der Rechte beschränken, sondern auch bei einer

---

[1]) Dabei wäre noch darauf hinzuweisen, daß nach §§ 103 und 114 *DVE.* bei Hoch- und Landesverrat auch neben einer Haftstrafe auf den Verlust der bekleideten öffentlichen Ämter sowie der aus öffentlichen Wahlen hervorgegangenen Rechte erkannt werden kann, und daß nach § 211 bei Verbrechen und vorsätzlichen Vergehen im Amte auf Verlust der Fähigkeit zur Ausübung öffentlicher Ämter oder eines bestimmten öffentlichen Amtes auch dann erkannt werden kann, wenn die Gefängnisstrafe nur drei Monate erreicht. Von meinem Standpunkte aus habe ich gegen beide Bestimmungen keine Bedenken.

durch die Straftat erwiesenen Unwürdigkeit des Verurteilten zulassen will.

Die §§ 48 u. 49 endlich sind sachlich unverändert aus dem RStGB. (§§ 36, 37) übernommen. Sie enthalten Vorschriften über die Berechnung der Zeitdauer des Verlustes der Ehrenrechte und über die nachträgliche Aberkennung der Ehrenrechte bei Verurteilungen, die im Auslande erfolgt sind.

VIII. Die Rehabilitation.

Die Tatsache, daß das redliche Fortkommen eines Verurteilten häufig durch seine frühere Bestrafung erschwert wird, und die Erwägung, daß eine solche Erschwerung unbillig erscheint, wenn seit der Verurteilung lange Zeit verstrichen ist, haben zu der besonders in Deutschland in letzter Zeit lebhaft aufgestellten Forderung der Einführung einer sogenannten Rehabilitation geführt. Dabei hat ein weiterer Gedanke eine Rolle gespielt: wenn bei der bedingten Strafaussetzung der Verurteilte sich durch gute Führung während einer Bewährungsfrist den Fortfall der Strafe verdienen kann, so erscheint es gerechtfertigt, in ähnlicher Weise die Folgen, die sich an eine Bestrafung knüpfen, bei guter Führung während längerer Zeit nach der Bestrafung in Fortfall kommen zu lassen.

So finden wir denn das Institut der Rehabilitation in allen drei Vorentwürfen, allerdings in sehr verschiedener Ausgestaltung. Der *DVE.* kennt es in zweifacher Gestalt: als Wiedereinsetzung in die durch eine Verurteilung verlorenen bürgerlichen Ehrenrechte (§ 50) und als Löschung der Bestrafung in den Strafregistern (§§ 51, 52). Der *OVE.* (§§ 55, 56) führt die Rehabilitation nur bei bestraften Jugendlichen ein, wo ein Verlust der bürgerlichen Ehrenrechte ja nicht in Frage kommt. Der *SchVE.* (Art. 62) regelt umgekehrt nur die Wiedereinsetzung in aberkannte Rechte, eine Maßregel, die bei Jugendlichen keine Anwendung findet. Der *DVE.* geht somit in der Gestaltung extensiv am weitesten, während in der intensiven Ausgestaltung der *OVE.* auf dem dort beschränkten Anwendungsgebiete weiter geht.

Der *DVE.* knüpft im § 50[1]) die Wiedereinsetzung in Ehrenrechte an drei Voraussetzungen: a) es muß ein bestimmter Zeitraum seit Verbüßung, Erlaß oder Verjährung der verhängten

---

[1]) Der § 50 bedarf aus sprachlichen Rücksichten einer anderen Fassung; er ist ein wahres Satzungetüm: ein Satz von neunundeinhalb Druckzeilen!

Freiheitsstrafe verstrichen sein; b) der Verurteilte muß sich in diesem Zeitraum ehrenhaft geführt und einer Berücksichtigung würdig gezeigt haben; c) er muß nach Kräften sich bemüht haben, den durch die strafbare Handlung verursachten Schaden wieder gutzumachen. Alle drei Voraussetzungen stellt auch der *SchVE.* auf, und die drei Voraussetzungen erscheinen auch in der Tat gerechtfertigt. Die Bewährungsfrist bestimmt der *DVE.* bei Zuchthaus auf mindestens drei Jahre, bei Gefängnis auf mindestens zwei Jahre, während der *SchVE.* sie stets auf drei Jahre bemißt. Von dem oben vertretenen Standpunkte aus, daß mit Zuchthaus immer Verlust der bürgerlichen Ehrenrechte in ihrer Gesamtheit verknüpft sein soll, während mit anderen Freiheitsstrafen nur einzelne Rechtsminderungen verbunden werden können, erscheint die Regelung im *DVE.* als die zutreffendere. Nur müßte statt des Wortes „Gefängnisstrafe" gesagt werden „anderen Freiheitsstrafen", da nach §§ 103 u. 114 auch mit der Haftstrafe Verlust einzelner Rechte verbunden werden kann. Wenn ferner der *DVE.* den Erlaß oder die Verjährung der verhängten Freiheitsstrafe einer Verbüßung gleichstellt, während der *SchVE.* stets Verbüßung („Erstehung") der Strafe fordert, so scheint mir auch hier der *DVE.* das Richtigere zu treffen. Der Gedanke, den Professor Oetker auf der Hamburger Versammlung der IKV. ausgesprochen hat (Mitteilungen der IKV. XIII 569), daß der Verurteilte im Falle der Verjährung der Strafe sein Schuldkonto dadurch vermehrt hätte, daß er sich der Strafverbüßung entzogen habe, dürfte nicht so ganz allgemein zutreffend sein. Und, wo er zutrifft, kann dies vom Gerichte berücksichtigt werden, das ja sowohl nach dem *DVE.* wie nach dem *SchVE.* auf Grund freien Ermessens über die Gewährung der Wiedereinsetzung entscheidet.

Ob es richtig ist, die Wiedereinsetzung von einem Antrag des Verurteilten abhängig zu machen, wie es der *SchVE.* tut, kann zweifelhaft sein. Praktisch wird eine Wiedereinsetzung von Amts wegen wohl kaum vorkommen. Eher dürfte sich der Fall ereignen, daß der Antrag auf Wiedereinsetzung von anderen Personen als dem Verurteilten gestellt wird. Ich sehe keinen ausreichenden Grund, dies auszuschließen. Auch eine Bestimmung, wie sie der *SchVE.* im Art. 62 unter Nr. 5 trifft, wonach der Richter bei Abweisung eines Gesuches eine Erneuerung innerhalb bestimmter Frist ausschließen kann, halte ich nicht für empfehlenswert. In dem neuen Gesuch können erhebliche neue Tatsachen vorgebracht sein, die eine anderweitige Entscheidung rechtfertigen.

Die Löschung der Bestrafung in dem Strafregister

macht der *DVE.* im § 51 ebenfalls von guter Führung während eines längeren Zeitraumes nach Verbüßung, Erlaß oder Verjährung der verhängten Strafe abhängig. Der Zeitraum wird hier je nach der Dauer der erkannten Strafe bestimmt, und zwar für Jugendliche anders als für Erwachsene: bei Strafen bis zu drei Monaten soll er bei Jugendlichen mindestens zwei, bei Erwachsenen mindestens fünf Jahre, bei höheren Strafen bei Jugendlichen mindestens fünf, bei Erwachsenen mindestens zehn Jahre betragen. Dabei wird für Erwachsene noch eine weitere Einschränkung gemacht: die Löschung soll hier überhaupt unzulässig sein bei allen Zuchthausstrafen und bei Gefängnis- und Haftstrafen über ein Jahr. Ich halte diese Einschränkung nicht für gerechtfertigt. Billigt man den Grundgedanken der Rehabilitation, so muß sie auch bei schwereren Straftaten zugelassen werden. Allerdings ist es durchaus gerechtfertigt, die Bewährungsfrist der Schwere der begangenen Tat anzupassen; die Bewährungsfrist muß also bei den schwereren Straftaten erheblich höher bemessen werden. Auch wird der Richter ja von selbst schon bei schwereren Straftaten mit der Bewilligung der Rehabilitation besonders vorsichtig vorgehen. Gegen die Bestimmung einer längeren Bewährungsfrist für Erwachsene als für Jugendliche ist nichts einzuwenden. Der *OVE.*, der die Rehabilitation nur bei Jugendlichen kennt, bemißt die Bewährungsfrist höher als der *DVE.*, nämlich je nach der Dauer der erkannten Strafe auf fünf bis zehn Jahre, und schließt die Rehabilitation bei Gefängnisstrafen über drei Jahre aus, während der *DVE.* sie bei Jugendlichen unbeschränkt zuläßt.

Die Wirkung, die der *DVE.* mit dieser zweiten Form der Rehabilitation verbindet, ist eine sehr beschränkte. Sie besteht in der Anordnung des Gerichtes, die Bestrafung in dem Strafregister und in den sonstigen amtlichen Strafverzeichnissen zu löschen; auf Grund dessen ist in den Registern und in den Verzeichnissen ein Vermerk der Löschung aufzunehmen. Nach Abs. 2 des § 52 ist bei Erteilung eines Registerauszuges die Strafe als gelöscht zu bezeichnen, bei einer Auskunftserteilung auf Grund der anderen Verzeichnisse ist die gelöschte Strafe überhaupt nicht anzugeben. Hiernach bleibt die Bestrafung für das Strafregister und für jeden, dem ein Auszug daraus erteilt wird, erkennbar. Es mag zugegeben werden, daß die Kenntnis einer früheren Bestrafung für die Strafrechtspflege erforderlich sein kann, und daß es deshalb gerechtfertigt ist, bei den Auszügen aus dem Strafregister, soweit diese an Organe der Strafrechtspflege (Gericht und Staatsanwaltschaft) gegeben werden, die Vorstrafen nicht ganz verschwinden zu lassen.

Darüber hinaus aber sollte eine Bekanntmachung der früheren Bestrafung im Interesse des Rehabilitierten unterbleiben. Der Abs. 2 des § 52 wäre deshalb dahin zu fassen: bei Erteilung eines Registerauszuges an die Strafgerichte und die Staatsanwaltschaften ist die Strafe als gelöscht zu bezeichnen, bei jeder anderen Auskunftserteilung ist die gelöschte Strafe nicht anzugeben.

Es fragt sich sodann ferner, ob nicht, abgesehen hiervon, der Rehabilitation eine weitere Wirkung zu geben ist. Der *OVE.* tut dies im Abs. 1 des § 56: „Die Rehabilitation tilgt die Verurteilung und befreit von der Pflicht, die Verurteilung auf Befragen des Gerichtes oder einer anderen Behörde anzugeben. Rechte dritter Personen, die sich auf die Verurteilung gründen, bleiben unberührt."

Dazu möchte ich folgendes bemerken. Man kann nicht Geschehenes ungeschehen machen, und ich halte es deshalb nicht für zulässig — ich habe ähnliches schon oben bei der bedingten Strafaussetzung ausgeführt —, durch eine Fiktion eine tatsächlich erfolgte Verurteilung als nicht geschehen zu bezeichnen. Der Satz „Die Rehabilitation tilgt die Verurteilung" erscheint mir deshalb nicht unbedenklich. Aber ich habe keine Bedenken dagegen, daß das Gesetz den Rehabilitierten von allen Folgen der Verurteilung frei macht. Ich will dabei hier nicht von der an sich sicherlich wichtigen Frage sprechen, ob im Falle einer Rehabilitation die Vorstrafe bei der Rückfallschärfung noch in Betracht gezogen werden darf; diese Frage ist im Zusammenhang mit der Behandlung des Rückfalls zu erörtern. Wohl aber ist von einer anderen Folge der Bestrafung hier zu sprechen. Ein jeder Praktiker weiß, wie häufig es heute vorkommt, daß ein Bestrafter, der ernstlich bestrebt gewesen ist, wieder ein nützliches Glied der menschlichen Gesellschaft zu werden, durch ein Bekanntwerden seiner Vorbestrafung in der schwersten Weise geschädigt wird. Am häufigsten erfolgen solche Bloßstellungen durch die im Strafverfahren an Zeugen oder Angeklagte gerichteten Fragen nach ihrer Vorbestrafung. Der Entwurf einer Strafprozeßordnung hat sich deshalb mit Recht bemüht, durch besondere Bestimmungen (§ 55 Abs. 3, § 231 Abs. 5) solche Fragen einzuschränken. Aber diese Bestimmungen können nur den Erfolg haben, bisher vorhandene Auswüchse hinsichtlich der Befragung nach Vorstrafen zu beseitigen, sie verhindern jedoch keineswegs, daß solche Fragen überhaupt gestellt werden. Es würde auch mit den Interessen der Rechtspflege kaum vereinbar sein, sie ganz zu verbieten, da die Kenntnis der Vorbestrafung, wie des Vorlebens überhaupt, wichtige Anhaltspunkte zur Beurteilung des Charakters oder der Glaubwürdigkeit eines Angeklagten oder Zeugen liefern kann. Es entsteht nun die Frage, ob es nicht möglich ist, eine Vorstrafe, bezüglich deren Rehabilitation erfolgt ist, anders zu behandeln, als eine sonstige Vorstrafe. Daß dies im Interesse des Rehabilitierten dringend wünschenswert sein würde, liegt auf der Hand. Ich halte deshalb den Vorschlag des *OVE.* für sehr beachtlich, den Rehabilitierten von der Verpflichtung zu befreien, diejenige Vorstrafe, bezüglich deren Rehabilitation erfolgt ist, vor Gericht oder anderen Behörden anzugeben. Es entspricht dies dem Wesen der Rehabilitation, durch welche der Makel der Vorbestrafung aufgehoben werden soll; der Rehabilitierte soll ein Recht haben, in der Öffentlichkeit als Unbestrafter zu erscheinen. Ich glaube, daß die Bestimmung des *OVE.* auch mit den Interessen der Rechtspflege sich vereinigen läßt, vorausgesetzt daß den Organen der Rechtspflege in den Auszügen aus dem Strafregister eine Erkenntnisquelle für die frühere Verurteilung verbleibt. Ich denke mir die Sache so, daß der Angeklagte oder Zeuge auf die Frage nach Vorstrafen diejenige Strafe, wegen deren Rehabilitation erfolgt ist, auf Grund der besonderen gesetzlichen Bestimmung verschweigen darf, daß aber der Richter in der Lage ist, die ihm aus dem Registerauszuge bekannt gewordene Tatsache der Vorbestrafung bei der Beurteilung des Charakters des Angeklagten oder der Glaubwürdigkeit des Zeugen zu berücksichtigen, z. B. um in der Verwertung der Aussage eines Zeugen besonders vorsichtig zu sein, falls die Vorbestrafung zu Zweifeln an seiner Glaubwürdigkeit Anlaß gibt. Ich weiß sehr wohl, daß gegen eine derartige Regelung, die auch noch besondere strafprozessuale Vorschriften erfordern würde, Einwände erhoben werden können, aber ich sehe vorderhand keinen anderen Ausweg, um die Interessen des Rehabilitierten mit denjenigen der Rechtspflege in Einklang zu bringen.

Nach dem *DVE.* entscheidet auch über diese zweite Form der Rehabilitation das Gericht nach freiem Ermessen, während der *OVE.* hier die Rehabilitation durch Zeitablauf von selbst eintreten läßt. Ich halte die Regelung des *DVE.*, die sich als réhabilitation judiciaire im Gegensatz zur réhabilitation de droit charakterisiert, für die richtige: nur so kann die gute Führung während der Bewährungsfrist wirklich festgestellt werden, während die bei der österreichischen Regelung allein entscheidende Tatsache, daß der Verurteilte in der Bewährungsfrist nicht neuerlich verurteilt wurde, einen positiven Beweis für seine Würdigkeit zur Rehabilitation nicht abgibt. Bei der gerichtlichen Entscheidung ist das ganze Verhalten des Verurteilten während der Bewährungsfrist zu berücksichtigen, und es ist sehr wohl denkbar, daß das Gericht ihn für würdig zur Rehabilitation erachtet, auch wenn er während der Zeit wegen einer geringfügigen Verfehlung nochmals bestraft worden ist.

Über das bei der Rehabilitation einzuschlagende Verfahren sind natürlich noch besondere Vorschriften erforderlich, von denen, weil sie in die StPO. gehören, im *DVE.* nichts enthalten ist. In der *VEBegr.* 173 wird nur mit Recht hervorgehoben, daß die Entscheidung ohne mündliche Verhandlung in Beschlußform erfolgen müsse, damit nicht gerade durch die Verhandlung die frühere Verurteilung in das Gedächtnis der Allgemeinheit zurückgerufen werde.

IX. Aufenthaltsbeschränkung.

Der *DVE.* hat das Institut der Polizeiaufsicht nicht aufgenommen. Das ist vielfach als eine sehr wesentliche und erfreuliche Neuerung bezeichnet worden; denn das Institut der Polizeiaufsicht gehört, wie in der *VEBegr.* 179 zutreffend angeführt wird, „zu den am meisten angefochtenen des gegenwärtigen Gesetzes“. Prüft man aber die Bestimmungen des *DVE.* näher, so erscheint die Neuerung in einem anderen Lichte. Das bisherige Recht bestimmt die Wirkungen der Polizeiaufsicht im § 39 RStGB. dahin:

1. dem Verurteilten kann der Aufenthalt an einzelnen bestimmten Orten von der höheren Landespolizeibehörde untersagt werden;
2. die höhere Landespolizeibehörde ist befugt, den Ausländer aus dem Bundesgebiete zu verweisen;
3. Haussuchungen unterliegen keiner Beschränkung hinsichtlich der Zeit, zu welcher sie stattfinden dürfen.

Von diesen drei Wirkungen behält nun der *DVE.* die erste im § 53 unter der Bezeichnung „Aufenthaltsbeschränkung“ bei und läßt die zweite als Folge der Aufenthaltsbeschränkung zu. Tatsächlich besteht also die ganze Neuerung des *DVE.* — abgesehen davon, daß der Name „Polizeiaufsicht“ vermieden wird — lediglich in dem Fortfall der Vorschrift über die erweiterte Zulässigkeit von Haussuchungen.

Man wird mit dem Fortfall dieser Vorschrift durchaus einverstanden sein können; denn es dürfte kaum ein Bedürfnis für eine Erweiterung der Zulässigkeit von Haussuchungen über die in der StPO. allgemein gegebenen Vorschriften hinaus vorhanden sein. Schon nach § 104 Abs. 1 StPO. dürfen Haussuchungen auch zur Nachtzeit vorgenommen werden: bei Verfolgung auf frischer Tat oder bei Gefahr im Verzuge oder wenn es sich um die Wiederergreifung eines entwichenen Gefangenen handelt. Und selbst wenn man ein Bedürfnis zu einer Erweiterung der Zulässigkeit bei schwer vorbestraften Verbrechern annehmen sollte, so könnte man dem durch eine Änderung in den Bestimmungen der StPO. leicht gerecht werden.

Ist also der Fortfall dieser schwerlich in das Strafgesetzbuch gehörenden Vorschrift zu billigen, so muß doch darauf hingewiesen werden, daß diese Vorschrift nicht den Anlaß zu der allgemeinen lebhaften Unzufriedenheit mit dem Institut der Polizeiaufsicht gegeben hat, sondern daß diese Unzufriedenheit ausschließlich hervorgerufen worden ist durch die Maßregel der Aufenthaltsbeschränkung, die sich vielfach als ein schweres Hindernis für die Wiedereinfügung des Bestraften in das bürgerliche Leben herausgestellt hat. Diese Maßregel aber soll mit einigen wenigen noch zu besprechenden Modifikationen bestehen bleiben, und es sollen weiter die landesgesetzlichen Aufenthaltsverbote gegenüber bestraften Personen ganz unberührt gelassen werden (*VEBegr.* 183). Diese landesgesetzlichen Bestimmungen sind so vielfach dem ehrlichen Fortkommen eines aus der Strafhaft Entlassenen hindernd in den Weg getreten, daß ihre Beseitigung im Wege der Reichsgesetzgebung von vielen Seiten dringend gefordert wird. Es wäre somit eine arge Täuschung, wenn man annehmen wollte, daß die Bestimmungen des *DVE.* die schweren Mißstände, welche das Institut der Polizeiaufsicht gezeigt hat, beseitigen würden. Und ich glaube auch nicht, daß die im Anschlusse an die Affäre des Hauptmanns von Köpenick in Preußen und vielen anderen Bundesstaaten zum Zwecke einer rationelleren Handhabung der Polizeiaufsicht ergangenen Ministerialerlasse eine durchgreifende Besserung herbeiführen werden. Hier kann nur ein energischer Schritt helfen: Beseitigung der Polizeiaufsicht, und zwar nicht nur dem Namen nach, sondern auch hinsichtlich ihres Hauptinhaltes, der Aufenthaltsbeschränkung. Das Institut hat sich als nachteilig für den Strafentlassenen, zugleich aber auch als nutzlos und überflüssig erwiesen. Indem ich mich zur Begründung dieses Satzes auf die überzeugenden Ausführungen von Goldschmidt (*Vergl. Darst. Allg. T.* IV 435 ff.) beziehe, möchte ich selbst nur ein paar Punkte hervorheben.

Es ist durchaus richtig, daß es zum Schutze und zur Sicherung der Gesellschaft gegen schwere Verbrecher erforderlich ist, den aus der Strafanstalt Entlassenen für die erste Zeit der Freiheit einer Überwachung zu unterstellen. Aber die Erfahrungen haben gezeigt, daß dieser Zweck bei einer Überwachung in der Form der Polizeiaufsicht nicht erreicht wird. Der richtige Weg ist Überwachung in der Gestalt der vorläufigen Entlassung. Macht man, wie es oben dargelegt ist, die vorläufige Entlassung zum regelmäßigen Schlußstadium der Strafvollstreckung bei allen langzeitigen Freiheitsstrafen, und sorgt man dafür, daß die Überwachung des Entlassenen während der Probezeit sich als eine Schutzaufsicht, als Schutzfürsorge für den Entlassenen charakterisiert (Heranziehung der Fürsorgevereine vgl. § 28 des *DVE.*), so wird die Gesellschaft damit am besten geschützt. Zu beachten ist aber auch weiter, daß schon durch die langzeitige Verwahrung der gewerbs- und gewohnheitsmäßigen Verbrecher, wie sie im § 89 des *DVE.* vorgesehen ist, ein Schutzmittel für die Gesellschaft gegenüber der gefährlichsten Klasse von Verbrechern geschaffen ist.

Und was speziell die Aufenthaltsbeschränkung betrifft, so ist sicherlich nicht zu bestreiten, daß eine Fernhaltung schwerer Verbrecher aus den Großstädten erwünscht wäre. Aber wie kann es verhindert werden, daß der aus einer Großstadt Ausgewiesene sich in eine andere Großstadt begibt und sich dort jeder Kontrolle entzieht? Bei den heutigen Verkehrsverhältnissen und bei der Zahl der Großstädte in Deutschland ist eine wirksame Beaufsichtigung des Aufenthaltes gerade bei denjenigen Elementen, die zum Verbrechen geneigt sind, undurchführbar. Nach den Verwaltungsberichten des Kgl. Polizeipräsidiums in Berlin latitieren ständig etwa ein Drittel der hier unter Polizeiaufsicht stehenden Personen (der sog. Polizeiobservaten).

Aber noch auf eines möchte ich hinweisen. Die Verhängung von Polizeiaufsicht nimmt in Deutschland von Jahr zu Jahr ab: im Jahre 1882 wurde Polizeiaufsicht erkannt gegen 8238 Personen, im Jahre 1907 gegen 2162. Diese starke Abnahme ist sicherlich nicht darauf zurückzuführen, daß die Zahl der für die Gesellschaft gefährlichen Verbrecher eine geringere geworden ist, sondern darauf, daß die Überzeugung von der Erfolglosigkeit und Schädlichkeit der Polizeiaufsicht sich bei den Gerichten immer weiter verbreitet. Dem soll auch der Gesetzgeber Rechnung tragen, und das Überbleibsel aus dem Polizeistaate endgültig beseitigen. Ich möchte hier die Worte wiedergeben, mit denen ein sicherlich kompetenter Beurteiler der Verhältnisse, der Wirkl. Geheime Oberregierungsrat im Preußischen Ministerium des Innern Dr. Krohne, die Beseitigung der Polizeiaufsicht gefordert hat (Verhandlungen des XXIX. Deutschen Juristentages IV. 234): „Eine gute Polizei wird auch ohne die Befugnisse, die ihr durch Verhängung der Polizeiaufsicht gegeben werden, den gefährlichen Rechtsbrecher kennen und unter Aufsicht halten. In der Hand einer schlechten Polizei und taktloser Organe wird die Maßregel zu einem schweren Hindernis für die Wiedereinfügung des Bestraften in das geordnete bürgerliche Leben."

Der *SchVE.* kennt keinerlei Polizeiaufsicht, hat aber im Art. 44 die Landesverweisung zu einer selbständigen Nebenstrafe ausgebildet[1]). Diesem Beispiel sollte das künftige Deutsche Strafgesetzbuch folgen.

Was die Änderungen betrifft, die der *DVE.* bei der Hauptwirkung der bisherigen Polizeiaufsicht, dem Aufenthaltsverbote, vorschlägt, so beschränken sich diese auf zwei Punkte. Nach wie vor soll das Gericht lediglich die Zulässigkeit der Maßregel aussprechen, während die Landespolizeibehörde darüber entscheidet — und zwar nach Anhörung der Gefängnisverwaltung —, ob die Maßregel tatsächlich einzutreten hat. Neu ist in den Bestimmungen des *DVE.* nur folgendes:

1. Die Voraussetzungen, unter denen das Gericht auf Zulässigkeit der Maßregel erkennen kann, werden näher bestimmt. Auf die Zulässigkeit soll nur erkannt werden, wenn mit Rücksicht auf die Art der verübten strafbaren Handlung oder die Person des Verurteilten anzunehmen ist, daß dessen Aufenthalt an bestimmten Orten mit einer besonderen Gefahr für einen anderen oder für die öffentliche Sicherheit verbunden sein würde. Etwas Wesentliches dürfte dadurch an dem bisherigen Zustande nicht geändert werden: die Gerichte sind schon bisher, obwohl eine solche instruktionelle Vorschrift im Gesetze nicht ausgesprochen ist, bei der Erklärung der Zulässigkeit wohl allgemein mit der größten Vorsicht vorgegangen, wie das ja auch aus den oben angeführten Ziffern hervorgeht. Und auch die weitere Bestimmung des *DVE.*, daß die Zulässigkeit nur ausgesprochen werden kann, wenn entweder auf Zuchthaus erkannt ist oder bei Gefängnisstrafen von mindestens einem Jahre, wenn im *Bes. T.* die Maßregel ausdrücklich neben Gefängnis zugelassen ist, dürfte praktisch keine wesentliche Änderung bringen. Bisher ist allgemein bestimmt, daß auf Zulässigkeit von Polizeiaufsicht nur in den durch das Gesetz vorgesehenen Fällen

---

[1]) Der *OVE.* hat die Polizeiaufsicht beibehalten (§ 39), daneben aber die Ausweisung von Ausländern selbständig geregelt (§ 40).

erkannt werden kann (§ 38 Abs. 1 RStGB.), und es dürfte wohl nur höchst selten einmal vorkommen, daß in diesen Fällen die Zulässigkeit neben einer Gefängnisstrafe unter einem Jahre ausgesprochen wird. Immerhin mag, da nach dem *DVE.* die Aufenthaltsbeschränkung neben Gefängnis nur in den §§ 111 Abs. 1, 250 Abs. 3, 251—254 und 299 zugelassen ist, durch die Bestimmung des *DVE.* eine kleine Einschränkung herbeigeführt werden, was jedenfalls zu billigen ist.

2. Während nach dem geltenden Recht die zeitliche Bemessung der Polizeiaufsicht durch die Landespolizeibehörde erfolgt, soll in Zukunft das Gericht über die Zeitdauer der Aufenthaltsbeschränkung auf Grund der Ergebnisse der Hauptverhandlung entscheiden. Diese Neuerung ist vom Standpunkte des Entwurfes aus nicht ohne Bedenken. Der *DVE.* geht davon aus, daß die Landespolizeibehörde besser in der Lage sei, die Notwendigkeit der Maßregel, insbesondere unter Berücksichtigung der Ergebnisse der Strafvollstreckung, zu beurteilen, als es dem Gerichte in der Hauptverhandlung möglich wäre. Ist das richtig, dann würde es die Konsequenz erfordern, daß von der Landespolizeibehörde auch die Zeitdauer der Maßregel festgesetzt wird, natürlich immer innerhalb der im Gesetze vorgeschriebenen Grenze, die im *DVE.* wie bisher auf ein Maximum von fünf Jahren bestimmt wird.

Und nun zu der Ausweisung von bestraften Ausländern! Der *DVE.* behandelt sie lediglich als eine Wirkung der von dem Gerichte zugelassenen Aufenthaltsbeschränkung. Auch hier soll also nicht das Gericht die Ausweisung aussprechen, sondern die Landespolizeibehörde soll darüber nach Verbüßung der Strafe entscheiden. Gegen die Maßregel der Ausweisung an sich habe ich keinerlei Bedenken. Sie wird durch den völkerrechtlichen Grundsatz gerechtfertigt, daß ein Ausländer, der sich lästig macht — und das kann bei einer Verurteilung zu schwerer Strafe ohne weiteres angenommen werden —, ausgewiesen werden kann. Ich sehe aber keinen Grund, diese Maßregel erst auf dem Umwege der Aufenthaltsbeschränkung zu ermöglichen und sie nicht vielmehr als selbständige Nebenstrafe zu regeln, wie es sowohl der *SchVE.* wie der *OVE.* tut. Der *SchVE.* läßt die Ausweisung zu, wenn ein Ausländer zu Zuchthaus oder zu Verwahrung verurteilt wird, der *OVE.*, wenn ein Ausländer, der zu einer ein Jahr erreichenden Freiheitsstrafe verurteilt wird, nach seinem Lebenswandel und der Eigenart seiner Tat als gefährlich für die Sicherheit des Staates, die Sittlichkeit oder die Sicherheit der Person, des Vermögens oder des Geldverkehrs anzusehen ist. Der *SchVE.* bestimmt die Zeitdauer der Landesverweisung auf mindestens 3 und höchstens 15 Jahre, während der *OVE.* sie für immer zuläßt, und, falls sie zeitlich beschränkt ausgesprochen wird, ihre Dauer auf 10 Jahre bestimmt. Ich glaube, daß die Regelung im *OVE.* in jeder Beziehung den Vorzug verdient. Im *DVE.* hat die Ausweisung durch ihre Angliederung an die Maßregel der Aufenthaltsbeschränkung nur eine ganz verkümmerte Ausgestaltung erhalten.

X. Einziehung und Unbrauchbarmachung.

Die diesbezüglichen Bestimmungen in den §§ 54—56 des *DVE.* entsprechen im wesentlichen denen der §§ 40—42 RStGB. Es werden einige in der Praxis hervorgetretene Zweifelsfragen beseitigt, im übrigen sind die Änderungen nur unerhebliche. Ich glaube mich deshalb hier um so mehr kurz fassen zu können, als die Bestimmungen kaum Bedenken begegnen dürften.

Im § 54 wird die Zulässigkeit der Einziehung der producta et instrumenta sceleris geregelt. Neu ist dabei nur der Satz 2 des Abs. 1, der den Zweifel beseitigen soll, ob die Vorschriften der §§ 54—56 auch da anwendbar sind, wo durch Sonderbestimmungen (z. B. § 15 des Nahrungsmittelgesetzes) die Einziehung auch bei anderen strafbaren Handlungen als Verbrechen und vorsätzlichen Vergehen zugelassen ist. Die Frage wird in Übereinstimmung mit der herrschenden Praxis in bejahendem Sinne entschieden. Erwünscht wäre wohl auch eine ausdrückliche Bestimmung darüber, ob die Einziehung auch noch zulässig ist, wenn der Verurteilte gestorben ist. Bei der Entscheidung dieser Frage ist es von Bedeutung, welchen rechtlichen Charakter man der Einziehung beilegt. Der *SchVE.* behandelt die Einziehung unter den Vermögensstrafen und bestimmt danach sachgemäß: „Stirbt der Verurteilte, so fällt diese Strafe weg.“ (Art. 38.) Der *OVE.* dagegen, der die „Verfallen-Erklärung“ unter den Sicherungsmitteln behandelt, bestimmt im § 42 Abs. 2: „Wenn der Verurteilte nach Rechtskraft der den Verfall verfügenden Entscheidung gestorben ist, wird der Verfall gegen den Nachlaß vollzogen.“ In der *VEBegr.* 184 wird die Einziehung als ein Institut gemischten Charakters bezeichnet, welches „bezweckt, die Begehung oder Wiederholung von strafbaren Handlungen zu hindern und zugleich die Wirkung der eigentlichen Strafe zu verschärfen“. Soll danach die Bestimmung im § 35 des *DVE.* „in den Nachlaß eines Verurteilten darf eine Geldstrafe nicht vollstreckt werden" analog zur Anwendung kommen? Ich würde eine gesetzliche Bestimmung, die dies bejaht, empfehlen.

Während der *SchVE.* ebenso wie der *DVE.* die Einziehung in das Ermessen des Gerichtes stellt, ordnet der *OVE.* (§ 41) die Verfallenerklärung obligatorisch an. Mir erscheint es richtig, im *Allg. T.* die Einziehung lediglich für zulässig zu erklären; im *Bes. T.* mag dann da, wo dies für angezeigt erachtet wird, die Einziehung als obligatorisch bestimmt werden (wie dies z. B. in den §§ 152, 295, 296 RStGB. geschehen ist).

Der *SchVE.* regelt außer der Einziehung der producta et instrumenta sceleris auch die Einziehung gefährlicher Gegenstände. Es geschieht dies unter dem Titel „vorsorgliche Maßnahmen" im Art. 47 durch folgende Bestimmung: „Gefährdet ein Gegenstand, der mit einem Verbrechen in Zusammenhang steht, das öffentliche Wohl oder die Rechtsordnung, so zieht ihn der Richter ohne Rücksicht auf die Strafbarkeit einer Person ein und läßt ihn, soweit es nötig ist, unbrauchbar machen oder vernichten." Ganz abgesehen von der Unbestimmtheit des Begriffes „Gegenstand, der mit einem Verbrechen in Zusammenhang steht", erscheint mir eine so weitgehende Vorschrift recht bedenklich, da sie auch solche Personen treffen würde, die an der Straftat gar nicht beteiligt waren.

§ 55 des *DVE.* behandelt die Unbrauchbarmachung und Einziehung bei Schriften, Abbildungen oder Darstellungen mit strafbarem Inhalte. Der entsprechende § 41 RStGB. ordnet nur die Unbrauchbarmachung an, während in Zukunft statt der Unbrauchbarmachung die Einziehung der Exemplare erfolgen soll, wenn der gesamte Inhalt strafbar ist oder wenn bei nur teilweise strafbarem Inhalte die Ausscheidung des strafbaren Teiles unmöglich ist. Das dürfte zweckmäßig sein und häufig das Verfahren bei der Ausführung der Anordnung vereinfachen. Im übrigen stimme ich Goldschmidt (*Vergl. Darst. Allg. T. VI* 443ff.) darin zu, daß die ganze Vorschrift mit der Beschlagnahme der §§ 23ff. des Preßgesetzes in engster Verbindung steht und eigentlich in das Preßgesetz gehören würde. Im *Sch.* und *OVE.* wird deshalb die Sache auch nicht behandelt.

§ 56 regelt das objektive Verfahren für den Fall, daß eine bestimmte Person als Täter oder Teilnehmer nicht verfolgt oder nicht verurteilt werden kann. § 42 RStGB. läßt dies Verfahren zu, wenn die Verfolgung oder Verurteilung einer bestimmten Person „nicht ausführbar" ist. Daran hat sich die Streitfrage geknüpft, ob hiermit nur die tatsächliche oder auch die rechtliche Unausführbarkeit gemeint sei. Der *DVE.* hat sich mit der herrschenden Meinung für die letztere Alternative entschieden und die Bestimmung deshalb so gefaßt, daß es auf die Art des Hinderungsgrundes gar nicht ankommen kann. Auch sonst ist die Bestimmung zur Vermeidung von Zweifelsfragen etwas klarer gefaßt worden.

XI. Strafmittel des *OVE.* und des *SchVE.*, die im *DVE.* abgelehnt sind.

In der Literatur, die sich in Deutschland seit Jahren in umfassendem Maße mit der Reform des Strafensystems beschäftigt, sind vielfache Vorschläge auf Einführung neuer Strafmittel gemacht worden. Einige davon habe ich bereits im vorhergehenden gestreift. Ich möchte jetzt noch auf diejenigen Strafmittel eingehen, die in den hier zur Vergleichung herangezogenen neuen Entwürfen tatsächlich einen Platz gefunden haben, sich aber im *DVE.* nicht vorfinden. Es sind dies: die öffentliche Bekanntmachung des Strafurteils, der Hausarrest und die Friedensbürgschaft.

1. Sowohl der *OVE.* wie der *SchVE.* behandeln die öffentliche Bekanntmachung von Strafurteilen im *Allg. T.*, und zwar der *OVE.* in dem Abschnitte über Strafen und Straffolgen (§ 35), der *SchVE.* unter den „vorsorglichen Maßnahmen“ (Art. 48). Im *DVE.* dagegen wird diese Maßregel ebenso wie im RStGB. im *Allg. T.* nicht erwähnt und im *Bes. T.* nur bei Ehrverletzung und falscher Anschuldigung zugelassen (§§ 266 u. 171 Abs. 2.). Daneben bleibt sie da bestehen, wo sie in Sondergesetzen angedroht ist, wie z. B. dem Nahrungsmittelgesetz vom 14. 5. 79 (§ 16). Auf die Frage, ob und inwieweit die Maßregel den Charakter einer eigentlichen Strafe hat, soll hier nicht eingegangen, sondern nur die Frage erörtert werden, ob es sich empfiehlt, ihr ein allgemeines Anwendungsgebiet zu geben, wie es im *OVE.* und im *SchVE.* geschehen ist. Dabei ist auf eine Verschiedenheit der Regelung in den beiden Entwürfen aufmerksam zu machen. Beide ordnen zwar übereinstimmend die Veröffentlichung obligatorisch und bei allen Delikten in dem Falle an, wenn sie im öffentlichen Interesse „gelegen“ oder „geboten“ ist. Dagegen ordnet nur der *SchVE.* sie in gleicher Weise für den Fall an, daß sie im Interesse des Verletzten geboten ist; während der *OVE.* hier dem Richter nur die Befugnis gibt, sie in den im Gesetze bezeichneten Fällen auf Antrag des Verletzten anzuordnen, wenn der Antragsteller ein berechtigtes Interesse nachweist.

Ich gebe nun ohne weiteres zu, daß es Fälle gibt, in denen die Veröffentlichung des Urteils im öffentlichen Interesse zweckmäßig sein kann, z. B. um das Publikum vor gewissen Personen zu warnen, die sich durch ihre Straftat als unzuverlässig oder gemeingefährlich erwiesen haben. Und ich gebe weiter zu, daß ich mir auch außerhalb des Gebietes der Ehrverletzungen und falschen Anschuldigungen Fälle denken kann, wo manches dafür sprechen würde, die Maßregel im Interesse des Verletzten zuzulassen. Aber ich habe erhebliche Bedenken, der Maßregel ein allgemeines Anwendungsgebiet bei allen Delikten zu geben, und zwar weil mit ihr eine Ehrenminderung für den Betroffenen verbunden ist, und weil ich die Neueinführung von Strafmitteln beschämenden Charakters für ein modernes Strafgesetzbuch nicht geeignet erachte. Nach meiner Meinung könnte es nur in Frage kommen, außer den Fällen der §§ 266 und 171 des *DVE.* noch bei einigen anderen Delikten die Veröffentlichung des Urteils zuzulassen, und zwar nicht nur im Interesse des Verletzten, sondern auch beim Vorliegen eines öffentlichen Interesses. Die letztere Ausdehnung gegenüber dem *DVE.* halte ich sogar für wünschenswert.

Der *OVE.* und der *SchVE.* behandeln an den angegebenen Stellen auch die Veröffentlichung eines freisprechenden Urteils. Sie gehört systematisch nicht in den Abschnitt über Strafen. Die Veröffentlichung eines freisprechenden Urteils ist eine dem deutschen Rechte nicht unbekannte Maßregel. So findet sie sich im § 16 des Nahrungsmittelgesetzes. Auch sie kann nach m. M. nur bei besonders gearteten Delikten in Frage kommen; sie allgemein zuzulassen, dagegen spricht vor allem, daß damit zwei Klassen von Freigesprochenen geschaffen würden: solche, deren Freisprechung veröffentlicht ist, und solche, bei denen dies nicht geschehen ist und die deshalb immer mit einem Makel behaftet erscheinen würden (vgl. *VEBegr.* 198).

2. Nur der *OVE.* kennt die Strafe des Hausarrestes. Nach § 22 kann sie auf die Dauer von einem Tage bis zu zwei Wochen verhängt werden und nach § 60 kann das Gericht sie an Stelle einer Haftstrafe bis zu 14 Tagen verhängen, wenn der Vollzug der Haft den Verurteilten wegen seines Gesundheitszustandes oder seiner Erwerbsverhältnisse besonders hart treffen würde. Ich habe mich schon früher[1]) gegen dies Strafmittel ausgesprochen und muß bei meiner damals erklärten Auffassung bleiben. Ich habe dabei auf die erheblichen, in größeren Städten unüberwind-

[1]) Ersatz kurzzeitiger Freiheitsstrafen. Hamburg 1889. S. 58.

lichen Schwierigkeiten der für die Durchführung erforderlichen Kontrolle hingewiesen, sowie darauf, daß Hausarrest den Verurteilten je nach seiner Lebenslage ganz ungleich treffen würde: während er für manchen gar keine ernstliche Strafe bilden dürfte, würde er besonders Leute, die darauf angewiesen sind, ihren Erwerb außerhalb des Hauses zu suchen, schwer treffen (vgl. auch *VEBegr.* 42). Auch unter der im § 60 des *OVE.* für die Anwenwendung festgesetzten Einschränkung kann ich mich nicht für dies Strafmittel erklären.

3. Die Friedensbürgschaft endlich kennt nur der *SchVE.* Er bestimmt im Art. 46:

„Besteht die Gefahr, daß jemand ein Verbrechen, mit dem er gedroht hat, ausführen werde, oder verrät jemand, der wegen eines Verbrechens, insbesondere wegen eines Verbrechens gegen Leib und Leben oder gegen die Ehre, verurteilt wird, die Absicht, das Verbrechen zu wiederholen, so kann ihm der Richter das Versprechen abnehmen, das Verbrechen nicht zu begehen, und ihn anhalten, angemessene Sicherheit dafür zu leisten.

Verweigert er das Versprechen oder leistet er die Sicherheit innerhalb der bestimmten Frist böswillig nicht, so kann ihn der Richter durch Sicherungshaft dazu anhalten, jedoch nicht länger als sechs Monate.

Begeht er das Verbrechen innerhalb zwei Jahren, nachdem er die Sicherheit geleistet hat, so verfällt die Sicherheit dem Staat, andernfalls wird sie der Person, die sie geleistet hat, herausgegeben."

Die Friedensbürgschaft erscheint hier als Präventivmaßregel gegen künftige strafbare Handlungen. Für die Friedensbürgschaft als Hauptstrafe — sie ist früher vielfach und auch von mir empfohlen worden — besteht in einem Strafgesetzbuche, das wie der *SchVE.* den bedingten Straferlaß kennt, kaum ein Bedürfnis; für den *DVE.*, der auch bei Geldstrafen — zwar nicht direkt, aber doch auf indirektem Wege, nämlich sobald es sich um die Ersatz-Freiheitsstrafe handelt, — die bedingte Strafaussetzung kennt (§ 41), würde ich die Bedürfnisfrage unbedingt verneinen. Als Präventivmaßregel kann die Friedensbürgschaft nach dem *SchVE.* nicht nur neben einer anderen Strafe vorkommen, sondern auch selbständig verhängt werden, wenn die Drohung mit einem Verbrechen etwa den Tatbestand einer strafbaren Handlung nicht erfüllen würde.

Wird auf Friedensbürgschaft neben einer anderen Strafe erkannt, so dient dies der Sicherung der Gesellschaft gegenüber bestraften Personen, von denen in Zukunft weitere Straftaten zu befürchten sind, also einem Zwecke, mit dem das oben besprochene Institut der Polizeiaufsicht in erster Linie gerechtfertigt wird. Aber während sich die Polizeiaufsicht zum Schutze der Gesellschaft recht wenig bewährt und sich vielfach als ein Hindernis für das redliche Fortkommen des Entlassenen erwiesen hat, ist nach m. M. von der Friedensbürgschaft die Erfüllung des angegebenen Zweckes in wirksamer und dabei von allen schädlichen Nebenfolgen freier Weise zu erwarten. Gerade als Ersatzmittel für die von mir verworfene Polizeiaufsicht erscheint mir die Friedensbürgschaft besonders beachtenswert. Ich habe darauf schon früher vielfach hingewiesen und die hohe erzieherische Bedeutung betont, die in dem psychischen Drucke liegt, der dabei auf den zum Verbrechen Geneigten ausgeübt wird. Ich kann hier die Sache nicht ausführlicher behandeln und will, indem ich im übrigen auf meine früheren Schriften verweise[1]), nur auf einen von den dagegen erhobenen Einwänden hier eingehen.

Man hat vielfach geltend gemacht — und auch die *VEBegr.* 48 tut dies —, daß bei der Friedensbürgschaft der Nichtbesitzende, der die geforderte Sicherheit schwer und möglicherweise gar nicht aufbringen könne, schlechter gestellt sei, als der Besitzende. Darin liegt sicherlich etwas Richtiges. Aber eine derartige tatsächliche Rechtsungleichheit ist auch bei der Geldstrafe vorhanden; das Argument würde deshalb in gleicher Weise gegen letztere sprechen. Wie bei dieser, so sollte auch bei der Friedensbürgschaft der Richter bei der Bestimmung der Höhe der Sicherheit die wirtschaftliche Gesamtlage des Betroffenen berücksichtigen. Der *SchVE.* sieht auch eine Frist zur Herbeischaffung der Sicherheit vor und erklärt die Sicherungshaft nur dann für zulässig, wenn die Sicherheit böswillig nicht geleistet wird. Stellt es sich also heraus, daß derjenige, gegen den die Maßregel angeordnet ist, trotz der Rücksicht, die der Richter bei der Bestimmung der Höhe der Sicherheit und der Frist zu ihrer Leistung auf die persönlichen Verhältnisse genommen hat, die Sicherheit nicht aufbringen kann, so kommt, wenn ein Verschulden dabei nicht nachzuweisen ist, die Haft nicht zur Anwendung. Der Richter ist aber überhaupt nicht zur Verhängung der Sicherungshaft verpflichtet, sondern es ist dies stets in sein Ermessen gestellt, so daß er also in berücksichtigenswerten

[1]) Strafensystem und Gefängniswesen in England, Berlin 1887, S. 98ff. Zur Reform des deutschen Strafen- und Gefängniswesen, Berlin 1887, S. 46ff. Ersatz kurzzeitiger Freiheitsstrafen, Hamburg 1889, S. 16ff und 35ff.

Fällen ohne weiteres von der Haft absehen kann. Damit dürfte auch dem einzig wirklich erheblichen Einwande gegen das Institut der Friedensbürgschaft die Spitze abgebrochen sein[1]).

Ich begrüße daher die Bestimmungen des *SchVE.* über die Friedensbürgschaft als eine Neuerung, die dem deutschen Gesetzgeber zur Beachtung und Nachachtung zu empfehlen ist.

4. Als erwähnenswert möchte ich schließlich hier noch hervorheben, daß zwei Strafen, die von manchen Seiten mit großer Wärme empfohlen werden, in keinem der drei Entwürfe vorkommen: es sind dies die Prügelstrafe und die Deportation. Sie dürften in der Tat für das zukünftige deutsche Strafgesetzbuch ernstlich nicht in Frage kommen.

XII. Schadensersatz.

Der *DVE.* hat das Institut der Buße nicht aufgenommen. Unzweifelhaft bestehen gegen dies Institut, so wie es bisher geregelt war, erhebliche Bedenken. Ich sehe von den mancherlei Streitfragen, die durch die bisherige Regelung veranlaßt worden sind, hier ab und weise nur darauf hin, daß kein rationeller Grund dafür angegeben werden kann, die Buße, wie es das RStGB. (§§ 188, 231) tut, nur bei Beleidigungen und Körperverletzungen zuzulassen, bei allen anderen Delikten aber auszuschließen. Es erscheint dies um so weniger haltbar, als das BGB. (§§ 823 ff.) die Ersatzverbindlichkeiten wegen strafbarer Handlungen in einheitlicher Weise geregelt hat.

Der *DVE.* sieht davon ab, das Institut der Buße anderweit zu regeln. Er glaubt, an seiner Stelle die allgemeine Möglichkeit schaffen zu sollen, die Schadensersatzansprüche des durch die strafbare Handlung Geschädigten im Strafverfahren geltend zu machen. Wie ich bereits in der Einleitung ausgeführt habe, greift der *DVE.* damit in das Gebiet des Strafprozesses ein: die im § 57 enthaltenen Bestimmungen sind ausschließlich prozessualer Natur; irgendeine Anordnung materiellrechtlicher Art ist darin nicht enthalten. Der Geschädigte soll nur diejenigen Ansprüche im

---

[1]) Es ist wohl auch zu erwarten, daß sich bei Einführung der Friedensbürgschaft in gleicher Weise wie in England und Amerika Wohltätigkeitsgesellschaften eigens zu dem Zwecke bilden werden, um in geeigneten Fällen die Sicherheitsleistung für den Verurteilten zu bewirken. Im Abs. 3 des Art. 46 *SchVE.* wird auf die Leistung durch eine andere Person hingewiesen.

Strafverfahren geltend machen können, die ihm nach dem bürgerlichen Rechte zustehen.

Dabei ist auf zwei Punkte aufmerksam zu machen. Nach § 253 BGB. ist der Schadensersatzanspruch im allgemeinen beschränkt auf den Vermögensschaden, nur in den Fällen des § 847 BGB. kann auch Ersatz des immateriellen Schadens gefordert werden. Nun ist es ja bekannt, daß eine starke Bewegung dahin geht, dem durch eine strafbare Handlung Verletzten in weitergehendem Maße Genugtuung für die erlittene körperliche und seelische Unbill zu gewähren, und daß die Rechtsprechung sich dieser Bewegung angeschlossen hat, indem sie die Buße[1]) — soweit nicht gesetzliche Vorschriften, wie im § 188 RStGB., entgegenstehen — mehr und mehr auch auf Entschädigung für ideelle und psychische Nachteile erstreckt hat. Bei der im § 57 des *DVE.* vorgeschlagenen Beschränkung des Geschädigten auf die ihm nach bürgerlichem Rechte zustehenden Ansprüche würde also ein Rückschritt in dieser Richtung eintreten.

Der andere Punkt, auf den ich hinweisen möchte, ist folgender: nach den Bestimmungen des BGB. (vgl. insbesondere § 843) geht der Anspruch des Verletzten in sehr vielen Fällen auf die Entrichtung einer Geldrente. Nun wird in der *VEBegr.* 194 durchaus zutreffend dargelegt, daß im Strafverfahren die Forderung einer Rente ausgeschlossen sein muß, weil hier eine dem § 323 ZPO. entsprechende Vorschrift nicht besteht. Damit aber ist für alle diese Fälle die Geltendmachung des Schadensersatzes im Strafverfahren unmöglich.

Also die im § 57 gegebenen Bestimmungen gereichen keineswegs dem Geschädigten in dem Maße zum Vorteil, wie man es nach den Ausführungen in der *VEBegr.* 189 ff. annehmen sollte. Dazu kommt nun noch, daß der § 57 selbst zwei schwerwiegende Einschränkungen macht: die Geltendmachung des Schadensersatzanspruches soll nicht im Strafverfahren erfolgen, a) sofern der Anspruch den Betrag von 20000 M übersteigt und b) soweit seine Feststellung eine Verzögerung des Strafverfahrens herbeiführen würde. Besonders durch diese letztere Bestimmung ist die praktische Bedeutung des § 57 erheblich herabgesetzt: der Angeklagte hat es in der Hand, durch Erhebung von Einwendungen ein Urteil über den geltendgemachten Schadensersatzanspruch im Strafverfahren zu

---

1) Es ist daran zu erinnern, daß das Institut der Buße außer in den §§ 188, 231 RStGB. noch in zahlreichen Nebengesetzen Aufnahme gefunden hat, vor allem in den Gesetzen zum Schutze des geistigen Eigentums.

hintertreiben; denn dies wird regelmäßig durch Erledigung der Einwendungen verzögert werden.

Von den hiernach vorhandenen Zweifeln bezüglich des Nutzens des § 57 für den Geschädigten abgesehen, bestehen aber auch gegen seine Bestimmungen schwere Bedenken. Die Rücksicht auf den Geschädigten, in dessen Interesse es liegen mag, daß die zivilrechtlichen Folgen des Deliktes in einem und demselben Verfahren mit den strafrechtlichen erledigt werden, darf doch nicht dazu führen, den Täter in eine ungünstige Lage gegenüber den Schadensersatzansprüchen zu bringen. Das aber würde tatsächlich der Fall sein. Wird der Anspruch im Strafverfahren geltend gemacht, so tritt der Geschädigte als eidlich zu vernehmender Zeuge in eigener Sache auf, und dem Täter, gegen den ein Anspruch bis zu 20000 M erhoben werden kann, braucht dabei nicht, wie im Zivilverfahren, ein Rechtsanwalt zur Seite zu stehen. Aber nicht nur das. Über den Anspruch entscheidet, wenn die Strafsache beim Schöffengericht anhängig ist — und, falls die Vorschläge des Entwurfs zu einer Strafprozeßordnung Gesetz werden, würde das ja in erheblich weiterem Maße der Fall sein —, ein Kollegium, in dem Laienrichter die Majorität bilden; sie sollen über zivilrechtliche Fragen entscheiden, für welche sonst ein Kollegium von gelehrten Richtern gefordert wird. Und wie soll die Sache im Schwurgerichtsverfahren gehandhabt werden?

Wenn ferner die *VEBegr.* 190 hervorhebt, daß durch die Bestimmungen des § 57 „Aufwendungen an Mühe, Zeit und Kosten dadurch erspart werden, daß der sonst nachfolgende meist langwierige Zivilprozeß unnötig wird", so ist andrerseits zu beachten, daß die erleichterte, kostenlose Geltendmachung des Schadensersatzanspruchs Anlaß zur Erhebung von ganz unbegründeten, ja frivolen Ansprüchen geben kann und sicherlich auch geben wird. Und dabei ist es auch recht bedenklich, daß der Strafrichter berechtigt sein soll, dem Geschädigten einen Teil des geforderten Schadens zuzuerkennen und es ihm zu überlassen, den Mehrbetrag, dessen Feststellung im Strafverfahren nicht ohne Verzögerung möglich wäre, im Zivilverfahren geltend zu machen (*VEBegr.* 195). Die Gefahr widersprechender Entscheidungen liegt da doch sehr nahe. Man bedenke nur, daß im Zivilverfahren Verhandlungsprinzip, im Strafverfahren Offizialprinzip gilt.

Nach alledem kann ich mich für die Bestimmungen des § 57 nicht erwärmen, und ich würde empfehlen, diesen nicht in das Strafgesetzbuch gehörenden Paragraphen ganz zu streichen.

IV.

Die Schuld.

(Vorsatz, Fahrlässigkeit, Rechtsirrtum, Erfolgshaftung.)

Von

Dr. Eduard Kohlrausch,

Professor an der Universität Königsberg.

I. Systematik.

Die systematische Anordnung gesetzlicher Vorschriften ist oft ein wichtiges Mittel zu ihrer Auslegung. Hier aber versagt es. Nach einem charakteristischen System des „Allgemeinen Teils“ sucht man vergeblich. Fast könnte man meinen, die Verfasser des Vorentwurfs hätten jenes in der Tat nicht immer ungefährliche Auslegungsmittel der „systematischen Stellung“ bewußt abschneiden wollen.

Die naturgemäße Dreiteilung des Allgemeinen Teils wäre die in Abschnitte über das Strafgesetz, über die Voraussetzungen und Merkmale eines Verbrechens und endlich über die Rechtsfolgen (Strafen und Sicherheitsmaßregeln). Die Schuld würde zum zweiten dieser Abschnitte gehört haben, dessen Inhalt sich nun aber verstreut findet.

Während insoweit kaum Meinungsverschiedenheiten zu erwarten gewesen wären, hätten sie freilich für die Anordnung innerhalb dieses Abschnittes begonnen. Nicht hierher gehört die Frage, wie Notwehr, Notstand und ähnliche Materien einzugliedern waren, die sich jetzt in dem konstruktiv äußerst seltsamen vierten Abschnitt vereinigt finden unter der Überschrift: „Strafausschließungs- und Milderungsgründe“. Wohl aber bedarf einer kurzen Erwähnung 1. das Verhältnis der Zurechnungsfähigkeit zur Schuld. Der Vorentwurf behandelt die Zurechnungsfähigkeit — und zwar in negativer Fassung — in dem oben erwähnten vierten Abschnitt, also erst nach der Schuld.

Die Zurechnungsfähigkeit ist nun aber, wie schon das Wort „Fähigkeit“ ergibt, die allgemeine, aus der Gesamtpersönlichkeit zu beurteilende Voraussetzung für die Zurechnung der einzelnen Tat. Sie ist es logisch-konstruktiv, denn in ihr liegen potentiell die gleichen Merkmale, die in der Schuldzurechnung der einzelnen Tat aktuell in Erscheinung treten. So wenn Zurechnungsfähigkeit gefaßt wird als normale Motivierbarkeit, Schuld aber als bestimmt geartetes Motiviertsein. Und wie mit der logischen Konstruktion, so steht es auch mit der Anordnung der richterlichen Tätigkeit gegenüber dem Einzelfall. Der Richter tritt an die Frage der Zurechnung der einzelnen Tat zur Schuld erst heran, wenn ihm die Zurechnungsfähigkeit feststeht. Unter allen Umständen also mußte die Schuld hinter der Zurechnungsfähigkeit stehen und nicht vor ihr; ob mit ihr zu einem Abschnitt vereint oder von ihr getrennt, wäre eine Frage für sich. Meines Erachtens gehört die Zurechnungsfähigkeit an die Spitze der Lehren vom Verbrechen überhaupt.

Nun ist bekanntlich auch eine ganz andere Auffassung der Zurechnungsfähigkeit denkbar: daß sie nicht eine Voraussetzung bilde für die Zurechnung des Verbrechens, sondern eine solche für die Verhängung der Strafe. Dieser ganz fundamentale Gegensatz bedarf eines näheren Eingehens hier nicht. Er tritt — um ihn wenigstens paradigmatisch zu verdeutlichen — scharf in die Erscheinung gegenüber der Frage, ob der geistesgesunde, aber unverbesserliche Gewohnheitsverbrecher zurechnungsfähig sei oder nicht. Die erste Auffassung muß die Frage bejahen, die zweite sie verneinen. Daß der Vorentwurf der ersten — der meines Erachtens richtigen[1]) — folgt, ergibt sich aus dem § 63 *DVE.* und seiner ganzen Haltung und wird auch nicht durch die völlig unhaltbaren[2]) Ausführungen der „Begründung" (S. 224f.) geändert.

---

[1]) Meine Meinung hierüber wie über andere Grundfragen des Strafrechts, die im folgenden berührt werden müssen, habe ich gesagt in meiner Abhandlung „Sollen und Können als Grundlagen der strafrechtlichen Zurechnung, Berlin 1910".

[2]) Nach dieser ist „der bisher gemachte Unterschied zwischen Schuldausschließungsgründen, die eine strafbare Handlung nicht zur Entstehung kommen lassen, und Strafausschließungsgründen, welche nur die Verfolgbarkeit hindern, aufgegeben", und zwar in dem Sinne, „daß der Begriff des Schuldausschließungsgrundes überhaupt verschwindet und nur auf das praktische Ergebnis gesehen wird, daß eine Bestrafung nicht eintreten kann". Unter diesem Gesichtspunkt sind als Strafausschließungsgründe zusammen behandelt: Geistige Mängel, Trunkenheit, Notwehr und Notstand; als Milderungsgrund das jugendliche Alter. — Dagegen ist einzuwenden: Erstens, daß diese Ansicht im Vorentwurf selbst nicht zum Ausdruck kommt. Zweitens: daß Straf- und Schuldausschließungsgründe nicht Gegensätze sind, sondern subordiniert; die Strafe ist vielfach ausgeschlossen, weil die Schuld ausgeschlossen ist, so beim Irrtum, so daß es nicht wahr ist, daß der Begriff des Schuldausschließungsgrundes völlig verschwunden sei. Drittens: daß die Gegenüberstellung nicht erschöpfend ist. Die Strafe kann z. B. auch deshalb ausgeschlossen sein, weil die „Rechtswidrigkeit" fehlt, so bei der Notwehr, (und in vielen andern Fällen). Wäre, wie die Begr. meint, bei der Notwehr „eine strafbare Handlung zur Entstehung gekommen" und „nur die Verfolgbarkeit gehindert", so müßte Notwehr gegen Notwehr zulässig sein!

Von der Auffassung des Vorentwurfs aus ist also daran festzuhalten, daß die Schuldlehre an die Zurechnungsfähigkeit anknüpfen muß. Im folgenden wird es unvermeidlich sein, diese Beziehung gelegentlich zu betonen, während freilich eine Erörterung der Zurechnungsfähigkeit selbst — da nun einmal das System des Vorentwurfs zugrunde gelegt wird — außerhalb des Rahmens dieser Besprechung fällt.

2. Auch die systematische Behandlung der Trunkenheit erscheint mir unrichtig. Für die Fälle, in denen sie „Bewußtlosigkeit" zur Folge hat, behandelt sie der Vorentwurf in § 64 im Anschluß an die Unzurechnungsfähigkeit. Das ist an sich gewiß richtig. Ihre Erwähnung erfolgt aber dort nicht, um die Unzurechnungsfähigkeit hervorzuheben, was nicht nötig wäre, sondern um trotz ihrer eine Haftung daran zu knüpfen. Wenn nun aber „Schuld" die subjektive Beziehung des Täters zum Erfolg ist, so stellt sich hier die Frage ein, ob eine Haftung trotz Bewußtlosigkeit noch Schuldhaftung ist, wieweit insbesondere der Grundsatz der Schuldhaftung dadurch gewahrt erscheint, daß zwar nicht der Enderfolg, aber immerhin die Trunkenheit „verschuldet" sein muß. Das sind unbedingt Fragen der Schuldlehre, weshalb auch im folgenden der § 64 nicht ganz unerörtert bleiben kann.

3. Innerhalb der Schuldlehre handelt es sich um zwei Fragengruppen:

1. Was ist Schuld im Sinne des Strafrechts? — Insbesondere:

a) Wie muß die innnere Beziehung des Täters zu seiner Tat psychologisch beschaffen sein, damit ihm diese zur Schuld angerechnet werden kann?

b) Zu welchen Momenten seiner Tat muß der Täter in jener psychologischen Beziehung gestanden haben, damit ihm die Tat zur Schuld angerechnet werden kann?

c) Gibt es verschiedene Grade oder Formen der Schuld, und bejahenden Falles welche?

2. Soll das Strafrecht seine Rechtsfolgen nur an schuldhafte

Viertens: daß die bloße Strafe auch durch eine Reihe anderer anderwärts untergebrachter Umstände ausgeschlossen ist, wie etwa durch Verjährung. Fehlen des Strafantrags, Eigenschaft als Volksvertreter u. a. — Ich schreibe dies nur, um den obigen Vorwurf zu begründen, daß der dem 4. Abschnitt zugrunde gelegte systematische Gedanke völlig unhaltbar ist. Alles, was darüber im Laufe der Zeit gearbeitet wurde, ist in unbegreiflicher Weise ignoriert. Es ist das unter den vielen einer der eklatantesten Fälle, in denen angebliche „Wissenschaft" und angebliche „Praxis" in einer geradezu deprimierenden, jede Klärung hindernden Art gegenübergestellt werden.

Handlungen knüpfen oder auch an die schuldlose Herbeiführung eines Erfolges? —

Das geltende StrGB. spricht sich grundsätzlich nur über die Frage 1b aus (in § 59). Die Frage 1a und 1c setzt es als gelöst voraus. Die Frage 2 glaubt man in einzelnen Bestimmungen des *Bes. T.* beantwortet zu finden.

Der Vorentwurf regelt die Fragen in etwas anderer Folge, teilweise sogar außerhalb des dritten Abschnittes. Er behandelt die Fragen:

1: grundsätzlich gar nicht; im einzelnen:

1a: in § 59 und 60,

1b: in § 61,

1c: in § 58, Abs. 1, Satz 2.

2: in § 58, Abs. 1 Satz 1 und Abs. 2, § 62 und § 64.

Welche Systematik ein Gesetz innerhalb der Schuldlehre einnehmen will, erscheint mir weniger wichtig, als wie es sich zu diesen einzelnen Fragen sachlich stellt.

Im folgenden werden diese zunächst grundsätzlich, wenn auch unter Beschränkung auf die den Gesetzgeber berührenden Fragen, erörtert. Erst hieran kann eine Besprechung des Vorentwurfs anknüpfen.

Vorausgeschickt wird eine Erörterung der grundsätzlichen Fragen der Schuldlehre. Ohne sie würde das weitere in der Luft schweben. Daß auf so engem Raum nur skizzenhaft die eigene Meinung gesagt werden kann und auf eine Stellungnahme zu vielen abweichenden Auffassungen verzichtet werden muß, ist bei einem so weit verzweigten und viel erörterten Problem selbstverständlich.

II. Die psychologische Natur der Schuld.

Darüber, daß formell Schuld diejenige subjektive Beziehung des Täters zu seiner Tat ist, die vorhanden sein muß, damit er für die Tat verantwortlich gemacht werden kann, ist wohl kein Zweifel.

Die Frage nach dem materiellen Wesen dieser Schuld muß auf den Sinn eines Strafgesetzes zurückgehen. Dessen Aufgabe ist es, durch Gebot oder Verbot und weiter durch Androhung von Normwidrigkeitsfolgen, von „Strafen“, das soziale Gewissen zu schärfen, die altruistischen Motive gegenüber den egoistischen zu verstärken. Zweck der Strafe — soweit es sich um Strafe im eigentlichen Sinne handelt —, ist es, der Strafdrohung ihre motivierende Kraft zu sichern, da eine Drohung, die der Drohende nicht gegebenen Falles verwirklicht, höchstens ihn selbst lächerlich machen könnte. Ich stelle mich damit auf den Standpunkt, daß die Aufgabe der „Strafe“ Generalprävention ist und daß auch die dogmatische Ausgestaltung des Strafrechts im eigentlichen Sinne, die Frage also nach dem „ob“ der Bestrafung von diesem Gedanken beherrscht sein muß; daß andrerseits nichts im Wege steht, es sogar erforderlich ist, mit der Strafe, soweit es ihren spezifischen Aufgaben nicht widerspricht, Maßregeln der Spezialprävention zu verbinden, daß dies aber nichts mit dogmatischen Fragen wie den hier zu erörternden zu tun hat[1]).

Sind die Normen des Strafrechts gedacht als Bestimmungsgründe für den menschlichen Willen, so ist derjenige Bestandteil einer menschlichen Handlung, welcher diese Handlung strafrechtlich bedeutsam erscheinen läßt, die Willensbetätigung. Wollen aber heißt, die Vorstellung von einem künftigen Zustand als von einem durch uns zu bewirkenden bejahen, wodurch diese Vorstellung aus der Farblosigkeit der übrigen heraustritt und einen positiven Gefühlswert erhält. Willenshandlung ist die Handlung, welche durch eine solche gefühlsbetonte und zum Motiv gewordene Vorstellung geleitet ist.

Darin, daß die Betätigung eines der Norm widersprechenden Wollens den strafrechtlich wesentlichen Bestandteil des Delikts ausmacht, liegt, daß das Wollen erst recht den Anknüpfungspunkt bilden muß, soweit nur von der Schuld, d. h. der seelischen Beziehung des Täters zu seiner Tat die Rede ist. Das Wesen der Schuld liegt in der pflichtwidrigen Willensbetätigung. Alle Schuld ist Willensschuld.

Es gibt aber kein inhaltloses Wollen. Wollen heißt etwas wollen. Ohne daß es nötig wäre, auf die großen Probleme der Psychologie einzugehen, wie sich das Wollen zum Vorstellen verhalte, ob es insbesondere eine primäre oder nur abgeleitete seelische Funktion darstelle, kann also behauptet werden, daß jedem Willensakt Vorstellungselemente wesentlich sind. Wollen heißt ja definitionsgemäß: sich in eine bestimmte psychische Beziehung zu einer Vorstellung setzen.

Durch diesen Vorstellungsinhalt erhält der Willensakt erst

---

[1]) Für eine nähere Rechtfertigung ist hier natürlich nicht der Ort. Ich kann mich teilweise auf meine oben angeführte Abhandlung beziehen.

die Färbung, die ein Werturteil über ihn ermöglicht. Ohne Vorstellungsinhalt ist das Wollen rein formal. Da nun das Schuldurteil ein Werturteil über einen Willensakt bedeutet, so ist schuldhaft der Willensakt, welcher durch bestimmte Vorstellungen beherrscht ist. Welchen Inhalt diese Vorstellungen haben müssen, damit der Wille schuldhaft genannt werden kann, ist nun die Frage.

Bevor sie beantwortet wird, muß aber eines unter den Kriminalisten entbrannten Streits gedacht werden, der jenes Verhältnis von Wollen und Vorstellen betrifft und der noch im Vorentwurf und seiner Begr. nachklingt: des Streits zwischen der Willens- und Vorstellungstheorie. Berührt er die Auffassung der Schuld als einer pflichtwidrigen Willensbetätigung und wird er von ihr berührt?

Diese Kontroverse übrigens, die eigentlich den Begriff der Schuld überhaupt betreffen sollte, ist von Anfang an beschränkt geblieben auf die Schuldform des Vorsatzes.

Hier behauptet nun bekanntlich die (ältere) Willenstheorie: vorsätzlich herbeigeführt sei nur der gewollte Erfolg, so daß es auf Festlegung der Fälle ankomme, in denen man sagen könne, daß der Täter den Erfolg gewollt habe. Die schon früher gelegentlich, zielbewußter erst seit 1890 (Frank in Zeitschr. f. d. ges. StrRW. Bd. 10) vertretene Vorstellungstheorie hält auch den unter gewissen Modalitäten vorgestellten Erfolg für vorsätzlich herbeigeführt.

Die Vorstellungstheorie hatte zunächst das unbestreitbare Verdienst, dem Vorsatz wieder ein vernünftiges Anwendungsgebiet zu sichern. Konnte doch im Falle des Massenmörders Thomas im Ernst die Frage aufgeworfen werden, ob Thomas vorsätzlich getötet habe, obwohl es ihm doch nur auf Erlangung der Versicherungssumme, nicht aber auf die Tötung von Menschen angekommen sei, er die letztere also nicht „gewollt“ habe. Eine ähnliche Frage entstand im Jahre 1870: hatten die deutschen Zeichner der französischen Kriegsanleihe, die lediglich einen persönlichen Gewinn begehrten, „vorsätzlich einer feindlichen Macht Vorschub geleistet“ (StGB. § 89)? Für solche Tatbestände hat die Vorstellungstheorie den Satz betont, daß jemand, der einen Erfolg als die notwendige Folge seines Tuns vorhersah, strafrechtlich einem solchen gleichstehe, der diesen Erfolg gewollt habe — ob man nun jenes Verhältnis psychologisch und sprachlich noch „wollen“ nennen könne oder nicht.

Die Begründungen, die der Vorstellungstheorie gegeben wurden, waren verschieden. Am radikalsten war die, daß es überhaupt unmöglich sei, einen Erfolg zu „wollen“; wollen könne man nur eine Körperbewegung, einen Erfolg könne man nur als notwendig oder als mehr oder minder wahrscheinlich voraussehen. Weniger radikal, weniger bestreitbar und weiter verbreitet war das Argument, daß der Begriff des Wollens zu vieldeutig sei, um zur juristischen Bestimmung des Vorsatzes verwendet zu werden.

Den ersten Grund für die Vorstellungstheorie halte ich für falsch. Er verwechselt Wirkung und Inhalt des Wollens. Nur auf den Inhalt kommt es hier an, und da besteht kein Hindernis, auch die entferntesten Erfolge „gewollt“ zu nennen, falls der Täter sie als durch ihn zu bewirkende erstrebte. Daß dies dem Sprachgebrauch des Lebens und der wissenschaftlichen Psychologie entspricht, hat neuerdings besonders v. Hippel nachgewiesen [1]).

Das zweite von der Vorstellungstheorie vorgebrachte Argument hat erheblich mehr Gewicht: es widerspreche dem Sprachgebrauch, unerwünschte, wenn auch als notwendig vorhergesehene Folgen „gewollt“ zu nennen — und doch müsse der Vorsatz hier bejaht werden. Beispiel: Ich habe mich im Gebirge verstiegen und muß und will um jeden Preis wieder herunter, selbst um den Preis des Bruchs einiger Kochen. Ich springe eine mehrere Meter hohe Wand hinunter, wobei ich mir der Notwendigkeit einer schweren Verletzung bewußt bin, breche in der Tat ein Bein, bin aber gerettet, da ich mich nun in den Bereich menschlicher Hilfe schleppen kann. Meinem persönlichen Sprachgefühl widerstrebt es, daß ich den Beinbruch gewollt haben soll. Würde der Fall aber ins Kriminalistische gewendet, so müsse — sagt man — unbedingt Vorsatz angenommen werden, denn auf das Erwünschtsein des Erfolges komme nichts an. Auch von jenen deutschen Patrioten, die französische Kriegsanleihe zeichneten, kann man nach meinem Gefühl nicht ohne weiteres sagen, daß sie Frankreich Vorschub leisten „wollten“. Freilich reagiert das Sprachgefühl verschieden. v. Hippel entscheidet sich umgekehrt (wenn auch bei einem andern Fall): „Wer hier das Wollen leugnet, vergewaltigt den Sprachgebrauch, nicht wer es behauptet.“ *Vergl. Darst. Allg. T. III. 504*). So steht Sprachgebrauch gegen Sprachgebrauch, einen maßgebenden Richter gibt es nicht. Den kategorischen Erklärungen v. Hippels können die Gegner ebensolche entgegensetzen. Man wird zugeben, daß danach der Sprachgebrauch keine geeignete Instanz ist, um zu sagen, wann ein Erfolg „gewollt“ war, wann

---

[1]) Vgl. v. Hippel, Die Grenze von Vorsatz und Fahrlässigkeit (1903) S. 14—30; derselbe, Vorsatz, Fahrlässigkeit, Irrtum (in *Vergl. Darst. Allg. T. III. 518*).

nicht. Da es aber hierfür eine andere Instanz als das individuell offenbar verschiedene Sprachgefühl nicht gibt, so ist es weiter begreiflich, daß die Loslösung der Vorsatz-Zurechnung von der Feststellung, der Erfolg sei „gewollt“ gewesen, von vielen als eine Festigung der Zurechnungslehre empfunden wird.

Die Frage ist nun, ob dieser Umweg über das Wollen notwendig ist mit Rücksicht auf den oben festgestellten Satz, daß alle Schuld Willensschuld sei. Ist die Willenstheorie wegen dieses Satzes richtig? Oder ist die Vorstellungstheorie trotz dieses Satzes richtig? Oder ergibt sich etwa aus der Richtigkeit der Vorstellungstheorie die Unrichtigkeit des Satzes, daß alle Schuld Willensschuld ist?

Die dritte dieser Fragen ist jedenfalls zu verneinen. Sollte die Vorstellungstheorie jenem Satz widersprechen, so wäre sie damit erledigt. Denn das Wesen der Schuld kann nicht in der unrichtigen Vorstellung liegen. Dummheit allein ist ein Unglück, aber nicht schuldhaft. Die Schuld kann dann höchstens darin bestehen, daß trotz unrichtiger Vorstellung gewollt wurde, oder aber darin, daß der unrichtigen Vorstellung ein pflichtwidriger Willensakt zugrunde liegt.

In Wahrheit hat die Kontroverse der Willens- und Vorstellungstheorie mit dem Satz, daß alle Schuld Willensschuld ist, gar nichts zu tun. Objekt der Bewertung ist und bleibt allerdings eine Willenshandlung. „Gewollt“ ist aber stets ein ganzer Komplex von Einzelerfolgen in seiner Totalität. Die sog. Willenstheorie schließt nun vom Gewolltsein dieses Gesamterfolges auf das Gewolltsein aller seiner Bestandteile. Dieser Schluß ist ihr entscheidender Fehler. Er ist mindestens schief und jedenfalls überflüssig. Über das Gewolltsein jedes Erfolgsteiles können wir gar nichts aussagen. Wenn das Wollen definitionsgemäß ein bestimmtes psychisches Verhalten des Täters gegenüber einer durch ihren positiven Gefühlswert zum Motiv gewordenen Vorstellung ist, so widerspricht es der Definition, auch die Bestandteile, die isoliert einen negativen Gefühlswert haben würden, der aber nicht stark genug war, um den Ausschlag zu geben, „gewollt“ zu nennen. Wer das tut, begeht entweder konstruktiv den gleichen Fehler, wie die radikalsten Anhänger der Vorstellungstheorie ihn früher begingen: er verwechselt Inhalt und Wirkung des Wollens. Nur der Inhalt des Wollens betrifft die Schuldfrage. Wirkung des Wollens sind natürlich alle Erfolgsteile, Inhalt des Wollens aber nur deren Endsumme. Oder aber er gerät, wenn er der ursprünglichen Definition treubleiben will, immer wieder in Versuchung, auf subjektive

Ziele des Täters einen Wert zu legen, der mit der Bewertung der einzelnen Handlung nichts mehr zu tun hat und höchstens interessante Schlüsse auf die ganze Täterpersönlichkeit zuläßt.

Die Deutschen, welche französische Kriegsanleihe zeichneten, waren vielleicht nicht völlig ohne Patriotismus; sie hielten den Sieg ihres Vaterlandes für so sicher, daß eine so minimal kleine Erschwerung, wie ihr an Frankreich gewährtes Darlehen, sie von ihrem, vielleicht im Augenblick ihnen dringend nötigen Geldgewinn nicht abhalten konnte. Sie „wollten" den Gesamterfolg, den Geldgewinn einschließlich jener minimalen Erleichterung der französischen Kriegführung. Man wird aber der eigenen Definition untreu, unterschiebt ihnen etwas, dem sie selbst sicher widersprechen würden, und sagt auch etwas strafrechtlich ganz Gleichgültiges, wenn man behauptet, sie „wollten" die letztere. Wer ihren Willensentschluß bewertet, fragt eben nicht „was wollten sie?" sondern wie „standen sie innerlich zu der Erleichterung der französischen Kriegführung?" Die Antwort lautet vielleicht: sie war ihnen zwar unangenehm, aber sie war ein Vorstellungsbestandteil ihres Willensentschlusses; sie wollten sie nicht, aber sie wußten, daß sie sie bewirkten, wenn sie ihren „Willen" ausführten. Keinenfalls kann man leugnen, daß sie sich zum Geldgewinn und zum Vorschubleisten seelisch verschieden verhielten.

Der gewollte Erfolg einerseits und der unerwünschte, aber als notwendig vorgestellte Erfolg andrerseits stehen also nicht psychologisch gleich. Sie sind aber trotz psychologischer Verschiedenheit strafrechtlich gleich zu behandeln. Denn das Strafrecht knüpft zwar an den Willensentschluß an. Wenn es aber einen solchen findet, und dieser einen verpönten Erfolg bewirkt hat, so fragt es nur, ob dieser Erfolg Bestandteil des gewollten Gesamterfolges war, nicht aber ob er gerade der „lustbetonte" Bestandteil des Gesamterfolgs war. Ein Verbot, einen Erfolg herbeizuführen, heißt ein Verbot, einen Willen zu betätigen, zu dessen Vorstellungsbestandteilen dieser Erfolg gehört.

Die Kontroverse der Willens- und der Vorstellungstheorie trifft also im Grunde eine strafrechtlich gleichgültige Frage, nämlich, ob alle einzelnen Bestandteile eines gewollten Erfolges ebenfalls gewollt genannt werden dürfen. Das ist im eigentlichen Sinne eine sprachliche Frage. Psychologisch liegt meines Erachtens alles ebenso klar wie juristisch. Hier hat die Vorstellungstheorie das Verdienst, praktikable Formulierungen gegeben zu haben. Die Willenstheorie arbeitet mit den gleichen, gibt ihnen aber durch Zurückführung auf das Wollen nicht etwa eine tiefere psychologische Analysierung, sondern eine Begründung, die psychologisch und sprachlich mindestens anfechtbar, juristisch, für die Schuldlehre, aber jedenfalls überflüssig ist.

So ist ja auch die tatsächliche Sachlage die, daß Willens- und Vorstellungstheorie — trotz der kriegerischen Töne, in denen der Streit gerade neuerdings verhandelt wird — in fast allen Konsequenzen einig sind. Nach beiden ist vorsätzlich herbeigeführt

1. der gewollte Erfolg,
2. der mit dem gewollten als notwendig verbunden vorgestellte Erfolg.

Bei dieser Sachlage hat ein Gesetz keine Veranlassung, Partei zu ergreifen. Der Vorentwurf aber glaubt, eine gewisse Mittellinie gesetzlich festlegen zu sollen, indem er vorschlägt:

„Vorsätzlich handelt, wer die Tat mit Wissen und Willen ausführt" (§ 59 Abs. 1).

„Eine vorsätzliche Handlung ist eine absichtliche, wenn der Täter sie verübt, um einen bestimmten Erfolg herbeizuführen" (§ 59 Abs. 3).

Was den Abs. 1 betrifft, so halte ich ihn nach dem Gesagten nicht für unrichtig, aber für nutzlos.

Daß die „Tat" gewollt sein muß, ist selbstverständlich. Ich wüßte niemanden, der das bestreitet. Auch der radikalste Vorstellungstheoretiker gibt zu, daß die Betätigung selbst — die Körperbewegung — auf einem Willensentschluß beruhen, daß sie durch einen Motivationsprozeß zustande gekommen sein muß. Ist das nicht der Fall, so ist nicht der Vorsatz oder überhaupt die Schuld ausgeschlossen, sondern es liegt gar keine Handlung vor. Wem gewaltsam der Finger an den Abzug der Pistole gedrückt oder die Hand zur Unterschrift einer Urkunde geführt wird, oder wer im Schlaf oder in Krampfanfällen reflexartig um sich schlägt, hat nicht gehandelt, so daß die Frage der Schuld gar nicht aufgeworfen zu werden braucht. „Handeln" heißt eben, eine „Tat mit Willen ausführen", so daß insoweit der Abs. 1 zur näheren Bestimmung des Vorsatzes nichts beiträgt.

Ebenso liegt es mit dem „Wissen". Da es kein inhaltloses Wollen, kein Wollen ohne Wissen gibt, ist auch dies Merkmal überflüssig.

So gibt es wohl keinen einzigen Fall, der unter der Herrschaft des Abs. 1 § 59 anders entschieden werden würde als ohne ihn. Was, aber nicht daß der Täter gewollt und gewußt haben muß, ist entscheidend. Sonach wäre ich für Streichung des Abs. 1 in § 59. Ein Gesetz soll nichts Überflüssiges sagen.

Sachliche Kritik könnte freilich in reichstem Maße an der „Begründung“ geübt werden. Viel Nutzen dürfte das an sich kaum haben, da die Begr. des Abs. 1 mit diesem selbst wenig zu tun hat und ich den Abs. 1 nicht für schädlich, nur für überflüssig halte. Indessen sind die Ausführungen der Begr. von symptomatischem Interesse.

Die Begr. lehnt es ausdrücklich ab, zwischen Willens- und Vorstellungstheorie Stellung zu nehmen. Trotzdem wird gesagt: „Der Wille bezieht sich auf die ganze Handlung einschließlich des Erfolgs.“ Wenn das keine Entscheidung für die Willenstheorie ist, so habe ich bisher noch nicht verstanden, wo der Kern der Kontroverse liegt. Daß „Wissen und Willen vereint vorhanden sein müssen, das eine oder das andere genügt nicht“, ist richtig, obschon selbstverständlich; daß aber „wer handelt, obwohl er weiß, notwendigerweise auch will“, ist eine beweislose Behauptung.

Der Abs. 3 des § 59 will den Begriff der Absicht definieren. Der Begriff ist in der Tat wohl unentbehrlich. Daß die Auslegung des bisherigen Rechts auf Schwierigkeiten stieß, lag daran, daß das Wort in zwei verschiedenen Verbindungen gebraucht wurde: erstens um ein über den eigentlichen Verbrechenstatbestand hinausliegendes Ziel zu bezeichnen — das aber in der Motivenkette nicht das Endziel zu sein braucht —; zweitens um die subjektive Beziehung des Täters zu den Tatbestandsmerkmalen selbst auszudrücken. Die erstere, häufigere, Bedeutung (vgl. z. B. § 263 StGB.) hat kaum ernstliche Schwierigkeiten gemacht, wenn man nur Absicht nicht mit letztem Ziel verwechselt. Da in diesen Fällen die Absicht nur subjektiv vorhanden, nicht objektiv verwirklicht zu sein braucht, kann sie gar nichts anderes bedeuten, als eine positiv gefühlsbetonte Vorstellung. Strafrechtlich bedeutsam kann nur entweder die Verwirklichung oder die Lustbetonung der Vorstellung sein. Eine weder verwirklichte noch lustbetonte Vorstellung ermangelt jedes strafrechtlich interessierenden Bestandteils.

Schwierigkeiten hat aber die andere Gruppe der Absichtsdelikte bereitet, vgl. z. B. StGB. §§ 266 und 346. Sprachlich scheint mir hier eine doppelte Auslegung möglich: absichtlich synonym mit vorsätzlich, wie auch absichtlich als lustbetont vorsätzlich. Alle Versuche, schon auf Grund des Sprachgebrauchs zu scheiden, scheitern an dessen Unkontrollierbarkeit. Hier hat v. Hippel (*Vergl. Darst.* 536) vollkommen recht, wenn er de lege ferenda die Frage nur als eine gesetzestechnische bezeichnet, aber die Forderung aufstellt, daß der Gesetzgeber seine Meinung eindeutig ausspreche und das Wort dort vermeide, wo es nur „vorsätzlich“ bezeichnen solle.

Ob nun „absichtlich“ eine engere Bedeutung als „vorsätzlich“ haben soll, muß de lege ferenda bei den einzelnen Tatbeständen gesondert erwogen werden. Ich erwähne, daß § 202 des Vorentwurfs (§ 346 StGB.) es vermeidet, § 277 dagegen (§ 266 StGB.) es beibehält. Solange es beibehalten ist, muß es in der Tat definiert werden. § 59 Abs. 3 definiert es mit Recht enger als vorsätzlich. Aber die Fassung ist entgleist. Nicht die „Handlung“ ist hier eine absichtliche — es ist eben eine Willenshandlung —, sondern die Herbeiführung gerade dieses Erfolgs ist absichtlich, die Vorstellung gerade dieses Erfolgs lustbetont. Nach der Fassung des Vorentwurfs wäre jede vorsätzliche Handlung eine absichtliche, denn jede war „verübt, um einen bestimmten Erfolg herbeizuführen.“ Entscheidend ist, daß der „bestimmte“ der tatbestandmäßige Erfolg war. Die Meinung des Gesetzgebers kommt zum Ausdruck, wenn man sagt: „Ein Erfolg ist beabsichtigt, wenn die Vorstellung von seinem Eintreten zu den Beweggründen des Handelnden gehörte“; oder zwar ungenauer, aber kürzer: „. . . wenn der Täter seinetwegen gehandelt hat“.

Damit wären dann, was auch der Entwurf offenbar meinte, die Fälle der obigen zweifelhaften zweiten Gruppe in solche der zweifelsfreien ersten Gruppe verwandelt und das Wort „Absicht“ nur einheitlich verwendet.

Wiederum gibt freilich die „Begründung“ Anlaß zu gesonderten Bemerkungen. Sie zeigt gerade hier, von wie unklaren Gedanken über Vorstellen und Wollen sie beherrscht ist, indem sie S. 211 schreibt: „Danach handelt der Täter absichtlich, wenn er einen bestimmten Erfolg herbeiführen will, wenn dieser das Ziel seines Handelns ist.“ Hier wird also mit der Vorstellungstheorie das Wollen als Kriterium der Absicht hingestellt, während S. 203 mit der Willenstheorie das Wollen des Erfolges als Vorsatz galt. Diese Begriffsverschiebung innerhalb der Begr. ist indessen nur bezeichnend dafür, wie unsicher die theoretische Grundlage des Entwurfs ist. Gegen den Text der Absätze 1 und 3 des § 59 ist, wie gesagt, nur einzuwenden, daß Abs. 1 entbehrlich und Abs. 3 formell besserungsbedürftig ist.

III. Die Schuldformen.

1. Allgemeines.

Es gilt fast als Dogma, daß die Schuld entweder Vorsatz oder Fahrlässigkeit sei. Den wenigsten unter den lebenden Juristen werden, soweit sie nicht Spezialstudien getrieben haben, daran Zweifel gekommen sein. Und doch ist diese Zweiteilung der Schuld nicht sehr alt[1]) und prinzipiell keineswegs unanfechtbar.

Die Lehre, daß Vorsatz und Fahrlässigkeit die beiden möglichen Erscheinungsformen der Schuld seien, ist nämlich nicht identisch mit der Scheidung von dolus und culpa überhaupt und deshalb durchaus nicht gleichen Alters mit dieser. Daß die Unachtsamkeit, Nachlässigkeit od. dgl., falls sie schädliche Folgen hat, ersatzpflichtig und strafbar machen kann, ist zwar schon lange Rechtens. Das kann aber nicht von der Überlegung dispensieren, wie sich diese Erscheinung mit dem Grundsatz der Schuldhaftung verträgt. Entweder nämlich machen wir Ernst damit, alle Strafe auf Schuld zu gründen — dann müssen wir fragen, wieweit die Fahrlässigkeit Schuld sei, und zwar nicht nur zu konstruktiven, sondern zu eminent praktischen gesetzgeberischen Zwecken. Oder wir sehen in der Fahrlässigkeitsstrafe eine, vielleicht unvermeidliche, Durchbrechung des Schuldprinzips — dann ist der selbständige Grund für ihre Bestrafung aufzusuchen. In beiden Fällen ist es unerläßlich, die Fahrlässigkeit in Beziehung zur „Schuld" zu setzen, sie ihr entweder unter- oder nebenzuordnen.

Es sollte also vorher der Begriff der „Schuld" festgestellt werden, bevor von deren beiden „Erscheinungsformen" gesprochen wird. Die übliche Methode jedoch ist die, nach einer kurzen Konstatierung, daß ohne „Schuld" keine Strafe eintrete, sich den Begriffen des Vorsatzes und der Fahrlässigkeit zuzuwenden. Dies wäre allenfalls dann zulässig, wenn diese Begriffe so fest stünden, daß man aus ihnen induktiv den der „Schuld" gewinnen könnte, welch letzterer dann nur noch theoretisch-konstruktive Bedeutung haben würde. Davon ist aber keine Rede. Eine Menge von Einzelfragen ist vielmehr streitig, die nur deduktiv, d. h. durch Rückgriff auf den Oberbegriff der Schuld gefördert werden können. Für den Vorsatz scheint das vielfach gefühlt zu werden, und zwar bei den Kontroversen der Willens- und Vorstellungstheorie und des

---

[1]) Ihre Geschichte schrieb Löffler (Schuldformen I 1895); vgl. jetzt auch Exner, Das Wesen der Fahrlässigkeit, 1910.

Irrtums so übertrieben stark, daß nicht selten die Begriffe „Vorsatz" und „Schuld" gleichgesetzt werden. Der Fahrlässigkeit gegenüber pflegt man aber zu vergessen, daß, wenn sie eine Schuldform sein soll, auch sie alle Elemente der Schuld aufweisen muß. Die Rückständigkeit gerade dieser Lehre dürfte nicht zuletzt hierauf beruhen. Bei den Fragen etwa, ob die unbewußte Fahrlässigkeit der bewußten gleichstehe, ferner welcher Maßstab an die Aufmerksamkeitspflicht anzulegen sei, scheinen mir solche Zurückführungen auf den Schuldbegriff unumgänglich zu sein. Auch die viel besprochene Grenze zwischen Vorsatz und Fahrlässigkeit ist anders kaum festzulegen. Bezeichnenderweise wird sie nicht selten mit Erwägungen begründet, die besser auf die untere Grenze der Schuld überhaupt zutreffen würden.

Die Aufgabe, vor ihren Erscheinungsformen den Begriff und das Wesen der Schuld selbst zu untersuchen, wird allerdings in der neuesten Literatur immer nachdrücklicher betont[1]).

Jedoch ist nicht hierher zu rechnen gerade die von den Verfassern des Vorentwurfs vorwiegend benutzte rechtsvergleichende Darstellung von v. Hippel. Der das geltende Recht behandelnde Teil beginnt nach einer Mitteilung über die „Entstehung des § 59 StGB." mit den Worten: „Das praktisch entscheidende Problem der Vorsatzlehre lautet: Wo läuft die Grenze zwischen Vorsatz und Fahrlässigkeit?" Es soll nicht darüber gerechtet werden, ob es hier nicht andere praktisch gleich bedeutsame Fragen gebe. Jenes sicher sehr wichtige Problem wird nun aber ohne weiteres auf die Frage zugespitzt, wann ein Erfolg gewollt sei. Offenbar hat solche Beweisführung eine Lücke. Warum ist denn das Wollen des Erfolgs ein wesentliches Merkmal des Vorsatzes? Auch diese Frage aber setzt wiederum eine vorherige Feststellung des Wesens der Schuld voraus, falls — wie v. Hippel ohne weiteres annimmt — der Vorsatz eine der beiden Schuldformen ist.

Von der Fahrlässigkeit wird gesagt, sie müsse „offenbar genau an der Stelle anfangen, wo der Vorsatz aufhört" (S. 565). Indessen in Ermangelung vorgängiger Erörterung des genus proximum „Schuld" steht ja gar nicht fest, was nun Vorsatz und Fahrlässigkeit noch gemein haben sollen. Wenn wirklich das Wollen des Erfolgs zum Vorsatz so wesentlich ist, warum dürfen wir dann

[1]) Vgl. die bekannten Monographien über Schuld von M. E. Mayer (1901) und Miricka (1903); ferner Graf Dohna in GS. 65; Mittermaier, Kritische Beiträge zur Lehre von der Strafrechtsschuld (1909) und die dort Zitierten.

bei der Fahrlässigkeit — wo der Erfolg doch zweifellos nicht gewollt war — davon absehen? Welches andere psychologische, der „Schuld" wesentliche, Moment verbindet dann noch Vorsatz und Fahrlässigkeit? Was verbürgt uns, daß wir nicht mit Überschreitung der unteren Vorsatzgrenze das Schuldgebiet überhaupt verlassen?

Die untere Fahrlässigkeitsgrenze soll dort liegen, wo die „pflichtwidrig unvorsichtige Herbeiführung des strafbaren Erfolgs" ihre Grenze habe (S. 567). Warum ist das alles aber noch „Schuld"? Die Unvorsichtigkeit ist, schon nach dem Wortsinn, gerade die Negation einer Beziehung auf den Erfolg. Sie ist, wie v. Bar mit Recht einwendet, nur eine im vorliegenden Fall offenbarte Charaktereigenschaft[1]). „Schuld" ist aber doch wohl auch nach v. Hippel eine Beziehung auf den Erfolg, die sich irgendwie positiv ausdrücken lassen muß. Hippel stellt einen Gegensatz von Egoismus und Leichtsinn auf (a. a. O. und S. 511). Das sind wiederum gewiß treffende Bezeichnungen für Charaktereigenschaften, aus denen vorsätzliche und fahrlässige Delikte entspringen können. Aber was Vorsatz und Fahrlässigkeit sind — ausgedrückt als psychische Beziehungen zwischen Tat und Erfolg —, erfahren wir auch hier nicht. Würden wir hier gar nach einem gemeinschaftlichen Kriterium suchen, das nun dem Oberbegriff der „Schuld" eigen wäre, so würde sich der Fehler deutlich zeigen; denn ein solches wäre eine ganz vage „Gefährlichkeit" des Täters, also sicher etwas, das v. Hippel nicht Schuld nennen würde.

Meine von diesen und ähnlichen Gedankengängen der herrschenden Meinung leider stark abweichende Ansicht geht dahin:

Oben wurde festgestellt:

1. Das Wesen der Schuld liegt in der pflichtwidrigen Willensbetätigung.

2. Jede Willensbetätigung ist Handeln unter der Herrschaft bestimmter, durch ihren Gefühlswert zum Motiv gewordener Vorstellungen.

3. Schuldhaft ist die Willensbetätigung, wenn sich im Komplex dieser Vorstellungen solche befinden, deren Herbeiführung verboten ist.

Danach liegen zunächst unterhalb jeder Schuldgrenze die Fälle, in denen eine Vorstellung des verbotenen Erfolges überhaupt nicht vorhanden war. Ob und wie trotzdem die Bestrafung der sog. unbewußten Fahrlässigkeit zu rechtfertigen ist, soll

---

[1]) Was v. Hippel S. 567 Anm. 5 gegen v. Bar repliziert, würde dieser gewiß unterschreiben. Ich glaube nicht, daß es v. Bars Einwand trifft.

nachher erörtert werden. Unter dem Gesichtspunkt reiner Schuldhaftung ist sie, wenn jene Sätze richtig sind, jedenfalls nicht leicht zu rechtfertigen.

Anders liegt es mit der bewußten Fahrlässigkeit. Nach den aufgestellten drei Sätzen ist sie Schuld, es fragt sich nur: mit Bezug worauf?

Die herrschende Meinung sieht in ihr eine Schuld mit Bezug auf das gleiche Objekt wie im Vorsatz, nur in milderer Form. Eine derartige Abstufung der Schuld wäre nun in doppelter Weise denkbar und ausführbar: entweder nach dem Gefühlswert der Vorstellung oder nach dem Grad der vorgestellten Wahrscheinlichkeit für den Erfolgseintritt.

Der erste Gesichtspunkt des Gefühlswertes ist unbrauchbar. Es spricht gegen ihn alles, was gegen die Willenstheorie — unter Zugrundelegung eines bestimmten Sprachgebrauchs — eingewendet wird. Ob gerade derjenige Bestandteil der zum Motiv gewordenen Vorstellungen, dessen Herbeiführung verboten ist, der lustbetonte, der begehrte war, ist für die Bewertung des Gesamtwillensentschlusses als eines schuldhaften gleichgültig — weshalb ja die Einwendungen der Willens- gegen die Vorstellungstheorie hier als gegenstandslos bezeichnet wurden. Folglich kann der Gefühlswert auch nicht für Abgrenzungen innerhalb der Schuld in Betracht kommen.

Die größere oder geringere Wahrscheinlichkeit, mit der der Erfolg vorgestellt wurde, könnte dagegen von Wichtigkeit sein. Gehört nun — das ist die Frage — die Vorstellung von einer Verletzung nur dann zu den Bestandteilen eines Willensentschlusses, wenn mit ihrem Eintritt gerechnet wurde, oder auch dann, wenn ihre Möglichkeit zwar erwogen, aber abgelehnt wird? Nach meiner Meinung kann nur die erste Frage bejaht werden. Denn nur solche Vorstellungen gehören zum Inhalt des Wollens, deren Realisierung entweder Motiv wurde, oder die vom Täter nicht ausgeschaltet wurden, weil sie als mit der Motivvorstellung verbunden gedacht gar nicht ausgeschaltet werden konnten. Hier aber hat sie der Täter bewußt ausgeschaltet. Ein Indiz dafür — unter keinen Umständen mehr — liegt in der Überlegung, daß der Täter sonst sich wohl nicht entschlossen haben würde. Aber einerlei, ob der Richter zu letzterer Überzeugung kommt oder nicht: wenn der Täter die Vorstellung der Verletzung ausgeschaltet, abgelehnt hat, so hat er sie, falls sie dennoch eintritt, nicht „schuldhaft“ herbeigeführt.

Da nun ein Bedürfnis besteht, die bewußte Fahrlässigkeit zu strafen, und man auf der anderen Seite mit dem Satze, daß nur schuldhafte Handlungen zu strafen sind, nicht brechen möchte, so pflegt man hier in die Fahrlässigkeit irgendein Schuldmoment hineinzukonstruieren, welches aber entweder psychologisch falsch ist — wie die Fiktion des Wollens bei den Hegelianern, oder wie die Annahme Bindings, daß hier ein Unbewußtes gewollt werde —, oder welches mit dem Wesen der Schuld nicht vereinbar ist, wie es die herrschende Meinung tut, daß der Täter hier den Erfolg hätte vermeiden sollen, oder daß er den nur als möglich vorgestellten Erfolg als notwendige Folge seines Tuns sich hätte vorstellen sollen, was aber lediglich eine Bewertung, nicht eine Angabe des zu bewertenden psychischen Tatbestandes bedeutet.

Solche Folgewidrigkeiten sind aber gar nicht nötig, um dennoch zur Bestrafung zu gelangen. Denn obwohl der Täter in solchen Fällen der bewußten Fahrlässigkeit nicht „schuldhaft verletzt" hat, könnte er doch „schuldhaft gehandelt" haben. Nur bezieht sich die Schuld hier nicht auf die Verletzung, sondern lediglich auf die Gefährdung. Diese gehörte hier zweifellos zu den Vorstellungsbestandteilen des Wollens. War auch sie verboten, so handelt der Täter in solchen Fällen „schuldhaft". Aber nicht das Verletzungs-, sondern das Gefährdungsverbot hat er schuldhaft übertreten.

In denjenigen Normen, welche die fahrlässige Herbeiführung eines Erfolgs bestrafen, liegt nun aber ein Gefährdungsverbot. Wenn alle Gebote und Verbote sich an den Willen richten, hier aber die Verletzung nicht zum Willensinhalt gehörte, scheint mir eine andere Auffassung derjenigen Gesetze, welche die Fahrlässigkeit bestrafen, nicht möglich — man müßte denn den Normcharakter hier bestreiten wollen, was das Strafrecht in zwei Teile zerlegen hieße: in Vorsatznormen, welche sich an den Täter richten, und in Fahrlässigkeitsnormen, welche nur Beurteilungsnormen für den Richter bedeuten würden.

Sonach ist meine Meinung die: Was man Vorsatz und (bewußte) Fahrlässigkeit nennt, sind nicht eigentlich verschiedene Schuldformen, sondern gleichermaßen schuldhafte Übertretungen verschiedenartiger Normen. Logisch korrekt müßte dort, wo auch die Fahrlässigkeit bestraft werden soll, der Verletzungsnorm eine Gefährdungsnorm angefügt werden, deren schuldhafte (= vorsätzliche) Übertretung strafbar sein würde. Wollte man — was de lege ferenda aber nicht nötig ist — den Parallelismus zwischen der schuldhaften Übertretung der Verletzungs- und der Gefährdungsnormen durchführen, so müßte dessentwegen, was man jetzt bewußte Fahrlässigkeit nennt, stets dann gestraft werden, wenn der Täter mit dem Bewußtsein der Gefährdung handelt, ohne Rücksicht auf den Eintritt oder Nichteintritt der Verletzung. Denn der „Erfolg“ dieses Gefährdungsdelikts ist die Gefährdung, nicht die Verletzung. Der Eintritt der Verletzung ist hier eine Bedingung der Strafbarkeit, nicht ein Tatbestandsmerkmal. Ihn abwarten bedeutet eine billige Abmilderung der Strafbarkeit; während, wenn man ihn mit der herrschendeu Meinung als Tatbestandsmerkmal ansieht, die Bestrafung der Fahrlässigkeit eine unbillige Härte darstellt.

Die Verschiedenheit der meines Erachtens richtigen und der üblichen Auffassung betrifft sonach, was die sogenannte bewußte Fahrlässigkeit angeht, wie mir scheint nur Konstruktionsfragen. Sie hätte also bei dem vorwiegend praktischen Zweck der vorliegenden Arbeit vielleicht unerwähnt bleiben können, wenn sich nicht einschneidende praktische Folgerungen ergäben bei der sogenannten unbewußten Fahrlässigkeit.

Fasse ich das Bisherige zusammen, so ergibt sich: Es gibt nur eine Schuldform, die identisch mit dem ist, was man Vorsatz nennt, woraus es sich erklärt, daß über der Erörterung des „Vorsatzes“ die Schuld meist vergessen und die „Fahrlässigkeit“ als ein Anhängsel behandelt wird, mit dem man nichts anzufangen weiß. Das Wesen jener einen „Schuld“ liegt darin, daß gewollt und gehandelt wird unter der Vorstellung des verbotenen Erfolgs. Verboten ist aber häufig bereits die Gefährdung. Insofern gibt es zwar nicht verschiedene Schuldformen, aber verschiedene Normen. Diese treten aber in der Ausdrucksweise der heute üblichen Doktrin und Gesetzgebung in der Maske verschiedener Schuldformen auf.

Die unterste Grenze der Schuldhaftung überhaupt läuft dort, wo das Bewußtsein auch der Gefährdung aufhört, also zwischen den Tatbeständen, die man heute die bewußte und die unbewußte Fahrlässigkeit nennt. Ob man trotzdem die sogenannte unbewußte Fahrlässigkeit bestrafen soll, ist keine Frage mehr nach den Grenzen der Schuldformen, sondern fällt in die Frage, ob nur für „Schuld“ oder auch für schuldlose Verletzungen Strafe eintreten soll.

Die Grenze zwischen den beiden Tatbeständen läuft, ob man die Verschiedenheit nun in der Norm oder in der Schuldform erblickt, dort, wo der Täter aufhört, mit der Verletzung zu rechnen, wo er nur noch das Bewußtsein der Gefährdung hat. Zum Vorsatz — der herrschenden Terminologie — gehört das Wollen oder das Bewußtsein der Verletzung, zur Fahrlässigkeit das Wollen oder das Bewußtsein der Gefährdung des geschützten Rechtsguts.

2. Der dolus eventualis.

Erfahrungsgemäß wird ein Erfolg selten als notwendig, meist nur als mehr oder minder wahrscheinlich vorhergesehen. Sollen alle Fälle der letzteren Art vom Vorsatz ausgeschlossen sein?

Zwei ganz verschiedenartige Erwägungen sind angestellt worden, um einige Fälle des nur als möglich gedachten Erfolgs noch dem Vorsatz zuzurechnen.

Man hat einerseits die Reihe der Vorstellungen vom höchst wahrscheinlichen bis zum höchst unwahrscheinlichen Erfolg, die an sich kontinuierlich verläuft, nach dem Grad der vorgestellten Wahrscheinlichkeit irgendwie durchgeschnitten und den oberen Teil noch in das Gebiet des Vorsatzes gestellt. Man hat andrerseits auf den Gefühlswert der Vorstellung Wert gelegt und die Zurechnung zum Vorsatz von folgender Überlegung abhängig gemacht: Man wägt gegeneinander ab die Lustbetontheit der Vorstellung des Gesamterfolgs und die Unlustbetontheit einer beim Täter zwar nicht vorhandenen, aber ihm unterstellten Vorstellung von dem verbotenen Erfolgsteil. Ist die erstere größer, so sagt man: es komme nichts darauf an, daß der Täter den verbotenen Erfolg nur als möglich vorhergesehen habe; denn er würde ebenso gehandelt haben, wenn er ihn als notwendigen Bestandteil des Gesamterfolgs vorhergesehen hätte; also rechnet man die Herbeiführung des verbotenen Erfolgs zum Vorsatz zu. Ist dagegen die Unlustbetontheit jener unterstellten Vorstellung von der Notwendigkeit des Erfolgseintritts größer als die Lustbetontheit der Vorstellung vom Gesamterfolg, so läßt man es bei der Zurechnung zur Fahrlässigkeit bewenden.

An jedem Falle eines angeblichen dolus eventualis lassen sich beide Methoden demonstrieren. Ein Automobilfahrer rast infolge einer Wette die Landstraße einher. Ein Hund ist im Wege. Ausweichen ist nicht möglich. Möglich wäre, ihn unbeschädigt zu lassen, wenn der Fahrer stark bremst, dadurch die Pneumatiks ruiniert und wahrscheinlich die Wette verliert. Vielleicht gelingt es aber, ihn zu retten, indem man ihn im letzten Augenblick durch starke Signale, etwa einen Schuß, erschreckt. Aber er weicht nicht, wird überfahren und getötet. Nach der ersten Auffassung liegt vorsätzliche Sachbeschädigung vor, wenn der Fahrer den Tod für sehr wahrscheinlich hielt. Nach der zweiten Auffassung ist dagegen zu fragen: Was wog dem Täter im Augenblick schwerer, das Vorwärtskommen oder die Vermeidung der Sachbeschädigung?

Der Stand der Ansichten ist der, daß neuerdings immer stärker die zweite Methode betont wird, daß also gearbeitet wird mit dem Gefühlswert, den eine unterstellte Vorstellung für die Täterpersönlichkeit haben würde. Auf dieser Methode beruht die bekannte Franksche Formel[1]; auf ihr der Beschluß des 24. Deutschen Juristentages[2]; sie ist es, deren Rechtfertigung v. Hippel sich zur Aufgabe gemacht hat[3]; sie wird auch, nach früherem Schwanken, vom Reichsgericht mit wachsender Bestimmtheit vertreten[4].

[1]) „Die Voraussicht des Erfolges als eines möglichen erfüllt den Begriff des Vorsatzes nur dann, wenn die Voraussicht desselben als eines gewissen den Handelnden nicht abgehalten, nicht die Bedeutung eines ausschlaggebenden kontrastierenden Motivs gehabt hätte" (Zeitschr. f. d. ges. StrRW. X, S. 169). — In seinem Kommentar (5.—7. Aufl., § 59 III) formuliert Frank: „Sagt sich der Täter: mag es so oder anders sein, so oder anders werden, auf jeden Fall handle ich, so ist sein Verschulden ein vorsätzliches. Oder, anders ausgedrückt: wenn der Täter auch bei bestimmter Kenntnis gehandelt hätte, so befand er sich in dolo."

[2]) Abgedruckt in Begr. z. *DVE.* I 208.

[3]) Hippels Gedankengang ist der: Vorsätzlich herbeigeführt sind alle gewollten Folgen. Gewollt sind nicht nur die als wünschenswert erstrebten, sondern auch alle anderen mit den erstrebten als notwendig verbunden vorgestellten Folgen der Tat. Unter Umständen müssen aber auch gleichgültige oder unerwünschte Folgen, die als bloß möglich vorgestellt wurden, als mitgewollt gelten, nämlich dann, wenn sie im Einzelfalle für den Willensentschluß des Täters dieselbe praktische Bedeutung gehabt haben, wie wenn sie als mit den erstrebten notwendig verbunden vorgestellt wären. Diese gleiche psychologische Bedeutung haben als möglich vorgestellte rechtswidrige Folgen dann gehabt, „wenn dem Täter der Eintritt des erstrebten Erfolges und des rechtswidrigen zusammen lieber war als der Verzicht auf seine Interessen". In diesem Fall sind die als möglich vorgestellten Folgen zum Vorsatz (dolus eventualis) zuzurechnen (vgl. insbes. Rechtsv. Darst. A. T. III 503—506).

[4]) Die Entscheidungen bis 1899 sind zusammengestellt bei v. Hippel, Vorsatz und Fahrlässigkeit (1903) S. 156—165. Von neuen hebe ich hervor II. v. 29. 6. 1906 (E. 39, 87). Frank (§ 59 III) sagt richtig, daß das RGer. seit dem 21. Band der obigen Ansicht folge, während es in früheren Urteilen angenommen habe, daß das Gebiet des Zweifels zum Vorsatz gehöre.

Besonders deutlich Bd. 33 S. 4: Es handelte sich darum, ob der Angekl. den H. vorsätzlich an seinem Vermögen geschädigt habe und sonach wegen Betrugs strafbar sei. Der erste Richter hatte die Frage bejaht, indem er ausführte: „Der Angekl. hatte von vornherein die Wahrscheinlichkeit vor Augen, daß er den H. weder am 1. Juli noch später werde bezahlen können, trotz dieses Bewußtseins nahm er das Darlehn auf und war also mit dem möglichen Erfolge der Schädigung H.s einverstanden." Das Reichsgericht hält diese Feststellung für nicht genügend, um Vorsatz anzunehmen. Es genüge nicht das Bewußtsein von der Wahrscheinlichkeit des Erfolgs;

Dagegen wird die herrschende Meinung befehdet insbesondere von v. Bar („Gesetz und Schuld“ II, S. 322—353) und Miřička („Strafschuld“ S. 30—35).

Eines ist zunächst wohl sicher und gerade bei Betrachtung des Vorentwurfs im Auge zu behalten: daß wir es mit zwei in ihren Konsequenzen völlig verschiedenen Gedankenreihen zu tun haben. Die herrschende Meinung muß auch dann Vorsatz annehmen, wenn dem Täter der Erfolgseintritt ziemlich unwahrscheinlich schien, falls nur jene — wie immer näher formulierte — Gefühlsbeziehung zu dem als möglich vorgestellten Erfolg bestand. Und sie muß umgekehrt, wenn diese fehlt, Vorsatz selbst dann verneinen, wenn die vorgestellte Wahrscheinlichkeit ziemlich groß war.

Der grundsätzliche Unterschied wird vielfach darin gesehen, daß, wer nach dem Grad der vorgestellten Wahrscheinlichkeit scheide oder wer gar lediglich den als notwendig vorgestellten Erfolg zum Vorsatz zurechne, stets nur den vorliegenden Einzelfall auf Grund des vorliegenden psychologischen Materials beurteile; daß dagegen nach der herrschenden Meinung das Schuldurteil zu einer Beurteilung der Täterpersönlichkeit auf Grund eines unterstellten Sachverhalts werde. Von hier aus wird dann die Annahme eines dolus eventualis als mit dem ganzen Schuldbegriff unvereinbar bekämpft (vgl. insbesondere v. Bar a. a. O.).

Diese Angriffe treffen meines Erachtens nicht das Ent-

---

es müsse vielmehr ein zweites hinzukommen: „Das Einverständnis mit dem Erfolge.“ Dies sei „ein selbständiges Merkmal, das ebenso der besonderen Feststellung bedarf, wie das Bewußtsein von der Möglichkeit des Erfolgs“. Ausdrücklich bemängelt das RGer. die Art, wie der erste Richter das Einverständnis unselbständig festgestellt habe, wie er von dem Bewußtsein der Wahrscheinlichkeit auf das Einverständnis geschlossen habe. Das Erkenntnis druckt das „also“ des ersten Richters gesperrt, sieht darin den entscheidenden Fehler und bemerkt: „Die Strafkammer erklärt zwar, der Angeklagte sei mit der möglichen Schädigung einverstanden gewesen; die Art jedoch, wie diese Feststellung mit dem vorhergehenden Teile des betreffenden Satzes der Urteilsgründe verknüpft ist, läßt erkennen, daß nach Ansicht der Strafkammer das Einverständnis mit dem Erfolge ohne weiteres und mit rechtlicher Notwendigkeit aus dem Handeln mit dem Bewußtsein der Möglichkeit des Erfolges hervorgehe, in dem Handeln auf die bewußte Gefahr des Erfolges von selbst inbegriffen sei. Diese Ansicht ist, wie gezeigt, rechtsirrig.“ — Auf diese Ausführungen, die an Deutlichkeit nichts zu wünschen lassen, ist zurückzukommen.

scheidende. Es ist zwar richtig, daß in der herrschenden Auffassung vom dolus eventualis ein unterstellter Sachverhalt eine Rolle spielt. Aber es ist eine andere, als die Gegner meinen. Nicht unterstellt der Richter dem Täter, was dieser wohl gedacht und getan haben würde, wenn er den Erfolg als notwendig vorhergesehen hätte. Täte der Richter das — und es ist zuzugeben, daß manche Formulierungen, insbesondere die ursprüngliche Franksche Formel, das Mißverständnis erwecken können —, so würde das allerdings kein Urteil mehr über die Schuldhaftigkeit der konkreten Tat, sondern über die Gefährlichkeit des Täters sein. In Wahrheit soll auch beim dolus eventualis der herrschenden Lehre der Richter nur das beurteilen, was der Täter im Einzelfall gedacht, gewollt und getan hat. Aber der Täter selbst hat hier einen möglichen mit einem anderen möglichen Verlauf verglichen und auf Grund dieser Vergleichung einen bestimmt gefärbten Willensentschluß gefaßt. Nicht darf der Richter fragen: wie würde der Täter gehandelt haben, wenn er die Verletzung jenes Hundes als notwendig vorhergesehen hätte? Vielmehr findet er eine psychologische Situation vor derart, daß der Täter sich gesagt hat: ich fahre weiter, obwohl ich vielleicht den Hund töte — ja ich würde es sogar dann tun, wenn ich ihn sicher töten würde. Also: nicht der Richter unterstellt dem Täter eine Überlegung, sondern der Täter unterstellt dem möglichen Verlauf einen anderen. Diese Unterstellung gehört mit zum Willensakt und wird mit diesem zum Objekt des Schuldurteils, so daß auch hier gesagt werden kann: das Schuldurteil enthält eine Beurteilung des vorliegenden Einzelfalls auf Grund des konkret vorliegenden psychologischen Materials[1]).

Zuzugeben ist, daß die Feststellung des subjektiven Tatbestandes hier nicht zu unterschätzende Schwierigkeiten macht, unvergleichlich viel größere als die Feststellung eines eindeutigen Wollens, Erstrebens eines Erfolgs oder seiner Vorstellung als eines

---

[1]) Ganz korrekt ist also die von Frank jetzt in seinem Kommentar gegebene erste Formulierung (oben S. 199 Anm. 1), während freilich die Fortsetzung („oder, anders ausgedrückt: wenn . . .“) in den Fehler der früheren Fassung verfällt. Korrekt auch von Hippel, der 24. Juristentag und Reichsgericht im 33. Bande. v. Liszt (Lehrbuch 16. und 17. Aufl. S. 172) gibt gleichfalls eine zutreffende Definition, hält aber dann die ältere Franksche Formel damit für identisch. Nach meiner Auffassung litt noch stärker Liszts Gutachten für den 24. Juristentag („Aufsätze und Vorträge“ II 251 ff.) an der Gleichsetzung des Täterurteils: „der Erfolg wird eintreten“ mit der Frankschen Formel.

notwendigen. Die Schwierigkeiten sind um so größer, als die besagte Unterstellung des Täters von diesem selbst selten so exakt vorgenommen sein wird, wie es nach jener theoretischen Formel eigentlich verlangt werden müßte. Eine Hilfe gewährt hier die ältere Franksche Formel. Sie ist zwar materiellrechtlich im Grunde unrichtig, macht den Richter aber auf ein wichtiges Indiz aufmerksam (denken wir uns etwa an Stelle jenes Hundes ein spielendes Kind!). Eine Hilfe gewährt auch die Beachtung, mit welcher Wahrscheinlichkeit der Täter den Erfolgseintritt sich dachte. Eine Hilfe gewährt endlich die Erwägung des ganzen Charakters des Täters, seines Egoismus, seines Leichtsinns. Aber das alles sind nur Indizien, welche der „freien Beweiswürdigung" des Richters unterliegen. Wir dürfen hier — zivilprozessual gesprochen — nicht in den Fehler fallen, Beweislast und Beweiswürdigung zu verwechseln. Ziel der Feststellung muß stets bleiben, daß der Täter sich gesagt hat: ich handle und würde selbst dann handeln, wenn ich den verletzenden Erfolg bewirken würde; nicht aber genügt, daß der Richter erklärt: der Täter würde auch unter dieser Voraussetzung gehandelt haben. Ersteres wird weit seltener festzustellen sein als letzteres, weshalb mit Recht immer wieder betont wird, daß wahre Fälle eines dolus eventualis selten seien.

Damit ist indessen nur der Vorwurf abgewehrt, als bedeute die Konstruierung eines dolus eventualis die Bewertung der Täterpersönlichkeit auf Grund eines nur unterstellten Sachverhaltes. Ich sehe in ihr in der Tat die Bewertung eines besonders gearteten konkreten psychologischen Tatbestandes. Aber den Beweis, daß wir es in der Tat mit Vorsatz, mit einer Verletzungsschuld zu tun haben, kann ich vorläufig nicht als erbracht ansehen.

Eine über die Konstatierung sogenannter praktischer Bedürfnisse hinausgehende Rechtfertigung hat neuerdings v. Hippel versucht (vgl. oben S. 199 Anm. 3), ebenso früher schon M. E. Mayer („Schuldhafte Handlung", insbesondere S. 156). Daß dem Täter in solchen Fällen „der Eintritt des erstrebten Erfolges und des rechtswidrigen zusammen lieber war als der Verzicht auf seine Interessen" (v. Hippel, ähnlich früher besonders Lammasch), ist gewiß richtig. Ebenso daß daraus seine Gleichgültigkeit gegen die Verletzung fremder Interessen sich zeigt. Diese Gleichgültigkeit allein ist aber wieder eine Charaktereigenschaft, keine „Schuld". Sie soll nun zur Schuld dadurch werden, daß hier „die Vorstellung vom rechtswidrigen Erfolg nicht Gegenmotiv geworden ist, weil sie kein Motiv gewesen ist, die Handlung zu unterlassen" (Mayer); oder, wie

v. Hippel (S. 505) sagt: „Bei bloß als möglich gedachter Verbindung [des ganzen Vorstellungskomplexes mit dem rechtswidrigen Erfolg] kann der Täter mit dem einheitlichen Vorstellungskomplexe rechnen, er braucht es aber nicht zu tun. Er tut es dann, wenn die Hoffnung auf das Ausbleiben des betr. Erfolges nicht entscheidend ist.“ Der Fehler beider Schlüsse begegnet unbegreiflich oft: er liegt in dem schon von Kant gebührend zurückgewiesenen „Versuch, den Begriff der negativen Größen in die Weltweisheit einführen zu wollen“, in der Überschätzung des positiven Beweiswertes der Negation. Für jenen Automobilfahrer war entscheidend der Gewinn der Wette; vielleicht wäre dieser auch dann entscheidend gewesen, wenn er die Hoffnung auf Rettung des Hundes gehabt hätte. Diese kann vorhanden sein oder nicht, entscheidend braucht sie nicht gewesen zu sein. Und schon daraus, daß sie „nicht entscheidend“ war, soll gefolgert werden können, daß er mit dem Gegenteil „gerechnet“ habe? Ich kann mir den Schluß nur so erklären, daß ihm unbewußt eine Verwechslung des konträren mit dem kontradiktorischen Gegenteil zugrunde liegt. Daraus, daß eine Größe non a ist, folgt allerdings, daß sie nicht a sein kann, nicht aber, daß sie b ist, überhaupt nichts Positives. Daraus, daß eine Vorstellung a „kein Motiv gewesen ist, die Handlung zu unterlassen“, ist zwar der völlig tautologische Schluß Mayers gerechtfertigt, daß sie hier „nicht Gegenmotiv“ war, aber nicht das mindeste, was mich berechtigte, sie einem positiven Motiv gleichzusetzen.

Wenn also auch das der herrschenden Meinung zugegeben werden mag, daß sie bei dem dolus eventualis mit einem konkreten psychologischen Tatbestand arbeitet, so laufen doch alle näheren Bestimmungen, die diesen Tatbestand von der bewußten Fahrlässigkeit unterscheiden sollen, auf Charakterisierungen des Täters, aber nicht der Tat hinaus. Das ist der richtige Kern der Einwendungen v. Bars. Von einem Täter, der sich sagt: „vielleicht, oder sogar hoffentlich, unterbleibt die Verletzung, ich handle aber auf alle Fälle“, befürchten wir, daß er gegebenen Falles auch dann handeln werde, wenn er den Erfolg als notwendig vorhersieht. Das ist, wie man es auch dreht, das einzige Positive, was bei den Verteidigern des dolus eventualis über die bewußte Fahrlässigkeit hinaus übrigbleibt. Das aber ist, wie mir scheint, nicht mehr „Schuld“, nicht mehr „Vorsatz“ im herkömmlichen Sinne.

Indessen ist zuzugeben, daß eine Beschränkung des Vorsatzes auf die Fälle des gewollten und des als notwendig vorgestellten

Erfolges kriminalpolitisch bedenklich ist. Die Fälle, in denen jemand drauflos handelt und es ihm einerlei ist, ob der verletzende Erfolg oder ein anderer eintritt — man denke an den Kinderschänder, der nicht weiß, wie alt das Kind ist, dem es aber auch ganz gleichgültig ist — sind häufig und unter dem Gesichtspunkt der Spezialprävention in der Tat so bedenklich wie die des wahren Vorsatzes. So hält auch Frank (§ 59 III) den Begriff des dolus eventualis „schon deshalb“ für unentbehrlich, „weil sich bei zunehmender Bildung und Erfahrung die Bestimmtheit des Urteils abschwächt“.

Ich meine, er ist, wenn überhaupt, nur so zu rechtfertigen; nur mit kriminalpolitischen Erwägungen. Für eine einfache Unterart des Vorsatzes kann ich den dolus eventualis nicht halten; das tertium comparationis ist ein der „Schuld“ i. e. S. fremder Begriff: der der Gefährlichkeit. Ob wir nun berechtigt sind, den Vorsatz des geltenden Rechts so auszulegen, daß er den dolus eventualis umfaßt, braucht hier nicht erörtert zu werden. Der Gesetzgeber ist jedenfalls suverän, den dolus eventualis dem Vorsatz gleichzusetzen. Will er es tun, so muß er es ausdrücklich sagen. Diesen Weg hat auch der Vorentwurf im Abs. 2 des § 59 beschritten, welcher lautet:

> „Wissen und Wille des Täters liegen auch dann vor, wenn er alle zum gesetzlichen Tatbestand der strafbaren Handlung gehörigen tatsächlichen Umstände als nicht unwahrscheinlich vorhanden und, soweit zu dem gesetzlichen Tatbestand ein bestimmter Erfolg gehört, diesen als nicht unwahrscheinlich eintretend einsieht.“

Ich halte diesen Vorschlag für äußerst unglücklich. Er würde erstens einen Bruch mit der bisherigen Rechtsauffassung darstellen, wie sie durch eine zwanzigjährige Rechtsprechung des Reichsgerichts mühsam den Untergerichten gegenüber stabiliert wurde. Dies hier im einzelnen nachzuweisen, fehlt es an Raum. Es genügt, auf das — durchaus typische — Erkenntnis im 33. Bande (siehe oben S. 199 Anm. 4) hinzuweisen, wo ausdrücklich zweierlei verlangt wird: das Fürmöglichhalten und das Einverständnis für den Fall des Eintritts des Erfolges. Beides ist weder psychologisch noch kriminalpolitisch gleichwertig. Man kann mit etwas Unwahrscheinlichem für den Fall des Eintritts einverstanden sein; man kann umgekehrt etwas, das man für „nicht unwahrscheinlich“ hielt, innerlich ablehnen, sich also sagen: „wenn ich wüßte, daß der Erfolg eintreten würde, würde ich nicht so handeln; ich halte es für nicht unwahrscheinlich, daß er eintritt, handle aber im Vertrauen auf mein bewußtes Glück doch usw.“

Selbverständlich wird der Richter im letzteren Fall der Versicherung, daß man den Erfolg innerlich abgelehnt habe, nicht so leicht glauben. Das ist seine Sache und hier nicht zu erörtern. Er darf ja den Glauben versagen und — auf Grund seines Rechtes freier Beweiswürdigung — feststellen: der Täter war mit dem Erfolg für den Fall seines Eintritts einverstanden. Immerhin aber muß er es positiv und neben dem Fürmöglichhalten feststellen, er darf es nicht ohne weiteres aus dem letzteren schließen. Deshalb hat ja gerade das zitierte Erkenntnis das „also“ der Unterinstanz so scharf gerügt. Es sollte keiner Darlegung bedürfen, daß mit der reichsgerichtlichen Praxis, mit der die überwiegende Theorie übereinstimmt, der § 59 Abs. 2 im entscheidenden Punkt in Widerspruch tritt. Es kann nur als ein Versehen erklärt werden, daß die Begr. S. 210 Anm. 1 gerade die Entscheidung Bd. 33 S. 5 für sich zitiert.

Zu einem Bruch mit der bisherigen Praxis hätte der Entwurf ein Recht, wenn er einen Fortschritt bringen würde. Daß der § 59 aber einen Rückschritt bedeutet, ist der zweite Fehler. Kann schon die heute übliche Fassung des dolus eventualis nur schwer mit dem Vorsatzbegriff in Einklang gebracht werden, nur auf Grund von „Symptom“-Erwägungen, so hat das, was im § 59 Abs. 2 geboten wird, überhaupt nichts mehr mit Vorsatz zu tun, sondern ist reinste Fahrlässigkeit. Hier gerade zeigt sich die Gefahr, daß die Vorstellungstheorie leicht unrichtig aufgefaßt wird und dann zu einer Ueberspannung des Vorsatzbegriffes führt. Auch das vielgerühmte „Volksempfinden“ würde hier nicht eine Spur von Vorsatz mehr empfinden. Aber freilich, wenn es anders empfindet als der Verfasser der Begr., nennt man es nicht mehr so, sondern „Tagespresse“ (Begr. S. 208).

Und welche Unsicherheit würde drittens eine solche rein quantitative Abgrenzung in die für das Schicksal des Täters entscheidende Frage bringen! Soll der Richter mathematisch abwägen und Wahrscheinlichkeiten von über 50 Prozent zum Vorsatz, darunter zur Fahrlässigkeit zurechnen? Man nehme an: ein in der Waffenkunde besonders bewanderter Mann ist auf der Jagd. In der Jagdleidenschaft schießt er los, obwohl er weiß, daß in diesem Fall eine Wahrscheinlichkeit von 50 bis 60 Prozent bestand, daß der Treiber A von einem Schrotkorn getroffen werde. Vorsätzliche Körperverletzung! Weiß er, daß nur 40 bis 50 Prozent Wahrscheinlichkeit bestehen, so liegt nur fahrlässige Körperverletzung vor. Zweifellos wird man einwenden, so schulmeisterlich habe man sich die Entscheidung des Richters nicht gedacht. Ich weiß aber schlechterdings nicht, wie anders der Abs. 2 ausgelegt werden soll.

Das Bedenken gegen den Text steigert sich auch hier, wenn man die „Begründung“ einsieht. Man weiß nicht, ob man mehr staunen soll über die Kühnheit, mit der der Abs. 2 den Vorsatz über sein bisheriges Gebiet ausdehnt, oder über die Unbefangenheit, mit der dies als etwas gar nicht Neues hingestellt, ja sogar versichert wird, der Abs. 2 des § 59 „schränke den Begriff wesentlich ein“ (S. 205). Letzteres soll dadurch geschehen, daß künftig „nur derjenige Erfolg und nur derjenige Tatumstand zum Vorsatze zugerechnet werden soll, welchen der Täter sich als nicht unwahrscheinlich eintretend oder vorhanden, nicht, wie gegenwärtig in der Rechtsprechung überwiegend angenommen wird, auch derjenige, den er sich nur als möglich vorgestellt hatte“. Scheinbar liegt darin in der Tat eine „Einschränkung“. Indessen stellt einmal der Täter derartige Wahrscheinlichkeitsberechnungen kaum an. Sodann aber wird jede etwaige Einschränkung mindestens wieder ausgeglichen durch den Fortfall des Moments des „Einverständnisses“ mit dem wahrscheinlichen Erfolg.

Warum der Entwurf dies fallen lassen will, sucht die Begr. ausführlich darzutun (S. 206 bis 211). Indessen was hier gesagt wird, kommt trotz Drehens und Wendens immer wieder darauf hinaus, daß Abs. 2 des § 59 in Wahrheit eine Schuldvermutung aufstellt. „Die Behauptung, zwar die Wahrscheinlichkeit in dem angegebenen Grade erkannt, jedoch dennoch nicht gewollt zu haben, hat nur die Bedeutung einer leeren, durch die Tatsachen selbst widerlegten Ausrede, und ihre Zulassung nur die Bedeutung einer Erschwerung der Feststellung, die sich mit der Erfahrung des Lebens nicht verträgt, und in der Praxis zu Fehlgriffen führen kann. In den Fällen des Abs. 2 ist daher der Wille durch das Wissen als begrifflich von selbst gegeben anzusehen.“ Also eine völlig klare „Vermutung“ des „Willens“, der — vgl. auch S. 207 Anm. 1 — an sich als Wesenselement des Vorsatzes angesehen wird, dessen Feststellung aber häufig zu schwierig sei; und zwar eine unwiderlegliche Vermutung, indem der Versuch der Widerlegung einfach „leere Ausrede“ genannt wird. Derartige im Ton eines staatsanwaltlichen Plädoyers vorgetragene Argumente sind nichts anderes als Rechtfertigungen einer Schuldvermutung.

Die Begründung jedoch will dies nicht zugeben: „Zu betonen ist, daß der § 59 Abs. 2 keineswegs eine Präsumtion oder Fiktion des Willens enthält, sondern einen Willen als vorhanden voraussetzt.“ Was anders als „eine Präsumtion oder Fiktion des Willens“ ist es aber, wenn man einen solchen „als vorhanden voraussetzt“? Und was anders als die formell abgelehnte „Willenstheorie“ ist es, wenn man den Willen „voraussetzen“ zu müssen glaubt, um Vorsatz annehmen zu können?

Gegen die angeführten Sätze — mag man in ihnen nun Schuldpräsumtionen sehen oder nicht — ist aber weiter anzuführen, daß sie in sich unrichtig sind. Es ist nicht wahr, daß „der Wille, wenn der Täter sich des Erfolges oder des Tatumstandes als eines nicht unwahrscheinlichen bewußt war, immer vorhanden gewesen sein muß“. v. Liszt führt u. a. folgendes Beispiel an, dem natürlich leicht andere anzureihen sind: „Der Arzt also, der eine Operation in dem Bewußtsein vornimmt, daß der Tod des Patienten nicht unwahrscheinlich sei, der aber aus guten Gründen in der Operation die einzige Möglichkeit erblickt, das Leben des Kranken zu retten, hat nach dem Entwurf den Tod des Patienten gewollt“ (Z. 30, 261). Erklärt doch die Begr. sogar ausdrücklich für solche Tatbestände, es sei „die Annahme, daß der Täter gehandelt und zugleich sich bemüht habe, den als nicht unwahrscheinlich erkannten Erfolg abzuwenden, nicht denkbar“ (S. 209). Das ist ebenso lebensfremde Theorie, wie die darauf folgende Umkehrung, daß, wenn ein Täter sich bemühe, „bei der Tat Vorkehrungen gegen das Eintreten jenes Erfolges zu treffen“, es sich hieraus zeige, „daß er den Eintritt des Erfolges für unwahrscheinlich hält“. Der viel genannte Schütze, der einem Bauer die Pfeife aus dem Mund schießen will, hält also schon deshalb die Verletzung des Bauern für unwahrscheinlich, weil er alle Vorkehrungen trifft, sie zu vermeiden, d. h. mit aller Sorgfalt auf die Pfeife zielt? „Hoffen“ und „für wahrscheinlich halten“ sind psychologisch verschiedene Dinge.

Was der § 59 Abs. 2 in Wahrheit will, sagt die Begr. in aller Deutlichkeit: erstens eine Schuldpräsumtion aufstellen, zweitens eine Gefährlichkeitsstrafe statuieren. „Wer handelt, obwohl er mindestens für nicht unwahrscheinlich ansieht, daß er damit den vollen Tatbestand einer vom Gesetz mit Strafe bedrohten Handlung erfüllt, der ist für die Allgemeinheit nicht weniger gefährlich als derjenige, welcher einen rechtswidrigen Erfolg, dessen Eintritt er nur als möglich ansieht, direkt erstrebt“ (S. 209). Mag es sein! Nur sehe man in solchen Tatbeständen nicht eine Form (die Begr. nennt es „Eigenschaft“) des Vorsatzes, sondern stelle sie, wenn man wirklich die Gefährlichkeit gleich dem Vorsatz strafen will, dem Vorsatz einfach äußerlich gleich. Dann aber muß ein solcher Tatbestand ohne jede Präsumtion — die dazu psychologisch falsch wäre — formuliert werden, wie die herrschende Lehre und die Rechtsprechung des Reichsgerichts es heute tun, am besten mit den wohldurchdachten Worten des 24. Juristentags, die sich zur unveränderten Aufnahme in ein Gesetz eignen würden. Aber in der die Grenze zwischen Vorsatz und Fahrlässigkeit völlig auslöschenden Form, wie § 59 Abs. 2 es vorschlägt, geht es keinesfalls.

3. Vorsatz und Fahrlässigkeit.

Zwar geht es zu weit, wenn die Begr. S. 212 sagt: „Sobald der Begriff des Vorsatzes feststeht, kann derjenige der Fahrlässigkeit kaum mehr zweifelhaft sein.“ Aber es ist insoweit richtig, als nun wenigstens die obere Grenze der Fahrlässigkeit feststeht. Sehr erhebliche „Zweifel“ bleiben aber über die untere Grenze.

Nach dem oben mehrfach Gesagten liegt für meine Auffassung die untere Grenze dort, wo jede tatsächliche subjektive Beziehung zum Erfolg aufhört.

Deshalb enthalten nach meiner Meinung überhaupt keine „Schuld“ mehr die Fälle der unbewußten Fahrlässigkeit, in denen der Täter weder die Verletzung noch die Gefährdung vorhergesehen hat, er aber, wie man zu sagen pflegt, sie hätte vorhersehen sollen oder können (oder beides).

Sieht man in der Schuld eine subjektive Beziehung des Täters zum Erfolg, so ist diese unbewußte Fahrlässigkeit überhaupt keine Schuldform. Mag man noch so energisch betonen, daß der Täter in vielen Fällen den Erfolg hätte vorhersehen können und sollen, mag man auch mit Recht solche Fälle für strafwürdig ansehen, man kommt nicht darüber hinweg, daß der Täter den Erfolg nicht vorhergesehen hat, weder als notwendig noch als möglich, und es bleibt nur zweierlei übrig: entweder man gibt den Ausgangspunkt preis, wonach jede Schuld eine irgendwie geartete positive innere Beziehung zum Erfolg darstellt, oder man leugnet die Schuldnatur der unbewußten Fahrlässigkeit und sucht deren Bestrafung anders zu rechtfertigen. Merkwürdigerweise aber geschieht im allgemeinen zur Zeit weder das eine noch das andere[1]).

Wie wenig es sich in diesen Fällen um eine Schuldform handelt, zeigt sich darin, daß in Wahrheit die Strafe nicht parallel mit subjektiven Momenten steigt und fällt, sondern allein mit der objektiven Schwere des Erfolgs. Ein Automobilist durchfährt in schnellstem Tempo eine unübersichtliche Biegung der Landstraße, an der jeder verständige Kraftwagenfahrer langsam gefahren wäre.

---

[1]) Auch die neueste Arbeit, die S. 192 angeführte sorgfältige Schrift von Exner bleibt in dieser entscheidenden Frage auf halbem Wege stehen.

Da ihm hier noch nie etwas passiert ist, macht er sich keinerlei Gedanken über die Möglichkeit eines Unglücks. Nehmen wir viererlei Folgen an: 1. Er tötet einen Menschen; 2. er verletzt einen Menschen; 3. er tötet ein Huhn; 4. es passiert gar nichts. Im ersten und zweiten Fall Strafen von sehr verschiedener Schwere, im dritten Schadenersatz, im vierten weder kriminelles noch ziviles, höchstens polizeiliches Unrecht. Sein inneres Verhalten war in allen vier Fällen das gleiche, die Rechtsfolgen sind zur Zeit grundverschieden: auf Verschiedenheiten des inneren Verhaltens kann die Verschiedenheit der Rechtsfolgen also nicht beruhen.

Das einzig „schuldhafte“ Moment, das sich gleichermaßen in allen Fällen der sogenannten unbewußten Fahrlässigkeit findet, ist das Bewußtsein, generell gefährlich sich zu verhalten; gefährlich für fremde Rechtsgüter schlechthin. Wenn hier die Rechtsfolge — in den Fällen 1 und 2: die Strafe — trotz der Gleichheit der Schuld nach der Verschiedenheit der Erfolge abgestuft wird, so haben wir bei der unbewußten Fahrlässigkeit die gleiche Erscheinung wie wir sie de lege lata bei den durch einen schwereren Erfolg qualifizierten Delikten haben, z. B. bei Körperverletzung mit tötlichem Ausgang.

Indessen halte ich es für ausgeschlossen, daß zurzeit eine völlige Herausnahme der unbewußten Fahrlässigkeit aus den Schuldformen und ihre Behandlung als delictum sui generis durchzusetzen wäre. Wir sind durch die Hegelianer zu weit vom richtigen Wege Stübels, Feuerbachs und anderer abgekommen, würden einer zu einschneidenden Reform der Technik des „besonderen Teils“ bedürfen, und die sachlichen Differenzen wären schließlich nicht bedeutend genug, als daß bei dem gerade heute so ungeklärten Stand der Frage und bei dem vorgeschrittenen Stand der Gesetzgebungsarbeit eine so radikale Änderung empfohlen werden könnte [1]). Aber aus einem anderen Grund ist die prinzipiell richtige Konstruktion, insbesondere die Verwandtschaft der Fahrlässigkeits- mit den Erfolgsdelikten zu betonen: will man die unbewußte Fahrlässigkeit strafen wie bisher, so hat man bereits den Standpunkt der reinen Schuldhaftung verlassen.

---

[1]) Mit einer gewissen Resignation schließt auch v. Hippel (*Vergl. Darst.* S. 567 Anm. 5): „Für den Gesetzgeber genügt, daß pflichtwidrige Unvorsichtigkeit zweifellos einen Schuldvorwurf begründet. Die Feststellung des Warum? ist Sache der Theorie.“ Wahrscheinlich weiche ich aber von Hippel darin ab, daß ich diese Sätze nur für den heutigen Stand der Dinge zugebe und jede Gesetzgebung über Fahrlässigkeit so lange für einen Notbehelf halte, als die Frage des „Warum?“ ungelöst ist.

Der Vorentwurf will in § 60 die Fahrlässigkeit dahin definieren:

> „Fahrlässig handelt, wer die Tat zwar nicht mit Vorsatz, jedoch aus Mangel an derjenigen Aufmerksamkeit ausführt, zu welcher er nach den Umständen und nach seinen persönlichen Verhältnissen verpflichtet war."

Die Bestimmung lehnt sich an den Schweizer Entwurf von 1903 an, hat aber einmal die Worte „zwar nicht mit Vorsatz, jedoch" zugesetzt und ferner das „mangels" des Schweizer Entwurfs in „aus Mangel an" verwandelt. Ersteres erscheint mir zu selbstverständlich, als daß ein Gesetz es sagen sollte. Letztere Änderung soll deutlicher aussprechen, „daß der Mangel an Aufmerksamkeit in ursächlichem Zusammenhang mit der Tat stehen muß". Auch dies wird meines Erachtens durch beide Fassungen gleich deutlich gesagt. Es ist Sache des Sprachgefühls, für welche man sich entscheiden will.

Dreierlei Fragen aber von sachlicher Bedeutung sind an den § 60 zu stellen:

1. Ist es gerechtfertigt, daß der § 60 jede innere Beziehung zum Erfolg unerwähnt läßt?

2. Ist der anzulegende Maßstab richtig zum Ausdruck gebracht?

3. Sind durch § 60 beide Arten der Fahrlässigkeit gleichermaßen getroffen?

In ersterer Hinsicht ist gerügt worden, es fehle die Betonung, daß bei Anwendung von Aufmerksamkeit der Erfolg hätte vorhergesehen werden können (bes. v. Liszt, Z. 30 S. 262f.). Man könnte also vielleicht befürchten, daß § 60 Vorentwurfs die gleichen Fragen hervorrufen werde, die sich an § 276 BGB. angeschlossen haben. Ich fürchte das nicht. Die Klärung liegt in den Worten „aus Mangel an" (oder „mangels") . . . „ausführt". Ein ursächlicher Zusammenhang der hierdurch ausgedrückten Art liegt nur dann vor, wenn bei Anwendung von Aufmerksamkeit der Erfolg hätte vermieden werden können, was wiederum nur dann der Fall ist, wenn der Täter den Erfolg hätte vorhersehen oder die Tatumstände hätte kennen können. Aber es ist zuzugeben, daß die von v. Liszt vorgeschlagene Fassung (ebenso wie die Schweizer Fassung von 1908, Art. 19) das deutlicher zum Ausdruck bringt, weshalb sie, obwohl länger, vielleicht vorzuziehen wäre.

Die zweite Frage ist für die Theorie und die Rechtsanwendung ungemein wichtig und schwierig. Handelt fahrlässig nur der Täter, welcher nach seiner individuellen Veranlagung den Erfolg hätte vorhersehen und vermeiden können? Oder ist der objektive Maßstab eines Normalmenschen anzulegen[1])?

Es ist begreiflich, daß der Gedanke, die Fahrlässigkeit sei eine Schuldform, zur Bejahung der ersten Frage führt. So wird denn auch im Strafrecht überwiegend die Anlegung eines subjektiven Maßstabes gefordert, während sich das Zivilrecht, das nur fragt, wie ein entstandener Schaden — der nicht aus der Welt geschafft werden kann — zu verteilen sei, im allgemeinen mit einem objektiven Maßstab sich begnügt.

§ 60 des Vorentwurfs will offenbar zunächst einen objektiven, im entscheidenden Punkt aber einen subjektiven Maßstab angelegt wissen. „Nach den Umständen", also objektiv ist zu bestimmen, welches Maß von Aufmerksamkeit in dieser Situation zu fordern ist; „nach seinen persönlichen Verhältnissen" aber, also subjektiv, ob vom Täter diese Aufmerksamkeit prästiert wurde. So wenigstens möchte ich den § 60 auslegen. Dabei wäre zunächst zu bemerken, daß bei der schließlichen Betonung der subjektiven Fähigkeiten des Täters das Merkmal „nach den Umständen" entbehrlich erscheint. Das Erfordern eines subjektiven „Imstandeseins" entspricht ja auch der Grundauffassung des Entwurfs von der Fahrlässigkeit.

Daß ich dem Entwurf mindestens hinsichtlich der unbewußten Fahrlässigkeit nicht folgen kann, ergibt sich aus dem Gesagten. Die „Begr." S. 214 erkennt auch die Zusammenhänge ganz richtig, wenn sie eine Verwandtschaft zwischen der Anlegung eines objektiven Maßstabes und dem Strafloslassen der unbewußten Fahrlässigkeit herausfühlt — dem letzteren wenigstens unter dem „Schuld"-Gesichtspunkt[2])!

Wie die Fahrlässigkeitsstrafe heute konstruiert wird, ist sie eben in Wahrheit nicht Schuldhaftung, sondern ein Denkzettel, der für künftige Fälle zu größerer Aufmerksamkeit ansporneu soll. Wenn man im vorliegenden Fall an einen verletzenden Erfolg überhaupt nicht gedacht hat, so konnte man eben rebus sic stantibus nicht an ihn denken. Das Gesetz erwartet, verlangt aber,

[1]) Über den Stand der Meinungen referiert v. Hippel, *Vergl. Darst.* S. 568 ff.

[2]) Auch darin, daß eine Verwandtschaft zwischen objektiver Bewertung und Determinismus besteht, hat die Begründung zweifellos recht. Nur irrt sie, wenn sie gerade bei v. Bar den Determinismus erklärend heranzieht, da die Lektüre des Werkes von v. Bar ergibt, daß dieser — Indeterminist ist!

daß man ihn in Rechnung ziehe. Das ist hart, aber nicht härter, als jede Bestrafung wegen Vorsatzes. Will man die Fahrlässigkeit überhaupt bestrafen, so ist ihre objektive Messung notwendig, die subjektive aber eine folgewidrige Milde. Ich glaube auch nicht, daß man jemals mit dem subjektiven Maßstab Ernst macht. Wer die Kunst des Operierens, des Schießens, des Automobilfahrens nicht so beherrscht, wie es im allgemeinen Interesse verlangt werden muß, also nicht so wie ein „normaler" Arzt, Chauffeur, Schütze, der soll eben solch gefährliche Hantierungen unterlassen. Tötet er einen Menschen, so konnte er „nach seinen persönlichen Verhältnissen" vielleicht nicht anders. Freilich konnte er das Operieren, Automobilfahren oder Schießen „nach seinen persönlichen Verhältnissen" unterlassen; aber nachdem er es dennoch unternommen, war das Töten die Konsequenz, an der er nicht mehr „schuld" war. Bestraft wird er aber doch wegen fahrlässiger „Tötung", nicht wegen Operierens usw.; auf die „Tötung" soll sich die Schuld beziehen! Gerade aus der heutigen Auffassung der Fahrlässigkeit also ergibt sich die Notwendigkeit eines objektiven Maßstabes. Nach § 60 müßten die Kurpfuscher und unausgebildeten Autofahrer von jeder Anklage wegen „fahrlässiger Tötung" freigesprochen und könnten höchstens wegen unbefugter Ausübung der Heilkunde — im Widerspruch mit der heutigen Rechtsauffassung — oder wegen Übertretung des Automobilgesetzes gestraft werden. Das dürfte aber weder die Meinung der herrschenden Lehre sein noch ist es die der Begründung. Deshalb wären auch die Worte „nach seinen persönlichen Verhältnissen" am besten zu streichen.

Damit würde aber in der Tat nichts anderes übrig bleiben als die Weisheit: „fahrlässig handelt, wer fahrlässig handelt". Wann er es tut, wäre Sache der Auslegung nach wie vor. Und es läßt sich, wie alle psychologischen Tatbestände, auch gar nicht in einer kurze Formel sagen. Bei näherem Zusehen also scheint mir der § 60 in seiner rein formellen, psychologischen Fassung so überflüssig wie der § 59 Abs. 1. Wie dort zu sagen war: nicht daß, sondern was der Täter wußte, ist entscheidend —, so hier: nicht daß der Täter die schuldige Aufmerksamkeit außer acht gelassen hat, ist entscheidend (das ist vielmehr tautologisch mit fahrlässig), sondern welches Maß von Aufmerksamkeit unter den gegebenen Umständen (zu denen seine eigene Person gehört) er zu prästieren schuldig war. Das muß man teils dem Richter überlassen, teils in Spezial-Gefährdungs-Gesetzen für bestimmte Situationen (wie dem Automobilgesetz, der Gewerbeordnung usw.) vorschreiben. So lange wir die Fahrlässigkeit als Schuldform beibehalten, wird eine Anweisung allgemeiner Art über den Maßstab der schuldigen Aufmerksamkeit nicht möglich sein, es sei denn entweder in der unrichtigen subjektiven Fassung, oder in der nichtssagenden objektiven, daß „pflichtgemäße“ Aufmerksamkeit verlangt werde.

Die dritte oben aufgeworfene Frage wird zurzeit wohl zu selten gestellt: Handelt derjenige, welcher einen Erfolg als möglich vorhersieht, mit Bezug auf diesen Erfolg ohne weiteres fahrlässig oder nur dann, wenn er ihn als notwendig hätte vorhersehen können und sollen? Aus dem oben S. 194ff. Gesagten folgt, daß ich die Frage in ihrer ersten Fassung bejahe. Hier ist die typische Gefährdungsschuld. Diese Antwort sollte auch in der Richtung der herrschenden Meinung zu liegen. Verlangt diese doch für die unbewußte Fahrlässigkeit lediglich, daß der Täter die Möglichkeit des Erfolges hätte vorhersehen können und sollen. Wieviel eher müßte sie also Fahrlässigkeit annehmen, wenn er diese Möglichkeit vorhergesehen hat? Welchen Sinn hat es, im letzteren Fall noch weiter zu verlangen, daß er bei pflichtgemäßer Aufmerksamkeit die Notwendigkeit hätte vorhersehen können?

Und dennoch geht eine weitverbreitete Meinung dahin, daß bei der bewußten Fahrlässigkeit jene letztgenannte Feststellung getroffen werden müsse. Genannt sei nur v. Liszt, der (Lehrbuch 17. Aufl. S. 182 Anm. 1) schreibt: „1. Fahrlässigkeit liegt bei eingetretenem Erfolge vor, wenn der Täter die Möglichkeit eines Erfolgseintrittes sich vorgestellt, aber mit dem (unrichtigen und vermeidbaren [nota bene!]) Urteil: Der Erfolg wird nicht eingetreten, ihn abgelehnt hat. 2. Fahrlässigkeit liegt aber auch dann vor, wenn der Täter die Möglichkeit des Erfolgseintrittes sich überhaupt nicht vorgestellt, hat obwohl er sie [nota bene!] sich hätte vorstellen können.“ Ähnlich neuerdings Köhler[1]): „Der dolus eventualis grenzt nicht unmittelbar an die Fahrlässigkeit, sondern ebenso unmittelbar an das Gebiet der Schuldlosigkeit an, nämlich da, wo jemand nach sorgfältiger Erwägung der Wahrscheinlichkeit im Augenblick der letzten Ausführungstätigkeit die Erfolgsmöglichkeit sich innerlich ablehnt.“ Durch die Folgerichtigkeit Köhlers dürfte der Fehler aufs klarste hervortreten.

Also der Arzt, der mit einem unsauberen Instrument operiert und den Tod des Patienten durch Infektion bewirkt, wird wegen fahrlässiger Tötung bestraft: 1. wenn er das Messer gar nicht ge-

---

[1]) Studien zum Vorentwurf eines deutschen Strafgesetzbuches. Nürnberg u. Leipzig 1910. S. 23.

prüft hat, es aber hätte prüfen und dann zu dem Urteil hätte gelangen müssen: „hiermit könnte ich unter Umständen den Tod des Patienten herbeiführen"; 2. dann, wenn er in der Tat letzteres sich gesagt hat, aber sich hätte sagen können und müssen: „hiermit werde ich den Patienten töten"; nicht aber in dem dritten Fall, wenn er lediglich sagt: „hiermit könnte ich unter Umständen töten", eine Veranlassung aber nicht vorlag für das Urteil: „hiermit werde ich töten".

Das sind natürlich unmögliche Folgerungen, hervorgerufen durch die gar nicht alte Tradition, beide Formen der Fahrlässigkeit erstens gleich, zweitens als Schuldformen zu behandeln. Das unselige „hätte können und sollen", in dessen Bann wir heute stehen, und das wir für Schuld halten, hat den Fehler bewirkt, daß wir wirklich schuldhafte Fälle straflos lassen. Im dritten Fall hat der Arzt sich alles überlegt und vorgestellt, was er konnte und sollte. Er sollte aber in dieser Lage nicht handeln, weil bewußte Gefährdung verboten ist; deshalb liegt hier Schuld vor; und gerade dieser Fall soll straflos sein?

Der Text des § 60 führt ebenfalls dazu, nur die Fälle 1 und 2, nicht aber den Fall 3 zur Fahrlässigkeit zuzurechnen. Denn von mangelnder „Aufmerksamkeit" war keine Rede, nur von übergroßem Optimismus. Vorsatz liegt aber auch nicht vor, es sei denn, daß er den Tod als wahrscheinlich (§ 59 Abs. 2) vorher sah. Also ist nach dem Vorentwurf Fall 3 straflos. Daß die Begr. S. 214 anders denkt, ist zuzugeben; sie widerspricht aber dem ganz klaren § 60.

Auf den richtigen Weg führt § 7 Abs. 3 des *OVE.* von 1909, der bestimmt: „Fahrlässig handelt, wer die Verletzung oder Gefährdung . . . als mögliche Folge . . . voraussah, oder . . . hätte voraussehen können."

Will der *DVE.* von einer Definition der Fahrlässigkeit nicht absehen, so wäre ein Anschluß an den *OVE.* insoweit geboten.

IV. Der Vorstellungsinhalt des schuldhaften Wollens.

Schuldhaft ist der Willensakt, welcher durch bestimmtgeartete Vorstellungen beherrscht ist. Welcher Art die Vorstellungen sein müssen, damit der durch sie beherrschte Willensakt schuldhaft genannt werden kann, sagt das Gesetz. Dies verbietet einen Willensentschluß, zu dessen Vorstellungsbestandteilen ein in den gesetzlichen Tatbeständen charakterisierter Erfolg gehört und droht Strafe, falls dieser Erfolg zu jenem Willensakt in ursächlichen

Zusammenhang tritt. Bestraft wird, wer durch eine Willenshandlung einen solchen Erfolg wissentlich herbeiführt. Das ist nach der Wissensseite auch der Sinn des § 59 StGB.

Die wichtigste und schwierigste Frage, die auftaucht, ist die: genügt es, daß der Täter den Erfolg als ein äußeres, von menschlicher Bewertung unabhängiges Ereignis sich vorstellt? oder muß er ihn als ein „nicht sein sollendes" sich vorgestellt haben? Gehört — so wird auch gefragt — zur Schuld das Bewußtsein der Rechtswidrigkeit, Pflichtwidrigkeit od. dgl. — oder nicht?

Im Begriff des Wollens braucht die Vorstellung des nicht sein sollenden natürlich noch nicht zu liegen. Im Begriff des schuldhaften Wollens aber liegt sie ohne weiteres. Erst durch eine solche begleitende Vorstellung wird das Wollen zu einem schuldhaften. Es ist unerfindlich, wodurch es sonst sich vom normalen Wollen unterscheiden sollte. Die verschiedene Qualität des Erfolgs allein kann einen solchen Unterschied nicht begründen. Denn der tatbestandsmäßige Erfolg unterscheidet sich zunächst gar nicht von einem anderen; insbesondere nicht dadurch, daß er „verboten" ist. Denn nicht er ist „verboten", sondern die menschliche Handlung, die ihn herbeiführt. Erst recht ist „schuldhaft" ein Prädikat des Wollens, nicht des Erfolges. Nur die durch einen ungenauen Sprachgebrauch gelegentlich aufkommende Meinung, daß der Erfolg als solcher verboten sei, kann dazu verführen, die bewußte Herbeiführung eines tatbestandsmäßigen Erfolgs ohne weiteres schuldhaft zu nennen.

Behält man aber vor Augen, daß ein Erfolg an sich strafrechtlich etwas Indifferentes ist, so ist der Schluß ganz unabweislich, daß zu dem bewußten Herbeiführen dieses Erfolgs noch etwas weiteres kommen muß, damit es „schuldhaft" genannt werden kann. Sonst wäre „wollen" identisch mit „schuldhaft wollen". Das bloße Wissen davon, was man tut, kann also nicht schuldhaftes Wollen, nur Wollen begründen. Es mag bezeichnend sein für des Täters Gesinnung solchen Erfolgen gegenüber, vermag aber keinerlei Färbung zu geben seiner inneren Stellung diesem Erfolg gegenüber. Wenn wir nicht entweder stecken bleiben wollen auf dem Standpunkt der sog. Erfolgshaftung oder aber einen zu weiten Schritt über das ganze „Straf"recht hinaus in das Gebiet der Reaktion gegen schlechte Gesinnungen tun wollen, so muß die Forderung aufgestellt werden: Wegen schuldhafter Herbeiführung eines Erfolgs ist nur zu bestrafen, wer diesen bewußt und mit dem Bewußtsein, so nicht handeln zu dürfen, herbeigeführt hat.

Das Bewußtsein freilich der Folgen, die der Gesetzgeber mit einer rechtswidrigen Tat verknüpft (das sog. „Bewußtsein der Strafbarkeit") braucht der Täter nicht zu haben. Ebensowenig das, entweder unklar gedachte oder mit jenem grundsätzlich identische Bewußtsein, daß die Tat vom Recht verboten sei (das sog. „Bewußtsein der Rechtswidrigkeit"). Beides wäre konstruktiv falsch[1]) und für die Rechtspflege, wie oft hervorgehoben, verhängnisvoll. Ebensowenig braucht der Staat sich darum zu kümmern, ob der Täter das Bewußtsein hatte, einer sittlichen Pflicht zuwiderzuhandeln (sog. „Bewußtsein der Pflichtwidrigkeit" im üblichen Sinne). Denn entweder ergreifen Recht und Sittlichkeit zwei verschiedene Gebiete, dann geht es das Recht nichts an, wie sich der Täter zu den Normen der Sittlichkeit gestellt hat. Oder das Recht ist das „ethische Minimum", dann geht die Forderung des Bewußtseins der sittlichen Pflichtwidrigkeit noch weiter als die des Bewußtseins der Rechtswidrigkeit und ist aus den gleichen, hier noch verstärkten Gründen unrichtig wie die Forderung des Bewußtseins der Rechtswidrigkeit.

Der Täter muß, damit seine Tat schuldhaft genannt werden kann, nur diese Tat gekannt haben, diese Tat aber als eine nicht sein sollende. Wie das möglich ist, ohne daß wir immer wieder in die Forderung geraten, der Täter müsse gewußt haben, daß die Tat Rechtsfolgen habe — darin liegt das fatale Irrtumsproblem des Strafrechts.

Dies Problem ist, wenn wir nicht in ewige Kreisschlüsse verstrickt bleiben wollen, nur lösbar von der strafwürdigen, nicht von der strafbaren Tat aus. Die „strafbare Handlung" ist logisch nicht loszulösen von der Tatsache ihrer Strafbarkeit oder mindestens ihres rechtlichen Verbotenseins. Wer weiß, daß er eine Urkundenfälschung im Sinne des Gesetzes begeht, der weiß, daß seine Tat vom Gesetz verboten ist — und umgekehrt. Denn indem das Gesetz die Urkundenfälschung verbietet, schafft es deren Begriff. Auch das rettet uns nicht, daß wir — mit v. Liszt — vom Täter nur eine richtige Subsumtion der einzelnen Tatsachen unter die gesetzlichen Tatbestandsmerkmale fordern. Denn die Summe der Tatsachen und die der Tatbestandsmerkmale bildet wiederum Tat und Tatbestand. Erst das Verbot der Urkundenfälschung schafft den gesetzlichen Begriff der Urkunde; auch wenn das Strafgesetz an anderweit gegebene Definitionen anknüpft, so liegt

---

[1]) Ich beziehe mich auf das in meinem „Irrtum und Schuldbegriff I 1903" S. 38—84 Gesagte.

doch mindestens darin der Ausspruch, daß jene Definition auch für das Strafgesetz gelten solle. So wird jeder Begriff dadurch, daß das Strafgesetz ihn verwendet, zu einem strafrechtlichen, einerlei ob es ihn in der Volksanschauung oder in einem Zivilgesetz vorgefunden hat oder ob es ihn selbst schafft. Um die Frage richtig zu beantworten: in welcher Beleuchtung mußte der Täter seine Tat sehen, damit diese „schuldhaft" genannt werden kann, ist also von der Tatsache des rechtlichen Verbotenseins zu abstrahieren, es ist von der strafbaren Handlung ein Schritt weiter zurückzugehen auf die strafwürdige Handlung, d. h. auf diejenige, welche der Gesetzgeber vorfand oder sich dachte, als er sie verbot.

Es scheint nahe zu liegen, daß also zur Schuld das Bewußtsein der Strafwürdigkeit gehöre. Auch dies wäre noch nicht ganz richtig. Der Satz: „Die Tat x ist strafwürdig" ist die Konklusion eines Syllogismus, in welchem der Obersatz lautet: „Die Tat x hat gewisse Eigenschaften", und der Untersatz: „solche Eigenschaften veranlassen den Staat, sie unter Strafe zu verbieten". Weder der Untersatz noch der Schluß gehen den Täter etwas an. Und so wäre das Ergebnis: Zur Schuld gehört das Bewußtsein derjenigen Eigenschaften der Tat, welche deren Strafwürdigkeit ausmachen. Das aber sind die, welche die Tat als für andere schädlich qualifizieren.

Wo bleibt aber hierbei die Forderung, daß der Täter, damit von Schuld die Rede sein könne, seine Tat als eine „nicht sein sollende" erkannt haben müsse?

Man könnte meinen, mit der eben gegebenen Formel sei nur die Möglichkeit des Bewußtseins einer Pflichtwidrigkeit gefordert, nicht aber dieses Bewußtsein selbst. Die Meinung wäre unrichtig. Hier ist der Punkt, wo die „Schuld" an die „Zurechnungsfähigkeit" anknüpft. Soweit wir die letztere — mit der überwiegenden und richtigen Lehre — ansehen als Voraussetzung für die Zurechenbarkeit der einzelnen Tat, ist ihr, unbeschadet weiterer Merkmale, über welche man streiten mag, jedenfalls ein Moment wesentlich: das Bewußtsein von der Pflicht, anderen nicht schaden zu dürfen. Nur der ist zurechnungsfähig, dem dies Bewußtsein nicht völlig fehlt. Wer nicht weiß, daß Schädigungen des Nebenmenschen verboten sind (einerlei von welcher Normquelle), der jedenfalls steht außerhalb der menschlichen Gemeinschaft, er ist keiner mehr, dem gegenüber wir Schuldfragen aufwerfen, sondern einer, den wir umstimmen oder sicherstellen mögen.

So schließt sich der Kreis der Beweisführung. Wer die Schädlichkeit der Tat kennt und zurechnungsfähig ist, weiß, daß er sie nicht begehen darf, handelt also schuldhaft, auch wenn er das Rechtsverbot nicht kennt. Das ist die erste Folgerung[1]).

Freilich gibt es Fälle, in denen sich dies Bewußtsein einer Pflichtwidrigkeit unmittelbar, nicht erst über den Umweg der Schädlichkeit, einstellt. Dann braucht das Bewußtsein der letzteren natürlich nicht vorhanden zu sein. So ergibt sich die zweite Folgerung: Wer das Verbotensein der Tat kennt, handelt schuldhaft, auch wenn er ihre Schädlichkeit nicht kennt.

Einige Beispiele mögen das Gesagte verdeutlichen:

1. Der anarchistische Attentäter, welcher weiß, daß der Fürstenmord im Gesetz verboten ist, ist strafbar, auch wenn er der Menschheit eine Wohltat zu erweisen glaubt. Sollte er letzteres glauben und jenes Verbot nicht kennen, dann freilich wäre er straflos; aber vor solchen undenkbaren Fällen braucht man nicht zu zittern.

2. Wer eine Ware mittels des sogenannten Hydra- oder Schneeballensystems absetzt, veranstaltet öffentlich eine Ausspielung[2]). Ist er aus § 286 StGB. zu bestrafen, auch wenn er nicht wußte, daß das Schneeballengeschäft als „Ausspielung" im Sinne des § 286 anzusehen sei? Liszt antwortet: nein, denn es fehlte die Subsumtion der Tatsache des Schneeballengeschäfts unter den Rechtsbegriff der „Ausspielung". Das Reichsgericht antwortet: ja, denn dieser Irrtum ist in Wahrheit ein solcher über das Verbotensein der Handlung. Ich würde sagen: es kommt darauf an, ob er in seiner Tat diejenigen Eigenschaften erkannt hat, welche für den Gesetzgeber entscheidend waren, als er die „Ausspielung" unter Strafe stellte. Wußte der Täter — was hier meist der Fall sein wird —, daß eine Anzahl Personen Schaden leiden müsse, so hat er in Kenntnis der Schädlichkeit der Tat, also in Kenntnis der Pflichtwidrigkeit, also schuldhaft gehandelt. Ob er auch wußte, daß das Gesetz seine Veranstaltung eine „Ausspielung" nenne, ist gleichgültig. Hielt dagegen der Täter seine Tat für harmlos und unschädlich (und glaubt ihm dies der Richter, was gemäß dem Grundsatz der freien Beweiswürdigung ja ganz bei ihm steht), so ist er straflos.

---

[1]) Das scheint mir auch der Kern der Rümelinschen Lehre zu sein, daß zum Vorsatz das Kennenmüssen der Rechts- oder Pflichtwidrigkeit gehöre („Das Verschulden" 1909, S. 26).

[2]) Über den Sachverhalt vgl. bes. RGer. 34, 140. Ob der objektive Tatbestand mit Recht dem § 286 StGB. subsumiert wurde, ist hier nicht zu erörtern. Es wird oben im Anschluß an das RGer. unterstellt, um den subjektiven Tatbestand feststellen zu können.

3. Der Vater, welcher sein Kind unter objektiver Überschreitung seines Züchtigungsrechts mißhandelt, ist strafbar, wenn er zwar mit dem BGB. in Übereinstimmung zu sein glaubt, also über die Grenze seines Züchtigungsrechts irrt, wenn er aber weiß, daß er dem Sinne der Erziehung zuwiderhandelt, also sein Kind in Wahrheit schädigt. Dagegen würde er straflos sein, wenn er sein Kind richtig zu erziehen glaubt. Strafe aber tritt trotz des letztgenannten Glaubens wiederum ein, wenn er weiß, daß das Recht über die Erziehung anders als er denkt, ihm also derartige Züchtigungen nicht gestattet. Der letztgenannte Fall wäre analog dem des Fürstenmörders (oben Nr. 1) zu konstruieren.

Die vorstehenden beiden Leitsätze für den Schuldinhalt sind entwickelt aus dem Begriff der Schuld. Sie beanspruchen also Anerkennung nur de lege ferenda. Ob sie dem geltenden Recht entsprechen, ist an dieser Stelle nicht von Interesse. Meine Überzeugung, daß auch dies der Fall ist, will ich trotzdem aussprechen. Die Bestimmung des § 59 StGB. widerspricht ihnen nicht; sie fordert vielmehr eine nähere Auslegung, die meines Erachtens zwingend gar nicht anders gegeben werden kann als durch einen Rückgriff auf den prinzipiellen Schuldbegriff. Ich halte weder die Meinung, die wegen des Wortes „Tatumstände" die Schuld auf die Kenntnis des sinnlich Wahrnehmbaren beschränkt, noch die umgekehrte, die wegen des Passus „welche zum gesetzlichen Tatbestand gehören" die richtige Subsumtion der Tatsachen unter das Gesetz fordert, für dem Sinne des § 59 entsprechend. Jede wird negativ durch die andere widerlegt, keine ist positiv richtig: die erste nicht, weil eine Beschränkung des Vorsatzes auf sinnlich Wahrnehmbares unmöglich ist, übrigens auch nie ernsthaft in ihren Konsequenzen vertreten wird („Irrtum und Schuldbegriff" I, 84—106); die letztere nicht, weil sie mit der Forderung des Bewußtseins der „Rechtswidrigkeit" zusammenfällt, diese aber zu dem Bewußtsein der „Strafbarkeit" führt (oben S. 216, „Irrtum" I, 106—113, 47—59). Tatsächlich fordert die Auslegung des § 59 etwas logisch Widersinniges: den „gesetzlichen Tatbestand" von der Tatsache des Verbotenseins trennen sollen, heißt absehen sollen gerade von derjenigen Eigenschaft eines Ereignisses, die es aus dem Chaos des Geschehens heraushebt und zu einem gesetzlichen Tatbestand macht.

In dieser verzweifelten Sachlage, aus der es ein Entrinnen nur gibt, wenn man wie oben von dem „gesetzlichen" auf den aller gesetzlichen Beziehungen baren, d. h. auf den strafwürdigen Tatbestand zurückgeht, also von den „gesetzlichen Tatumständen" gewissermaßen auf deren soziale Atome, kam man auf die Theorie vom „außerstrafrechtlichen Rechtsirrtum". In Sachsen erfunden (StGB. von 1855, bes. Art. 97) wird sie zurzeit mit besonderer Energie vom Reichsgericht vertreten. In meinem „Irrtum" (I, 118 bis 186) habe ich sie in solcher Ausführlichkeit dargestellt und kritisiert, daß ich mich hier nur wiederholen könnte. Ich muß dabei bleiben, daß ein großer Teil der nun über hundert Entscheidungen sich aufs ungeheuerlichste widerspricht, ein anderer Teil im Resultat richtig sein mag, aber jeder zwingenden Begründung entbehrt. Von der Theorie des außerstrafrechtlichen Rechtsirrtums aus kann jeder Fall mit gleichem Anschein der Sicherheit auch in entgegengesetztem Sinne entschieden werden. Deshalb sind auch die Widersprüche der Entscheidungen nicht zufällige — solche können dem vortrefflichsten Gericht passieren und es wäre in der Tat kleinlich, daraus einen Strick zu drehen —, sondern im innersten Wesen dieser Theorie begründet. Der entscheidende Punkt, von dem aus jeder Fall in doppelter Richtung behandelt werden kann, tritt aufs deutlichste hervor, wenn das Reichsgericht in Rechtspr. Bd. 8 S. 421 (und ähnlich sehr oft) sagt: „Indem die Strafbestimmung des § 210 Ziff. 2, 3 KonkO. auf die gesetzlichen Vorschriften über Führung von Handelsbüchern und die Ziehung von Bilanzen bezug nimmt, macht sie diese insoweit zu Bestandteilen des Strafgesetzes. Ein Irrtum darüber betrifft eine innerhalb des Strafgesetzes liegende Rechtsmaterie." Mit dieser in sich durchaus schlüssigen Begründung kann man schlechterdings jeden Fall des schuldausschließenden „außerstrafrechtlichen Rechtsirrtums" in einen unbeachtlichen „Strafrechtsirrtum" verwandeln. Manchmal hat denn auch das Reichsgericht solche Verwandlung vorgenommen, manchmal nicht.

Es gibt Probleme, deren Lösung noch nicht gelungen ist, aber auch solche, deren Lösung begrifflich unmöglich ist. Zu den letzteren gehört nach meiner Meinung das Problem des Rechtsirrtums, solange man dabei bleibt, auf dem bisher eingeschlagenen Wege zwei Kategorien des Rechtsirrtums trennen zu wollen.

Mag nun die reichsgerichtliche Theorie, die so scharf scheint, aber in Wahrheit bare Willkür ist, für das geltende Recht nötig sein oder nicht — in der Literatur wird sie fast einstimmig verworfen[1]) — jedenfalls muß es das Streben eines neuen Rechts sein,

[1]) Neueste Orientierung bei v. Hippel *Vergl. Darst.* S. 557 ff. — Als Gegner des RGer. neuerdings noch Rümelin, Das Verschulden in Straf- und Zivilrecht (1909) S. 24 ff. — Das Reichsgericht hält seine Auffassung bis in die Gegenwart fest. Daß es trotzdem im allgemeinen zu befriedigenden

aus dem Banne solcher Scholastik sich gründlich und endgültig zu befreien. In wenigen Fragen dürfte die Literatur so übereinstimmend schonungslose Urteile über die Rechtsprechung des Reichsgerichts gefällt haben[1]).

Freilich die Verfasser des Vorentwurfs wollen von solcher Mißstimmung nichts wissen. Für sie genügt es, daß die Frage, ob der nichtstrafrechtliche Irrtum im Gegensatz zum strafrechtlichen den Vorsatz ausschließe, zwar „von der Theorie verschieden beantwortet, jedoch in der Praxis durchaus bejaht" wird (Begr. S. 217). Und sie meinen, „mit dieser Lage muß der Entwurf rechnen"! Einfach die jetzige Praxis zu kodifizieren, scheint danach die Aufgabe des Entwurfs zu sein. „Der Gesetzgeber kann sich der Tatsache nicht verschließen, daß in der Praxis usw." — das ist die

---

Resultaten kommt, liegt an der geschilderten Eigenschaft dieser Theorie, die entgegengesetztesten Urteile begründen zu können. Bezeichnend ist die Entscheidung des II. Senats vom 14. 2. 1908 (Bd. 41 S. 99), die im Ergebnis höchst erfreulich ist, aber doch erstaunliche geistige Verrenkungen nötig hat, um mit dem formell festgehaltenen Satz vom außerstrafrechtlichen Rechtsirrtum im Einklang zu bleiben. Die Angeklagte hatte ihr Kind roh mißhandelt. Das RGer. stellt fest, daß sie Handlungen vorgenommen hat, die das „Sittengesetz" mißbilligt, daß sie also irrte „über die rechtlichen Grenzen des Züchtigungsrechts". Trotzdem straft das RGer. Es ist aber doch wohl sicher, daß das Züchtigungsrecht nicht im Strafrecht, sondern im Familienrecht umgrenzt wird. Wenn das „Sittengesetz" herangezogen werden darf, so doch nur deshalb, weil das Familienrecht so auszulegen ist, daß Eltern ihre Kinder nicht im Widerspruch mit dem Sittengesetz züchtigen dürfen. War die Angekl. in letzterer Beziehung anderer Meinung, so irrte sie über den familienrechtlichen Teil des Privatrechts. Das Reichsgericht sucht die Irrelevanz dieses Irrtums mit seiner sonstigen Judikatur dadurch in Einklang zu bringen, daß es sagt: der Irrtum habe hier gar keinen Tatumstand betroffen, sondern negativ die rechtlichen Voraussetzungen eines Schuldausschließungsgrundes; dann sei er aber immer ein Strafrechtsirrtum. Das letztere ist offensichtlich falsch und widerspricht auch den früheren Entscheidungen ganz gleichliegender Fälle, so Entsch. 33, 71; 34, 443; GA. 39, 331. — Für richtig halte ich die Entscheidung; denn wer „zu Erziehungszwecken unsittliche Handlungen vornehmen zu dürfen glaubt", weiß, daß er das Kind schädigt.

[1]) Nur zwei Beispiele: v. Hippel, *Vergl. Darst.* S. 557: „Ein Blick auf die Literatur aber lehrt, daß das Reichsgericht mit seiner Ansicht so einsam und verlassen dasteht, wie dies wohl in keiner sonstigen wichtigen Frage der Fall ist." — Rümelin a. a. O. S. 24 Anm. 1: „Über die Unhaltbarkeit der reichsgerichtlichen Unterscheidung . . . herrscht in der Theorie Einigkeit. Um so bedauerlicher, daß im Vorentwurf § 61 der Versuch gemacht wird, diesen unbefriedigenden Zustand durch Gesetzesbestimmung zu verewigen."

einzige Begr., die der gesetzlichen Anerkennung der reichsgerichtlichen Unterscheidung zuteil wird.

Ich meine, die Gedankenzüge der Praxis sind hier derart verkehrt und ihre Ergebnisse sind derart unbefriedigende, daß alles eher geschehen darf, als sie gesetzlich festlegen. Alles weiterhin der richterlichen Auslegung und wissenschaftlichen Fortbildung zu überlassen, würde mir weit richtiger erscheinen, als den heutigen Zustand zu fixieren. Schlimmstenfalls würde alles beim alten bleiben, d. h. das erreicht, was auch der Entwurf erstrebt. Die Möglichkeit wäre dann aber doch nicht ausgeschlossen, daß eine allmähliche Loslösung von jenem Satze stattfände, wofür die Entscheidung im 41. Bande bereits eine günstige Prognose gestattet. Bei gesetzlicher Festlegung aber wäre der Weg zum Besseren versperrt. Deshalb halte ich das Prinzip des § 61 des Vorentwurfs für verfehlt.

Wollte ich meine oben geäußerte eigene Meinung in Gesetzesworte zu fassen suchen, so wäre etwa zu sagen: „Hält der Täter die Handlung für erlaubt, weil er weder weiß, daß ein rechtliches Verbot besteht, noch ihre Schädlichkeit für das geschützte Rechtsgut kennt, so . . .[1])“

Ich würde es aber für noch besser halten, wenn wir auch hier von dem Glauben an die rettende Macht der „Formel“ — die immer etwas, was nur leitendes Prinzip sein kann und einer gewissen Beweglichkeit bedarf, erstarren macht — uns loslösten und einfach sagten: „Irrte der Täter über wesentliche Umstände seiner Tat, so ist der Vorsatz ausgeschlossen. Irrte er nur über die strafrechtlichen Folgen seiner Tat, so kann der Richter die Strafe nach freiem Ermessen mildern.“

Was „wesentliche“ Umstände der Tat sind, bleibt der Auslegung überlassen, die hier meines Erachtens die oben angedeuteten Überlegungen über die antisozialen, d. h. schädlichen Elemente der Tat anzustellen hätte.

Daß durch solche Formulierung der Richter einen recht weiten Spielraum erhielte, ist unleugbar. Dafür würde er aber von Fesseln befreit, die, wie die jetzige Praxis zeigt, ihn entweder an gesunder Bewegung hindern oder ihn zu schädlicher Abschüttelung zwingen.

---

[1]) Hippel fordert zum Vorsatz, daß der Täter entweder das Verbotensein oder das Unsittliche seiner Tat zu erkennen vermochte (*Vergl. Darst. 591*). Ich folge ihm also im wesentlichen. Auf Differenzen im einzelnen einzugehen, fehlt es hier an Raum.

Die Möglichkeit ist keineswegs ausgeschlossen, daß eine Anleitung zur Auslegung in einzelnen Tatbeständen des *Bes. T.* gegeben wird, die in subjektiver Hinsicht auf eine gemeinsame Formel zu bringen eben nicht möglich ist. So könnte es beispielsweise im § 126 des Vorentwurfs heißen: „Wer versucht . . . an der Vornahme einer Amtshandlung zu hindern . . ., wird, wenn die Amtshandlung eine rechtmäßige war, . . . bestraft.“ Hiermit wäre zum Ausdruck gebracht, daß der Vorsatz die Rechtmäßigkeit der Amtshandlung nicht zu umfassen braucht, was zurzeit das Reichsgericht entgegen seiner sonstigen Auslegung des § 59 aus der Entstehungsgeschichte des § 113 StGB. schließen zu dürfen glaubt[1]. Diese Möglichkeit kann hier nur angedeutet, nicht weiter verfolgt werden.

V. Schuld- und Erfolgshaftung.

Einen erfreulichen Schritt bedeutet der § 62 des Vorentwurfs. Er regelt die Frage, ob Zufallsfolgen einen höheren Strafrahmen verlangen, verneinend[2].

Allerdings halte ich den Fortschritt nicht für allzu groß, weil ich — ohne hier zu einer näheren Begr. Anlaß zu haben — für das geltende Recht auf dem Standpunkt stehe, daß bei den durch einen schwereren Erfolg qualifizierten Delikten adäquater Zusammenhang zwischen dem schwereren und dem Grunderfolg zu verlangen sei. Der § 62 des Vorentwurfs beseitigt aber jeden Zweifel und verlangt nicht nur adäquaten Kausalzusammenhang, sondern Vorhersehbarkeit vom Standpunkt des Täters aus. An diese muß aber, wie ich anläßlich der Fahrlässigkeit ausführte, stets ein objektiver Maßstab angelegt werden, was das neue Recht dem alten erheblich annähern würde, mit dem Vorzug, seine Meinung deutlicher zu sagen als dieses.

Von v. Liszt ist das Bedenken aufgeworfen worden, ob nicht wegen der Verschiedenheit von § 60 und § 62 hier eine ganz neue, dritte Schuldform konstruiert werde. Im § 60 sei nichts gesagt

---

[1]) Bezeichnend dafür, wie wenig der Gedanke des § 61 des Vorentwurfs in seine Konsequenzen verfolgt wurde, ist, daß die Begr. S. 217 glaubt, lediglich die heutige Praxis zu kodifizieren, während der § 61 für den vielleicht wichtigsten Fall des § 126 des Vorentwurfs eine einschneidende Änderung bringen würde. Denn dort würde er natürlich gleichfalls Anwendung fordern, was Begr. S. 468 noch dazu ausdrücklich betont.

[2]) Im Anschluß an Radbruch, *Vergl. Darst.* A. T. II, S. 249 ff.

von der Vorhersehbarkeit der Folgen, wohl aber im § 62. Auf Grund meiner Auslegung des § 60 würde ich dies Bedenken nicht teilen. Aber zu wünschen wäre, daß der Gleichheit der Fahrlässigkeitsformen auch Einheitlichkeit des Ausdrucks entspräche.

Obschon es formell außerhalb meiner Zuständigkeit liegt, möchte ich hier noch betonen, daß mit dem Grundsatz des § 62 unvereinbar ist die Bestimmung des § 64. Eine Trunkenheit war selbstverschuldet, wenn der Täter wußte, daß er durch das genossene Quantum betrunken werde, d. h. die normale Herrschaft über seine körperlichen und geistigen Funktionen verlieren werde. Mag man dies als delictum sui generis strafen — es gehört nicht hierher (vgl. übrigens Vorentwurf §§ 306 Nr. 3, 309 Nr. 6). Die Strafe aber abstufen nach dem in der Trunkenheit, also Bewußtlosigkeit, bewirkten Erfolg ist eine Durchbrechung des im § 62 aufgestellten Grundsatzes — besonders wenn man, wie der § 62 es doch augenscheinlich tut, einen subjektiven Fahrlässigkeitsmaßstab anlegt. Hier fehlt jedes subjektive Vorhersehenkönnen. Die Begr. bemüht sich auf S. 234 f. vergebens, es nachzuweisen. Was soll es heißen, daß „eine Fahrlässigkeit“ in dem Handeln desjenigen gefunden werden kann, der sich sinnlos betrinkt, besonders dann, wenn er wußte, „daß er im Trunke zu Ausschreitungen neigt“? Das hat mit Fahrlässigkeit, gerade als Schuldform bezüglich eines bestimmten Erfogs nichts mehr zu tun, weshalb die Begr. auch unsicher genug meint, daß die Konstruktion des § 64 „nicht geradezu in Widerspruch zu den Grundregeln der Zurechnung treten“ werde. Ist es nicht aber doch ein solcher Widerspruch, wenn jemand, der weiß, daß er im Trunke zu Beleidigungen neigt, wegen fahrlässiger Tötung bestraft wird, falls er ausnahmsweise einen Totschlag begeht — ganz abgesehen davon, daß ihm nach § 64 nicht einmal von jener Neigung etwas bekannt zu sein braucht? Die Schwierigkeit würde auch hier geringer werden, wenn man sich entschlösse, die unbewußte Fahrlässigkeit als ein delictum sui generis zu konstruieren, dessen Wesensmerkmal die bewußte Gefährdung unbestimmt welcher Rechtsgüter bilden würde. Dann könnte die Trunkenheit mit einer einheitlichen Strafe belegt werden, wenn der Täter wußte, daß er im Trunk zu Straftaten bestimmter (aufzuzählender Art) neige, falls er eine solche dann wirklich begeht.

Band II.

Thema 1. Hochverrat, Landesverrat, Verbrechen und Vergehen gegen die Unverletzlichkeit des Staatsoberhauptes, in Beziehung auf die Ausübung staatsbürgerlicher Rechte und gegen ausländische Staaten (§§ 100—125). Von Wirklichem Geheimen Rat Dr. O. Hamm, Exzellenz, Bonn.

Thema 2. Widerstand gegen die Staatsgewalt, Verbrechen und Vergehen gegen die öffentliche Ordnung und Vergehen gegen die Wehrpflicht, das Heer und die Marine (§§ 126—154). Von Professor Dr. James Goldschmidt, Berlin.

Thema 3. Vergehen in Beziehung auf die Ausübung der Religion, Verbrechen und Vergehen gegen die Ordnung der Ehe und des Personenstandes und gegen die Sittlichkeit (§§ 155—158, 177—180 und 243—258). Von Staatsanwalt Dr. Erich Wulffen, Dresden.

Thema 4. Münzverbrechen und Münzvergehen, Verbrechen und Vergehen in Beziehung auf die Rechtspflege und Urkundenfälschung (§§ 159 bis 176 und 243 bis 258). Von Erstem Staatsanwalt K. Olbricht, Lüneburg.

Thema 5. Verbrechen und Vergehen gegen die Sicherheit des öffentlichen Verkehrs, gemeingefährliche Verbrechen und Vergehen und Verbrechen und Vergehen im Amte (§§ 177—211). Von Staatsanwaltschaftsrat Dr. Friedrich Preiser, Hilfsarbeiter bei der Reichsanwaltschaft, Leipzig.

Thema 6. Verbrechen und Vergehen gegen das Leben, Zweikampf, Körperverletzung (§§ 212—233). Von Geheimem Hofrat, Professor Dr. K. v. Lilienthal, Heidelberg.

Thema 7. Verbrechen und Vergehen gegen die persönliche Freiheit, Ehrverletzung und Verletzung fremder Geheimnisse (§§ 234—242 und 259—268). Von Geheimem Justizrat, Kammergerichtsrat Dr. E. Kronecker, Berlin.

Thema 8. Diebstahl und Unterschlagung, Raub und Erpressung (§§ 269—275). Von Professor Dr. W. Mittermaier, Gießen.

Thema 9. Betrug und Untreue, Begünstigung und Hehlerei (§§ 276—281). Von Senatspräsident beim Kammergericht, Geheimen Oberjustizrat Dr. Paul Koffka, Berlin.

Thema 10. Sach- und Vermögensbeschädigung, Glücksspiel und Wucher (§§ 289 bis 304). Von Rechtsanwalt Dr. Siegfried Löwenstein, Berlin.

Thema 11. Übertretungen (§§ 305—310). Von Oberlandesgerichtsrat Werner Rosenberg, Colmar i. E.

Druck von C. Schulze & Co., G. m. b. H., Gräfenhainichen.

FSC
www.fsc.org
MIX
Papier | Fördert
gute Waldnutzung
FSC® C083411

Kolibri 360 GmbH
Ferdinand-Jühlke-Straße 7
99095 Erfurt, Deutschland
produktsicherheit@kolibri360.de